行政组织学

（第二版）

张成福　主编

国家开放大学出版社·北京

图书在版编目（CIP）数据

行政组织学 / 张成福主编 . —2 版 . —北京 ：中央广播电视大学出版社，2017. 1（2021. 5 重印）

ISBN 978-7-304-08389-2

Ⅰ. ①行… Ⅱ. ①张… Ⅲ. ①行政管理—组织管理学—开放教育—教材 Ⅳ. ①D035

中国版本图书馆 CIP 数据核字（2017）第 003646 号

行政组织学（第二版）
XINGZHENG ZUZHIXUE
张成福　主编

出版·发行：国家开放大学出版社（原中央广播电视大学出版社）
电话：营销中心 010－68180820　　总编室 010－68182524
网址：http：//www. crtvup. com. cn
地址：北京市海淀区西四环中路 45 号　　**邮编**：100039
经销：新华书店北京发行所

策划编辑：宋　莹　　**责任版式**：赵　洋
责任编辑：庄　颖　　**责任校对**：宋亦芳
责任印制：赵连生

印刷：三河市华骏印务包装有限公司　　**印数**：532001～582000
版本：2017 年 1 月第 2 版　　2021 年 5 月第11次印刷
开本：787mm×1092mm　1/16　　**插页**：8 页　　**印张**：16. 5　　**字数**：359 千字

书号：ISBN 978-7-304-08389-2
定价：35. 00 元

意见及建议：OUCP_KFJY@ ouchn. edu. cn

前　言 ‖ Preface

本教材根据国家开放大学开放教育行政管理专业“行政组织学”教学大纲编写。为了使学生更好地学习本门课程，更加充分地运用多种学习资源，中央广播电视大学出版社开发了《行政组织学》学习资源包。

学习资源包通过图、文、声、像、画全媒体展示学习内容，并将学习内容有机地集成到一起，使学生获得更及时、更多角度的阅读、视听、掌控、互动等体验。学习资源包不仅方便了学生在线或离线学习，还可以与远程教学平台结合起来，实现开放大学的泛在教学和学生的泛在学习。

这套学习资源包囊括全媒体数字教材、文字教材、形成性考核册及其他多种数字学习资源。其中，文字教材和形成性考核册以纸质形式出版；全媒体数字教材和其他数字学习资源，学生可以通过扫描文字教材上的二维码，登录“开放云书院”后下载获得。

本课程的主教材《行政组织学》迄今已出至第二版。第一版出版于2008年6月。

行政组织学主教材讲的是行政组织及其管理。组织是现实世界普遍存在的现象。高度的组织化是当今社会的主要特征之一。人类在历史发展的过程中，创造了高度的文明，取得了无数的成就，而获得这些成就的主要原因之一便是人类建立了实现各种目的的组织，以及展现出的卓越的组织能力。在今天，政府的行政组织和市场的企业组织对我们的社会和生活产生了如此广泛的影响，以至于任何人都不能忽视它们的存在。

主教材的主旨在于帮助学习行政管理和其他专业的学生了解并理解关于行政组织及其管理的基本知识、基本理论和基本方法，从而在工作中提升组织管理的能力和水平。教材编写试图体现体系完整、内容充实的特点，既能展现基础知识和理论，也能反映最新的知识和观点。在写作上力求简明扼要，通俗易懂。

主教材是集体努力和团队协作的产物。大纲由本教材的主编，中国人民大学公共管理学院张成福教授提出，并经全体编写人员讨论，经专家委员会审议后确定。

第一版的编写人员和第二版的修订人员构成保持了一致，具体分工如下：中国人民大学公共管理学院的张成福教授（第一章、第三章、第十五章）、张璋副教授（第十一章、第十二章、第十三章），中央民族大学管理学院的党秀云教授（第二章、第四章、第十章、第十四章），国家开放大学的赵菊强副教授（第六章、第七章、第九章），天津行政学院的王慧军教授（第五章、第八章）。

在本教材第二版出版之际，特别要感谢北京大学的李景鹏教授，中国人民大学的齐明山教授、孙柏瑛教授，国家开放大学的张继缅教授、张瑞麟副教授，他们在本书形成的过程中贡献了许多知识和智慧。同时还要感谢中央广播电视大学出版社的来继文编审、宋莹编辑、庄颖编辑，他们也为本书的出版付出了辛勤的劳动。

张成福

2016 年 12 月

目　录 ‖ Contents

第一章　行政组织学导论

教学目的与要求

了解和掌握组织的性质、功能及组织的基本构成要素；
了解和掌握组织的分类和不同类型组织的功能；
重点理解和掌握行政组织的特征以及当代行政组织的发展趋势；
分析和理解行政组织在政治、经济发展中的作用。

组织是在特定社会环境之中，由一定要素构成的，为达成一定目标而建立起来的，并随着内外环境不断变化而自求适应和调整，具有特定文化特征的一个开放系统。组织是伴随着人类社会的发展而发展起来的，组织对人类社会的发展起着不可低估的作用，人类个人和集体的生存条件及其活动能力，都是通过各种组织获得、发展和完善的。在如今高度组织化了的社会，组织和组织管理已经成为推动人类社会不断发展的重要力量。

第一节　组织与人类社会的组织化

组织是人类社会存在和发展的前提条件，是人类社会生活中最普遍的现象。人的第一个历史活动——从自然界获取物质生活资料的生产活动，是在组织中进行的。人正是凭借组织的力量，使自身不断得到发展。我国古代思想家荀子认为人“力不若牛，走不若马，而牛马为用，何也？曰：人能群，彼不能群也”。这便明确地提出人之所以能驾驭各种自然力量而成为大自然的主宰，就在于人能成为有群体的组织。随着社会历史和生产力的不断发展，人类社会组织也由单一性组织走向复合性和复杂性组织。

在当代世界，人类社会的组织空前发展，其影响也深入政治、经济、军事、文化、教育、科技等重要的社会生活领域之中。组织化和有组织的管理也成为现代社会发展和社会现代化的一个重要标志。在当代，人类创造了巨大的文明，获得了巨大的成就，但是“获得这些成就的主要因素是我们为达到各种目的而发展建立各种社会组织的能力。这些组织及其有效的管理工作的发展才真正是我们的巨大成就之一”。① 因此，我们可以说，组织及其有组织的管理是人类社会发展的一大杠杆。

一、组织的性质

“组织”一词，源自希腊文，是工具或手段的意思。根据《牛津英语词典》记载，在1873年以前，组织的概念，主要是用以描述生物学上的组合状态，或形成组合的活动。1873年左右，哲学家斯宾塞才用“组织”来指涉“已经组合的系统或社会”。1950年以后，《简明牛津英语词典》才开始列出“组织”这个词的现代意义。

作为人类社会最普遍的一种现象，组织的含义究竟是什么？由于学者们从不同的角度，运用不同的方法去透视组织，所以对组织内涵的认识和界定也是仁者见仁、智者见智，至今仍无统一的看法和定论。对复杂多样的组织定义进行审视，我们可以看出，国内外学者对组织界定的取向有以下四个方面，即有四种基本的看法。

第一，静态的组织观。即以组织结构为研究的主要取向。认为组织是人们为了达到一定目的和需要，按照一定形式联合起来的，具有特定结构和活动方式的人的群体。简单地说，即认为组织是追求一定目标的人的集合体或者权责分配关系构成的体系。美国管理学者孟尼和雷利提出“组织是为达成共同的目的的人所组合的形式”。高斯提出“组织就是为了促进某些共同的目标而设置的团体，对工作人员作适当的职责分配，并将从事共同任务的个人与团体间的努力和才能予以结合，借使管理者与工作人员双方在最大的满意和最小的摩擦下，获得所欲达成的目标”。实际上，早期管理学家基本上都持有与此相同或相近的观点和看法。马克斯·韦伯的科层组织理论更是静态组织观的典型。

第二，动态的组织观。即从组织成员的相互交往行为的角度，也就是从行为科学的角度分析研究组织的一种取向。认为组织是为达到一定目标而行动的人的活动体，组织目标的实现有赖于领导、决策、沟通、协调等一系列人的活动过程。即为实现某种目标而合理安排人力、物力，使之结合成具有特定功能的系统性整体的活动及其过程。德国学者阿斯曼和斯托贝格认为“过程或者活动，也称为‘组织’，它的活动目标在于根据新的成熟条件，建立、稳定或者改变社会构成体的组织性，以实现组织的目标职能”。简言之，这种观点认为组织是一个活动体，是一群人为完成工作采取的一致行动或运作。

第三，生态的组织观。这种组织观是以组织与内部环境和外部环境的平衡角度为研究的基本价值取向，认为组织不仅仅有静态的结构、动态的功能与行为，而且是一个有机的生命体，是随着环境变化而自我适应、自我调整的一个开放系统，是整个社会系统的一个子系统。这种组织观强调的是：(1) 只考察静态的结构和制度是不够的，还必须考虑到现实环

① 卡斯特，罗森茨韦克．组织与管理：系统方法与权变方法：第4版．傅严，李柱流，等，译．陈旭明，李柱流，校．北京：中国社会科学出版社，2000：7.

境的变化因素；（2）既然组织是必须适应环境变化的一个有机体，故也不存在放之四海而皆准的组织理论与原则；（3）组织管理不能墨守成规，必须按情景的需要实行权变管理。这一派的主要代表人物是美国学者卡斯特、罗森茨韦克以及雷格斯。一句话，组织的生成、成长、发展、活动、变革都受社会政治、经济、文化等环境的影响或制约。

第四，精神的（或心态的）组织观。这一组织观点是以心理或精神为研究的价值取向，认为组织不仅是权责分配关系、人与人之间的互动关系，或是一种不断变迁的生命体，同时也是一种群体的精神和意识。实际上，这种组织观是对动态组织观的一种延伸，将组织看成一种意志和精神的有机组合。美国学者巴纳德认为“组织是两个或两个以上的人的有意识协调的活动或效力的系统”。这比较典型地说明了组织的心态特征。事实上，行为科学对人的行为分析、对人的激励的探索、对组织文化的探讨、对组织沟通的分析等都不同程度地反映了这一研究的趋向。

从上面不同角度的分析和解释来看，我们可以给组织下这样一个定义：组织是在特定社会环境之中，由一定要素组成的，为了达成一定目标而建立起来的，并随着内部要素和外部环境不断变化而自求适应和调整，具有特定文化特征的一个开放系统。

二、组织的构成要素

关于组织的构成要素，有的学者根据亚里士多德的“四因说”，把组织的基本要素分为四大类：（1）物质要素，即人员、经费、房屋、物财及设备等；（2）形式要素，即权力、职责、纪律、指挥、领导、服从、分工、合作等；（3）动力要素，即促使组织形成或建立的环境与起因；（4）目的要素，即组织所要完成的任务、所希望实现的目标及所遵循的宗旨。管理学家W. 理查德·斯格特在其《组织理论》一书中，认为组织的基本构成要素为：社会结构、参与者—社会行动者、目标、技术、环境。

组织是各种要素组合而成的一个综合体。组织的基本构成要素为组织目标、机构设置、人员构成、权责体系、制度规范、资金设备、技术、信息沟通、团体意识和环境。

第一，组织目标。目标是组织赖以存在和发展的基础。目标代表着组织发展的方向和存在的理由，目标规定和影响着组织的运转，是组织活动的灵魂。没有目标的组织是不存在的，失去目标的组织也会解体。

第二，机构设置。机构既是组织分工的产物，也是组织活动的平台。组织是由一个个具体的机构或部门构成的一个统一体，机构的设置合理与否，直接影响组织效能和组织目标的实现。因此，机构的设置，必须以精干、高效、协调、灵活为原则。

第三，人员构成。组织是人的群体，是以人为核心形成的，因此，人是构成组织的基本细胞，没有人，就不可能形成组织，故组织成员是组织最重要的构成要件，也是组织的活力与生命力所在。

第四，权责体系。组织是一个纵横交错的权责体系。职务、职权、职责是构成组织权责体系的三大要素。职责结构是否科学、分工是否明确、权责是否一致，是组织能否高效运转的关键，故权责体系在组织的构成要素中，居于核心地位。

第五，制度规范。规范是人们行动的准则和互动的基础。任何一个组织，若要有效控制和影响其成员的活动，就必须制定一定的行动准则和规范。规范是确保组织协调与有序运转的保障，没有严格的组织规范，组织就会陷入无序和混乱。

第六，资金设备。资金、房屋、车辆、通信器材、办公用品等物财设备是组织开展各项活动的物质基础。资金是否充足、设备是否齐全，直接影响着组织结构的设置及整体功能的发挥。古人所讲的“巧妇难为无米之炊”“工欲善其事，必先利其器”，就是这个道理。

第七，技术。每个组织都拥有为其工作所用的技术。组织的技术通常部分地根植于机器和机械设备，同时又包含了组织参与者的知识和技能。在现代社会，组织所拥有的技术是影响组织效率和组织竞争力的关键。

第八，信息沟通。从某种意义上说，组织运转的过程，就是组织对各种信息进行收集、整理、利用、加工和传输的过程。调查研究、开会、交流等就是收集和分析各种信息。信息沟通是组织内部上下左右之间、组织与外部环境之间实现良好互动的前提，是组织存在、延续与发展的必要条件。

第九，团体意识。团体意识是指组织成员对组织在思想上、认识上、感情上和行为上拥有共同一致的价值观。团体意识是维系组织存在与发展的灵魂。建立团体意识的目的就是要使组织成员把自己视为组织这个大家庭中真正的一员，并把组织利益看作自己利益的一部分，没有团体意识，组织就如同失去灵魂的身体，如行尸走肉一般。强大而稳定的团体意识，是现代组织生命力的标志之一。

第十，环境。每个组织都处于某一特定的并且必须适应的物质、科技、文化和社会环境之中。所有组织的存在都依赖于与其所处的环境的关系。环境影响组织构成和组织运作。环境已经成为组织的重要影响因素和构成要素之一。

三、组织的分类

社会组织是复杂多样的。由于不同的组织具有不同的目标，承担着不同的使命，执行着不同的职能，因而也就有其不同的组合方式。组织研究中的一个重要任务就是对组织进行分类研究，因为不同的组织适用不同的管理方法。例如，军队组织和学校组织在性质、结构形态、功能上不同，因此管理方法也不同。学者们依据不同的标准，从不同的角度对组织进行类别划分。最常见的分类方法主要有以下几种：

（一）正式组织和非正式组织

按组织内部是否有正式的分工关系，人们把组织分为两大类：正式组织和非正式组织。这是最普遍流行的分类法，大多数组织理论学者正是从这一分类角度去探讨组织管理问题的。

正式组织是指以明文规定的形式确立下来，成员具有正式分工关系的组织。正式组织具有下列特征：（1）是经过特定规划建立起来的，并不是自发形成的；（2）有较为明确的组织目标；（3）组织内部分成各个部门，各个部门的职责、权限及完成的工作任务皆有明确规定；（4）组织内各个职位，按照等级原则进行法定安排，每个人承担一定的角色；（5）有明确的法律、制度和行为规范，如政府组织、军队组织等。

非正式组织是正式组织内若干成员由于相互接触、感情交流、情趣相近、利害一致，未经人为的设计而产生的交互行为和意识，并以此自然形成的一种人际关系。非正式组织具有以下特点：（1）自发性。非正式组织的建立以人的共同的价值观念、思想、兴趣、经历、社会交往、利害、区域等为基础，是自发形成的。（2）内聚性。非正式组织虽然没有严格的规章制度维系约束，但由于他们思想、兴趣、利益的相近或一致，使其成员产生一致的“团体意识”，具有较强的凝聚力。（3）不稳定性。由于其是自发产生、自由结合的，故往往因环境变化、思想价值的变化、活动范围的变化而发生变化，呈现不稳定性。（4）领袖作用较大。非正式组织的领导往往是在自然的竞争中形成的，因此具有很高的权威和影响，如歌友会、球迷协会等的领导。

（二）强制性组织、功利性组织和规范性组织

美国学者艾桑尼以组织中人员对上级的服从程度、上级对下级权力运用的关系，即组织中权威产生的基础对社会组织进行分类，将组织分为强制性、功利性和规范性组织。

强制性组织以镇压、暴力等手段作为控制和管理下属的主要方式，即强制当事人服从组织的管理。监狱、看守所、集中营、监禁式精神病院等均属这类组织。这类组织特别重视纪律和惩罚。

功利性组织是以金钱、物质利益诱导作为权威基础，即以功利或物质报偿的方式作为管理和控制部属的主要手段。各种工商企业都属于这种类型的组织，如各类银行、保险公司等。

规范性组织以荣誉的报赏或规范（主要指伦理道德规范、信仰规范等）作为管理部属的方式。教会、学校、政党、宗法组织等就属于这类组织。

（三）互利组织、服务组织、企业组织和公益组织

美国著名社会学家、交换学派的代表布劳和史考特根据组织目标和受益者的关系，把组织划分为互利组织、服务组织、企业组织和公益组织四类。

互利组织是以组织的参与者或成员为主要受惠对象，组织的目的在于维护及促进组织成员所追求的利益。政党、工会、商会、宗教团体、俱乐部等均属这一类型组织。

服务组织的基本功能是以服务为主。组织的受惠者，是公众中与组织有直接接触者，如学校、医院、社会福利组织等均属这一类型的组织。这种组织的主要功能，就是为组织受惠

者提供专业性服务，也就是如何为受惠对象提供最佳的服务。

企业组织的受惠者是组织的所有者和股东、经理人员。工厂、公司、商行、银行等均属这一类型的组织。企业组织的核心问题就是效率的提高和利润的最大化。

公益组织的主要受惠对象是全体公民，如军队、国防部、环保局、消防队等均可称为公益组织。公益组织的目标在于谋求社会大众的利益，保护社会的安宁与秩序，使社会成员不受外来侵略和内部不良因素的侵扰。

(四) 政治性组织、经济性组织、文化性组织、群众性组织、宗教性组织

依据人类社会生活的基本领域和组织的性质，可以把组织划分为政治性组织、经济性组织、文化性组织、群众性组织、宗教性组织。

政治性组织是一种以追求、运用、分配社会公共权力为基本目标的组织。国家的立法机关、司法机关、行政机关、政党、军队等均属于政治性组织。

经济性组织是人类社会最基本的社会组织，它承担着为社会创造和提供物质财富的职能。它存在于生产、交换、分配、消费等不同领域。各种生产性组织、商业组织、银行信贷组织、交通运输组织、保险公司等均属于经济性组织之列。

文化性组织是以满足人们各种文化需求为目的，以为社会提供和创造精神财富为职能的组织。学校、图书馆、博物馆、剧院、文化艺术团体、科学研究单位等均属文化性组织。

群众性组织是特定社会群体为追求和保障自己地位和权利而建立的自治性组织。如工会、青年联合会、妇女联合会、农民协会、街道居委会等均属这类组织。

宗教性组织是以某种宗教信仰为宗旨而形成的组织。佛教、道教、伊斯兰教、基督教等教会组织均属宗教性组织。

四、组织的功能与作用

如前所述，组织是人类社会发展的前提条件，也是现代社会发展的一大杠杆。组织为什么在社会发展中能起如此大的作用呢？其根本原因在于组织功能的发挥和实现。

什么是组织的功能呢？简单来说，组织的功能就是组织系统内部诸要素在相互作用过程中所表现出来的属性，它具体表现为组织系统的功效和作用。

从系统论的角度来看，任何一种社会组织大体都发挥三种功能：(1)“聚合”功能，就是对人力、物力、资源、信息等加以聚集汇合，形成一种合力；(2)“转换”功能，就是把聚结的各种要素进行“加工”“制作”，转化为新的功能和能量；(3)“释放”功能，就是把组织的能量释放出来，实现系统的目标，发挥其应有的作用。

具体来说，组织的功能与作用主要体现在以下几个方面：

第一，组织能够创造一种新的合力，起着“人力放大”作用。根据系统论，系统内各要素间的相互作用，能够产生出在其孤立、分散状态下所没有的新的整体特性，即整体大于

各个部分之和。组织作为具有一定目标的人类群体，是由许多孤立的人组成的，当人们通过组织把许多孤立的个人结合成一个能动的团体，把许多单个劳动者组织起来进行协作时，它所产生的生产力必然超过同样数量单个劳动者个人生产力的“机械总和”。马克思曾精辟地指出：结合劳动的效果要么是个人劳动根本不可能达到的，要么只能在长时间内，或者只能在很小规模上达到……且不说由于许多力量融合为一个总的力量而产生新的力量。①

第二，组织能够产生一种协同效应，提高组织工作的效率。不论哪种组织，都是人们在共同活动中形成的分工与协作的方式。分工就是要求一个人只从事某一种特定的工作或某一子系统执行特定的功能，协作是许多人有计划地共同参加一个生产过程或不同子系统之间的协作和配合。分工促进了工作专业化的发展，工作专业化促使组织成员工作熟练程度和准确程度的提高，节省从事一种工作转向另一种工作所需要的时间，减少了工作指标的数目，这便大大提高了工作的效率。分工和协作是互为前提的，分工越细，对协作程度的要求越高。在一个组织中，当组织目标和个人目标协调一致的程度越高，当组织对人所担任的角色的要求同个人现实行为相关的程度越高，当个人对组织的贡献同个人利益实现相联系的程度越高，当组织中信息沟通的程度越高，当个人与组织的感情联系的程度越高，当环境变迁与组织适应相一致的程度越高，一句话，当组织内部的组成要素之间、组织与外部环境之间协调的程度越高，组织就越有效率、效能。相反，如果组织系统内部之间的作用相互抑制、冲突，就会使组织力量相互抵消，内耗增大，从而导致组织效能的降低，甚至导致组织的瓦解。

第三，组织能够满足人们的需要。人们建立组织的目的就是为了满足人们某些方面的需要，人们正是为了一些共同的目标、利益和需要聚合在组织当中。社会组织通过与外界进行物质、能量、信息的交流，经转化，产出组织产品，满足人们物质、精神等方面的需要。同时，一个人从生到死，在生活的各个阶段参加许多组织，这些组织都有满足组织成员某种需要的功能。如人们参加组织以获得安全感、归属感；人们在组织中可以满足社会交往和情感交流的需要；在组织中满足自我尊重和自我实现的需求；等等。

总之，组织的产生、发展和完善是社会获得政治、经济、文化、教育、科学技术、卫生等各项事业的成就和发展的前提，是人的不断发展和完善的保证。

第二节　行政组织的性质与功能

一、行政组织的特性

行政组织就是指为推行国家公共行政事务而依法建立起来的各种行政机关的统称。如美国的总统府及联邦政府、州政府及地方政府；日本的首相府及其所管辖的各级行政部门；我

① 马克思．资本论//马克思，恩格斯．马克思恩格斯全集：第23卷．北京：人民出版社，1972：362－363.

国的国务院及省、市、地、县、乡各级人民政府及其办事机构。

与其他社会组织相比，行政组织具有以下明显的特点：

第一，行政组织是唯一可以合法使用暴力的机关。它以国家机器为后盾，依法管理社会公共事务，因此，行政组织所制定的行政措施和采用的行政手段对它管辖范围内的企事业单位、群众团体和全体公民都具约束力和强制力。故强制性便成为行政组织不同于其他社会组织的一个重要特征。

第二，行政组织是一个具有天然垄断地位的组织。其他组织有许多，但行政组织具有唯一性，是一个具有天然垄断地位的组织。

第三，行政组织是可以合法行使行政权的组织。行政组织与立法机关和司法机关一样，是国家机构的重要组成部分，但它与立法机关和司法机关在性质、职能、作用方面都有所不同。作为立法机关的执行机关，行政机关的主要职责就是合法地行使行政权，依法运用行政权对国家和社会的公共事务进行统一的管理。

第四，行政组织是承担公共责任的组织。行政组织是公共组织，它对整个国家与社会负有政治责任、法律责任，同时还负有一定的道德责任。政府是代表国家行使行政权力，是实现国家意志的重要工具，国家的政治性就要求行政组织必须为一定的政治服务，承担一定的政治责任。现代社会是法治社会，行政组织有责任也有义务维护国家的法律秩序，维护法律的权威性与严肃性。行政组织在执行公务的过程中，要严格依法行政。同时，行政组织要为自己的行为承担法律的责任，真正做到违法必究。现代社会还是一个讲求道德的社会，行政组织的使命之一还在于要建立一个有道德、讲文明的社会，通过建立政府良好的道德形象来为社会树立道德榜样。

第五，行政组织是以追求公共利益为目的的组织。行政组织不同于企业组织，企业组织的目的是为了追求利润的最大化，而行政组织的职责和目的则不是为了营利，或为某一部分人谋利，而是要为整个社会的政治、经济、文化等事业的发展提供服务，其服务的对象是整个社会，是国家的共同利益和社会的公共利益。所以，行政组织是把为社会提供公共服务和谋取大众的公共利益作为自己的核心职责。

二、当代行政组织发展的趋势

第一，行政权力不断扩张，行政组织的规模日趋扩大。大量的社会危机和公共问题，使政府面临和处理的问题日趋繁杂，与此同时，也促成了行政权力的不断膨胀。行政权力的膨胀和政府行政组织规模的日益庞大，已经成为各国行政管理的普遍现象。

第二，管理性质日趋复杂，管理功能不断扩充。当代政府活动所涉及的内容和范围日趋扩大，行政活动已深入并渗透到社会生活的方方面面，政府已经由传统的“守夜警察”转变成为推动社会发展和增强国民福利的积极力量。政府活动范围的扩大、管辖事务的增多、管理对象的复杂、管理手段的多元化，使行政组织的管理性质日趋复杂、管理功能不断扩充。

第三，专业化和职业化趋向。随着整个社会分化程度的提高，随着行政管理对象的复杂化和专门化，尤其是随着科学技术和信息技术在行政管理中的广泛应用，政府行政管理日趋专业化，分工也日趋精细。行政管理的专业化使得政府行政管理逐渐发展成为一个独立的职业领域，这一领域有其系统化的知识和技术，有其职业的规范和道德，有一批专门投身其中的专业人员，从这一意义来看，当代行政组织已经朝着专业化和职业化的方向发展。

第四，组织间的相互依存和协调的加强。现代行政体系在结构和功能上的巨大分化，使得组织与组织之间的相互依赖程度越来越高。职能的分离与专业化，固然有利于组织效率的提高，但对组织整合与协调提出了更高的要求。强调组织间的联盟与协作，促进组织活动的一体化已经成为当代行政组织设计与管理的重要方面。

第五，法制化和程式化。众所周知，支撑现代行政组织的基础是理性—法律的权威，在理性—法律框架下的行政组织，则显示出程式化和法制化的特征：所谓的程式化就是行政工作的每一个环节，皆有遵循的规章和制度，这对保持理性的行为有重大作用。所谓的法制化就是行政组织的活动受到法律的广泛限制，各种各样的行政法规，使行政组织走向了法制化的道路，这对制约行政权力、保证行政效率具有重要的意义。

第六，重视社会的目的。现代行政强调国民福利、社会服务，政府行政的目的就在于为最大多数的人谋取最大的幸福。作为政府行政的构成体系，现代行政组织的一个重要功能就是推动整个经济社会的全面健康发展，把公共利益、公共服务、公共福祉作为其重要的使命。强调行政组织的社会目的和服务精神，重视行政组织公共服务功能的发挥，已经成为各国行政组织管理的重心所在。

第七，国际影响和国际化的趋向。现代信息技术和网络的普及，使得整个世界已经成为一个所谓的“地球村”。众所周知，国际化与全球化影响和冲击着每一个国家的政治、经济与社会发展，政府要解决和回应国际化所引发的各种问题，就必须采取必要的措施和行动，以应对这一变化和挑战。因此，行政组织设计与管理中的国际化视野以及重视各国行政组织间的国际交往就成为当代行政组织管理的一个重要理念。

三、行政组织在政治、经济发展中的作用

（一）行政组织与政治发展

马克思主义认为，政府是社会发展到一定阶段的产物，国家管理权力的出现，表明这个社会陷入了不可解决的自我矛盾之中。国家管理权力的出现，将使不可调和的阶级矛盾控制在一定的范围和形式之下，以免导致社会解体，保证社会的统一。作为国家政治系统的一个重要组成部分，行政组织在社会的政治发展中发挥着重要的作用，主要表现在它是：

1. 政治和社会秩序的维持者

几乎所有的政治理论家都认为维持秩序是政府政治职能的首要内容。政治秩序意味着一

个社会政治共同体的成员和集团，按照某种预定的政治规则行事。它意味着社会运行中存在着某种程度的一致性、连续性和确定性。从政府产生的原始意义来考察，秩序是政府产生的一个重要原因，政府存在的目的之一在于防止不可控制的混乱现象，建立某种适合生存的秩序形式。

在现代社会，政治秩序意味着既反对无政府状态，也反对专制政体，它意味着权威的存在，公民权利的保障和国家在国际社会的安全与独立。作为政治秩序和社会秩序的维持者，行政组织的职责在于：（1）制定和执行有关的法律，保护公民的自由、财产和权利，使之不受其他社会成员的侵害；（2）建立一套管理制度，确保社会的良性运行；（3）通过军队、警察、官僚机构等“暴力机器”防御外来的攻击，保障国家主权的独立和完整。

2. 利益的表达、聚合和转化者

人们的一切活动都与自己的利益有关。社会发展必然导致利益的分化，导致人们基于不同的利益形成不同的群体和阶层。利益分化不可避免地导致利益冲突。政府管理，从某种程度上讲，就是通过各种手段和方式调节利益冲突的行为和过程。作为利益的调节者，行政组织在政治体系中的主要作用就是平衡、调节和整合各种利益关系，实现利益的表达、聚合和转化，即通过妥协、沟通、协商、法律、经济等途径和手段，实现多方利益的生存和发展。

3. 公共政策的制定者和执行者

社会发展并不是毫无目的的，社会发展的方向、内容和模式均取决于社会选择，特别是政府权威体系的决策和选择。作为公共政策的制定者和执行者，行政组织的职责与作用在于：（1）通过制定公共政策，为社会发展选择目标，引导社会的健康良性发展；（2）通过政策工具调整各种社会关系，使之有利于社会发展的目标。

4. 政治一体化的工具

政治一体化就是一个社会的政治体系结合成一个完整、统一、有序与稳定的统一体。政治一体化是维系政治社会的一个重要方面。行政组织在实现和维持政治共同体方面发挥着十分重要的作用：（1）作为政治治理的工具，维系统一的政体；（2）了解各种需求并加以规范；（3）规范和制定竞争规则，解决潜在的和已经出现的社会冲突；（4）作为政策的执行工具，使统治者能有效实施其政策；（5）执行政治社会化的工作，促进公民对政治目标的认同和合法性的认同；（6）作为政治沟通的渠道，听取公众的批评和建议；（7）作为政治参与的场所，实现公民参政议政的权利。

（二）行政组织与经济发展

世界银行在其1997年的《世界发展报告》中指出，有五项基础性的任务处于每个政府使命的核心地位，这些使命是：（1）建立法律基础；（2）保持非扭曲的政策环境，包括宏观经济的稳定；（3）投资于基本的社会服务与基础设施；（4）保护承受力差的阶层；（5）保护环境。

推动社会生产力的发展、维护经济基础的稳固、促进经济的繁荣和稳步增长是现代政府的重要职责。作为上层建筑的有机构成部分，行政组织在一个国家经济发展中发挥着重要的作用。

第一，提供经济发展所需的最低条件的法律和制度。现代经济社会也是政治社会，没有政治体系为其提供的游戏规则和经济生活的框架，经济体系就无法正常运转。为经济体系的正常运作提供必需的制度、规则和框架是政府的职责。它们包括产权的界定和保护、契约的执行、公司法、金融制度、专利保护、著作版权、法律秩序。

第二，组织、提供公共物品和公共服务。公共物品和公共服务的最大特点在于其具有共享性和非排他性的特点，这两种特性就使得公共产品很难禁止他人不付费而坐享其成，导致“搭便车”现象。公共产品的共享性和非排他性也使得私人部门很少有诱因去生产公共产品，这些就需要政府来承担。因此，政府必须介入公共服务并提供公共物品。典型的公共物品包括国防、基础研究、道路与桥梁、导航设施、灾害控制、交通管制系统以及其他基础结构。

第三，保护共有资源和自然资源。数千年前，古希腊哲学家亚里士多德曾说：“许多人共有的东西总是被关心最少的，因为所有人对自己东西的关心都大于其他人共同拥有的东西。”在我们这个社会中，存在着许多共有资源，如清洁的空气和水、不可再生的自然资源、许多野生动植物，这些共有资源与我们的生活甚至生命息息相关。共有资源与公共物品一样没有排他性，但有竞争性（一个人使用共有资源就减少了其他人的使用），共有资源不可避免地会导致所谓的“公有地悲剧”，即私人决策者过分使用共有资源。为了使自然环境免于遭受损害，并为我们的子孙后代利益考虑，行政组织可通过制定相应的管制性措施来保护共有资源和环境，以减轻过度使用和环境污染等问题。

第四，通过对宏观经济的调控，保证经济的稳定和效率。在市场经济中，充分就业和物价稳定不会自动出现；相反会出现周期性的经济波动，经济会为长期的持续失业与通货膨胀所困，更为糟糕的是，失业与通货膨胀往往是并存的。政府的职责便在于通过制定有关的公共政策来干预经济活动，缓解这种波动，保证经济的稳定和效率。行政组织正是借用各种政策工具来实现政府的经济目的。政策工具包括：财政工具，如预算政策、税收政策、信贷政策；货币工具，如货币政策、法定准备金、贴现率、物价政策、信用制度；等等。

第五，公平分配社会收入。市场经济会产生不平等的结果，为了实现社会的公平，需要社会有一种公平再分配的机制。市场交易不能进行有效的再分配，原因在于市场中不存在以公平为目标的分配机制；私人慈善机构或许能承担部分作用，但不能从根本上解决问题，而且也缺乏一种相互配合的公共政策。政府在进行再分配方面显然处于有利地位，因为政府拥有强制征税的权力，该项权力使得政府能大规模地介入再分配工作，并且能够通过税制解决由于要素市场的不完备性与垄断定价产生的收入分配问题。行政组织实现收入再分配的手段和途径有税收转移、累进所得税、个人所得税、遗产税、对高收入消费者购买的奢侈品进行课税等。

第三节　行政组织学的学习和研究

一、为什么要学习行政组织学

行政组织学是研究行政组织如何有效运转并实现政府目标的一门学科，学习和研究行政组织学的目的和意义在于：

第一，了解和掌握行政组织管理与运行的规律。作为一门独立学科，行政组织学有其独立的研究范畴，有其系统的知识体系和内在的活动规律，通过学习，可以帮助人们了解行政组织的性质与特性，了解行政组织的运行机制及其活动方式，进而了解和掌握行政组织管理的规律。对行政组织管理知识及其规律的了解和掌握，有助于人们按照科学管理的规律和原则去管理组织，推行政务，这对政府行政管理的科学化有着重要的意义。

第二，促进和提高行政组织的效率。效率是管理的永恒追求。任何管理，都在追求效率的改进和提升。政府作为国家行政管理的主体，其管理的目标与理想，主要是通过各级行政组织去实现的，因此，高效率的行政组织是实现政府目标的前提与保障。学习和研究行政组织学，有助于人们掌握科学的组织管理的方法与技术，有助于行政组织的合理配置和职能发挥，有助于政府行政管理效率的改进和提高。

第三，改革和完善我国的行政组织体制。由于种种原因，我国的行政组织体制还存在着机构臃肿、职责不清、关系不顺、办事拖拉、效率低下、财政支出不合理、浪费严重等问题，这些问题已经严重影响到政府的形象和威信，甚至引起政府合法性危机。进行行政体制改革，建立结构合理、高效灵活、运转协调、行为规范的行政组织体制是我国政府改革的重要目标，而这一目标的实现，有赖于科学的行政组织理论的指导。创立适合中国特色的公共组织理论，对行政组织的目标、环境、结构、运转方式、冲突与沟通、变革与发展等重大理论问题与现实问题进行研究和思考，对我国行政组织体制的改革与完善具有重要的理论意义和现实意义。

第四，改善政府形象和增强政府的国际竞争力。信息化和国际化使当代政府面临前所未有的压力和挑战，行政组织在应对这一挑战中承担着重要的使命，如何与国际社会接轨，如何应对日趋复杂多变的国际问题，对各国政府及其行政组织提出了更高的要求。学习和研究行政组织学，有助于按照行政组织的运作规律、设计理念、管理方式与方法去设置和管理各级政府组织，如此，就可改变我国行政组织中存在的种种弊端和问题，使行政组织更具效率，这不仅有助于我国政府形象的改善，也有助于政府国际竞争能力的增强。

第五，提升政府管理能力。事实表明，行政组织效率的低下，是影响政府能力和政府作用实现的重要因素。学习和研究行政组织学，有助于行政组织管理的科学与理性，有助于公共管理者职业精神和专业能力的培养，如此，可以改善和提升政府管理的能力和水平。

二、行政组织学的研究特点与基本内容

（一）行政组织学的研究特点

行政组织学是研究行政组织的构成、运转与发展规律的科学，其宗旨在于提高行政组织的效能，实现政府目标。行政组织学的研究特点为：

（1）政治性和社会性的统一。行政组织是社会上层建筑的重要组成部分，是国家行使政治统治的工具，因此，行政组织具有明显的政治性；行政组织管辖与服务的对象是社会公共事务和社会大众，实现社会的公共利益是重要的目的之一，故行政组织具有社会性的一面。行政组织学的研究应将二者有机地结合起来。

（2）应用性和理论性的统一。作为一门独立的学科，行政组织学有其独立的研究范畴，有其内在的活动规律和原理，有很强的理论性；行政组织学的研究内容来自于行政管理的实际需要，其总结的经验、原则、原理与方法是随着行政管理的实践不断发展的，因而具有很强的实践性。行政组织学的研究应注意理论与实践的结合。

（3）综合性与独立性的统一。一方面，行政管理工作涉及社会生活的方方面面，作为行政管理的重要构成部分，行政组织研究自然要涉及对法学、心理学、行为科学、经济学、社会学、系统学、信息学、数学等相关学科的知识与研究成果的吸收和应用，因此，行政组织学具有跨学科和交叉学科的性质，是一门综合性的学科；另一方面，行政组织学有其独立的研究对象、研究范畴和知识体系，是一门独立学科，是其他任何学科所不能替代的。

（4）权变性和规范性的统一。随着社会的发展变化，影响和制约行政组织活动的内外因素也在不断变化，与此相适应，行政组织的目标、组织体系、组织职能、运行方式等也随之发生变化，如何适应环境的变迁和增强组织的适应能力，促进组织的创新与发展，便成为当代行政组织学研究的一个重要课题，权变与系统的分析方法就成为重要的分析工具。作为国家公共权力的执行机构，行政组织活动有其内在的运行规律，其原则、程序、运行方式、管理方法与手段等都具有规范性。

（二）行政组织学研究的基本内容

行政组织学是对行政组织现象及其活动规律进行系统研究的一门学科，是一门内容丰富且不断发展的学科。不同时期、不同的人由于各自研究重心的不同，在研究内容上存在着一些差别。本书的基本内容与结构安排为：

（1）导论。从组织的性质与功能入手，对行政组织的性质与特点，行政组织的发展趋势，行政组织在国家政治、经济发展中的作用进行全面、系统的分析；阐述学习行政组织学的目的和意义，了解和掌握行政组织学的基本概貌。

（2）组织理论的发展。主要探讨和研究组织理论的发展，不同时期组织理论的主要观点、成就与局限，正确认识组织理论在行政组织管理实践中的应用与指导价值。

（3）行政组织的环境与管理。探讨和研究行政组织的环境与行政组织之间的相互影响与制约关系，掌握组织环境管理的方法与策略。

（4）行政组织的结构与设计。探讨组织结构的性质、构成及其功能，分析组织结构分化与整合的方式与途径，掌握行政组织设计与管理的原则与方法。

（5）中国行政组织的结构。中国行政组织由中央政府、省政府、市政府、县政府、乡（镇）政府组成，不同层级的行政组织机构有其不同的管辖范围和职责权限，本章主要对中央政府、地方政府、特别行政区的行政组织机构设置、权力配置以及领导体制进行系统分析与介绍。

（6）行政组织的社会心理与管理。系统理论认为，组织是一个社会心理系统，本章主要阐述了组织管理心理的重要性及其理论，重点研究组织中个体行为激励的理论与方法，在此基础上，探讨组织中群体行为的激励以及群体凝聚力的形成对组织管理的影响。

（7）行政组织中的领导。研究行政组织中的领导职责、领导方式与艺术，有效领导的模式及理论；研究和探讨领导力提升的方法与途径。

（8）行政组织中的决策。组织管理的过程也是组织作出各种决策的过程。本章主要研究和探讨组织决策的特性、原则、程序及决策体制，探讨科学组织决策的理论模式与组织决策科学化、民主化、法制化的途径。

（9）行政组织中的冲突管理。探讨组织冲突的成因、组织冲突的特点和类型，探讨组织冲突管理的模式与策略。

（10）行政组织的沟通。揭示组织沟通在现代组织管理中的功能与作用；分析组织沟通的形式及不同沟通形式的优缺点；探讨组织沟通的障碍、成因及良好沟通的原则、方法和技巧。

（11）行政组织学习。揭示行政组织学习的性质与类型；探讨组织学习的障碍及组织学习的改进。

（12）行政组织文化与管理。揭示行政组织文化的性质、功能，组织文化建设与组织管理的互动关系。

（13）行政组织的绩效管理。揭示行政组织绩效管理的理论、过程与管理原则，组织绩效管理存在的问题与改进组织绩效的策略。

（14）组织变革与发展。研究和探讨组织变革的性质、模式与变革策略，组织变革的阻力及阻力的消除；探讨组织发展的信念、措施与方法。

（15）行政组织管理的未来趋势。揭示行政组织未来的挑战和行政组织管理的未来趋势。

小　结

组织是人类社会生存与发展的前提，是现代文明赖以存在和发展的基础。组织化与组织管理已经成为现代社会发展和文明的一个重要标志。对组织与组织管理的研究，对认识和了解组织管理的规律，掌握科学组织管理的方法，改进和提高组织管理绩效，实现组织目标具有重要意义。作为社会组织的重要形式之一，行政组织在社会管理中承担着重要的使命，对行政组织及行政组织管理的研究与探讨，对改善和提升我国行政组织的效能具有积极的现实意义。

思考与练习

一、单项选择题（每题只有一个正确答案）

1. 以明文规定的形式确立下来，成员具有正式分工关系的组织为________。

A. 非正式组织　　B. 企业组织

C. 行政组织　　D. 正式组织

2. 组织内若干成员由于相互接触、感情交流、情趣相近、利害一致，未经人为的设计而产生交互行为和意识，并由此自然形成一种人际关系，此种组织为________。

A. 非正式组织　　B. 互利组织

C. 规范组织　　D. 正式组织

3. 以镇压、暴力等控制手段作为控制和管理下属的主要方式，此种类型的组织为________。

A. 企业组织　　B. 规范性组织

C. 强制性组织　　D. 功利性组织

4. 以组织的参与者或成员为主要的受惠对象，组织的目的在于维护及促进组织成员所追求的利益，此种类型的组织为________。

A. 服务性组织　　B. 互利性组织

C. 文化性组织　　D. 群众性组织

5. 行政组织是追求________。

A. 公共利益的组织　　B. 利润最大化的组织

C. 公共价值的组织　　D. 行政权力的组织

二、多项选择题（每题有两个或两个以上正确答案）

1. 学者们从不同的角度、利用不同的方法去透视组织，给予不同的定义，目前学界对组织界定的取向，主要有以下几种：________。

A. 静态的组织观　　B. 动态的组织观

C. 生态的组织观　　D. 精神的组织观

2. 管理学家W. 理查德·斯格特在其《组织理论》一书中，认为组织的基本构成要素为________。

A. 社会结构　　B. 参与者—社会行动者　　C. 目标

D. 技术　　E. 环境

3. 按组织内部是否有正式的分工关系，人们把组织分为________。

A. 营利组织　　B. 正式组织

C. 非营利组织　　D. 非正式组织

4. 美国学者艾桑尼以组织中人员对上级的服从程度、上级对下级权力运用的关系，将组织划分为________。

A. 强制性组织　　B. 功利性组织

C. 规范性组织　　D. 集权性组织

5. 美国著名社会学家、交换学派的代表布劳和史考特，根据组织目标和受益者的关系，把组织划分为________。

A. 互利组织　　B. 服务组织

C. 企业组织　　D. 公益组织

6. 从系统论的角度来看，任何一种社会组织大体都发挥三种功能：________。

A. “调节”功能　　B. “聚合”功能

C. “转换”功能　　D. “释放”功能

7. 组织是一个纵横交错的权责体系，构成组织权责体系的三大要素为________。

A. 职务　　B. 职权

C. 职责　　D. 职位

8. 世界银行在其1997年的《世界发展报告》中指出，以下几项基础性的任务处于每个政府使命的核心地位，这些使命是________。

A. 建立法律基础

B. 保持非扭曲的政策环境

C. 投资于基本的社会服务与基础设施

D. 保护环境

三、名词解释

1. 组织　　2. 行政组织　　3. 非正式组织　　4. 强制性组织

5. 功利性组织　　6. 规范性组织　　7. 互利组织　　8. 服务组织

9. 政治组织　　10. 经济组织　　11. 正式组织　　12. 文化组织

13. 团体意识

四、简答题

1. 简述组织的构成要素。
2. 简述正式组织及其特征。
3. 简述非正式组织及其特点。
4. 简述组织的功能与作用。
5. 与其他社会组织相比，行政组织具有哪些特性?
6. 简析行政组织与政治发展的关系。
7. 简析行政组织与经济发展的关系。
8. 简述行政组织学的研究特点。

五、论述题

1. 试论当代行政组织发展的趋势。
2. 试论行政组织在国家政治、经济发展中的功能与作用。
3. 试论学习和研究行政组织学的目的和意义。

第二章　组织理论的发展

教学目的与要求

了解和掌握不同时期组织理论的代表人物及其观点；

了解和掌握不同时期组织理论的研究贡献及其缺陷；

重点掌握泰勒、法约尔、韦伯、梅奥的组织管理思想以及动态平衡组织理论、权变组织理论的理论观点。

组织理论就是观察、解释、预测组织现象的概念框架。系统的组织理论出现于 19 世纪末，组织理论的发展大致经历了传统和古典组织理论，行为科学时期的组织理论，系统、权变组织理论三个主要时期，它们从不同的角度对组织现象和组织管理进行了研究。

第一节　传统和古典的组织理论

在两千多年以前，我国古代思想家荀子在分析人为什么能驾驭自然力量，成为万物的主宰时说："人何以能群？曰：分。分何以能行？曰：义。故义以分则和，和则一，一则多力，多力则强，强则胜物；故宫室可得而居也。故序四时，载万物，兼利天下，无它故焉，得之分义也。故人生不能无群，群无分则争。"（《荀子·王制》）在这里，荀子提出了三点光辉的思想：(1) 说明组织的价值与功用。(2) 指出组织能够协调一致地进行活动的前提是"分"，即给组织中的成员分配角色，使其恪守其职，相互协调和配合。(3) 说明通过"义"（一定的道德和规范）指导组织成员的行为，使人们的行为合乎组织的需要。这是十分深刻的组织管理思想。实际上，诸如荀子的这些组织思想的精华，在中国古代思想家和政治家的著述中是屡见不鲜的。中国自奴隶社会起逐渐产生，秦以后逐步走向完善的职掌明确、层次明晰、分工合理、规范严谨的官僚组织机构和文官制度，无疑是中国组织管理思想的历史结晶。

在西方，埃及人建造了大批金字塔，表现了出色的组织管理能力。古希腊思想家柏拉图在《理想国》一书中首次提出劳动分工和专业化原则。古罗马实行中央集权和地方分权的组织管理体制，使帝国得到出色的管理。中世纪的政治思想家马基雅维利无疑是那个时代杰出的政府组织管理理论家。他在一系列著述中，提出下列伟大的思想：（1）所有的政府，不论是君主制、贵族制，还是民主制，其继续存在都依赖于臣民的支持。君主可能通过武力或继承而登上王位，但要牢固控制国家，还必须得到群众的支持。（2）组织要有内聚力。一个君主要维持组织的统一，使自己的事业获得成功，必须紧紧抓住自己的朋友，仔细地注意和抚慰他们，使人民确知他们可以信赖自己的君主。（3）一个君主（或管理者）应以自己的榜样鼓舞他的人民从事伟大的事业；君主应与所有的集团打成一片；君主必须能够识别历史潮流并适应它。（4）任何组织的主要目标之一是使组织存在下去，要采取各种办法使组织存在下去，君主应时常警惕，在危机时，有必要抛开所有的道德，背弃自己的承诺。

在人类历史的早期，人们虽然提出了点滴的组织管理思想，进行了伟大而又卓越的组织管理实践，但尚未形成完整的体系。工业革命以后，整个社会制度、经济结构都发生了重大变化，工业革命一方面使社会生产力得到飞跃发展，另一方面使社会问题、民族统一问题、国家统一问题、工业组织问题、劳资纠纷问题、市场竞争问题以及工业组织和其他社会组织的效率提高等问题更加突出。为了解决这些问题，许多学者潜心研究、精心试验论证并提出对策，这样，人类对管理与组织问题也开始了较为系统的研究，逐渐形成了较为完整的组织管理理论体系。人们习惯于将20世纪初到20世纪30年代的组织理论发展称为古典组织理论时期。

一、科学管理学派的组织观

科学管理学派以科学管理运动的先驱者，被誉为“科学管理之父”的泰勒为代表。泰勒一生发表许多管理论著，最有影响的是《科学管理原理》（1911）。虽然泰勒本人不是组织理论家，但作为管理实践家，他提出了许多与组织管理有关的思想，这些思想是：

第一，科学管理的中心问题是提高效率。泰勒认为“人的生产率的巨大增长这一事实标志着文明国家和不文明国家的区别，标志着我们在一两百年内的巨大进步”。围绕着提高生产效率，泰勒对工作的时间和动作进行了详细的分析和研究，并在此基础上提出了工作定额原理。

第二，要提高工作效率，就必须为工作挑选第一流的工人。泰勒认为，一流的工作需要一流的工人，所谓一流的工人就是具有从事和胜任工作的兴趣和能力。因此，他认为组织管理的一个重要职责就是要使每一个员工都能找到最适合自己的工作岗位。由此，必须加强对组织成员的技能要求和培训，通过培训，使之成为一流的工人。

第三，实行刺激性工资制度，实行“差别计件制”，按组织成员的绩效来支付报酬，鼓励竞争。

第四，将组织的计划职能和执行职能分开。计划部门的主要任务是进行调查研究，根据研究结果制定具有科学依据的定额和标准化的操作方法，对实施进行有效控制。执行部门的职责则在于按计划部门的指示和方法进行具体操作。

第五，实行职能工长制。将管理工作予以细分，使所有的工长只承担一种管理职能。他的这种思想，为以后组织管理中的职能部门的建立和管理专业化提供了参考。

第六，实行组织控制的例外原则。组织的高级管理人员把一般的事务授权给下级管理人员去处理，自己只保留对例外事项的决策和控制权，如重大事情的决定和重要人事的任免。这在以后组织管理中发展成为分权化原则。

泰勒以其毕生的精力，在美国掀起了一场科学管理的革命。泰勒提出的这些概念与思想为整个古典管理理论奠定了基础，泰勒的许多思想为以后的管理学派所采纳。科学管理的精神是永存的。

二、行政管理学派的组织观

如果说泰勒是从微观的角度去探讨组织与管理，那么与此相反，20 世纪前半期出现的行政管理学派则是从宏观上探讨组织管理的知识体系。这派的代表人物是被誉为“管理理论之父”的法国人法约尔。

作为管理实践家和管理理论家，法约尔一生著述颇多，著有《工业管理与一般管理》（1916）、《国家在管理上的无能——邮政与电讯》（1921）、《公共精神的觉醒》等著作和《管理的一般原则》《管理职能在事业经营中的重要性》《国家管理理论》等论文。法约尔的主要贡献在于他在吸收科学管理学派思想的基础上提出了组织管理的原则，这些原则是：

第一，实行专业分工。将人们的工作依专业分成若干单位，实行劳动专业化。法约尔认为，实行专业化分工就可以提高员工的工作效率，从而增加产出。

第二，权力与责任相一致。管理者必须拥有命令下级的权力，但这种权力必须与责任相匹配，不能责大于权或权大于责，权力与责任一定要相匹配。

第三，纪律。法约尔认为，纪律就是尊重协议，服从、专心、尽力和重视外部声誉。员工必须服从和尊重组织的规定，员工和管理者要对组织规章有明确的理解，这对于保证组织工作的顺利进行都是非常重要的。

第四，统一指挥。一个下属只能接受一个领导的命令，并向这个上级汇报自己的工作；否则，将会使下属无所适从。

第五，统一指导。组织内各单位必须有相同的目标、计划，不能各自为政。

第六，个人利益服从组织利益。也就是说，个人利益和群体利益绝不能超越组织整体的利益，任何个人或群体都必须服从组织的整体利益。

第七，理想的工作报酬。法约尔认为人员的报酬是其服务的价格，应该合理，使成员满意。

第八，权力集中。集权对组织很重要，它是组织工作的必然结果。

第九，等级链。从组织的基层到高层，应建立一个关系明确的等级链系统，使信息的传递按等级链进行。

第十，秩序。组织应按次序给每一个人以一定的位置。每个人都处于他们应处的地位，做到人事相适。

第十一，公平。平等和公道感遍及整个组织，对每一个人一视同仁。

第十二，人员任期稳定。为了使成员熟悉并有效工作，不要时常调动人员。管理者应制订出规范的人事计划，以保证组织所需人员队伍的稳定。

第十三，主动性。在组织各级人员中，应有主动自发的热情与干劲。

第十四，团队精神。组织成员之间应相互协作配合，有融洽的人际关系。

法约尔除了提出以上组织管理的原则外，在组织问题上还提出许多重要的思想，诸如明确组织机构之间的职责，并以制度规范将其规定下来；建立参谋机构的重要性，认为参谋机构的任务是从事通信、接洽、会谈，协助进行联系与控制，搜集情报并帮助拟订计划，研究改进工作方法，预测未来变化等；提出组织图在组织管理中的作用，认为组织图是分析各部门之间相互关系、确定每个人的位置及任务、防止冲突与重复的一种管理工业；同时，他认为组织效率取决于组织成员的素质和创造性，所以法约尔特别强调对组织成员进行选择、评价和训练。这些思想无疑是十分杰出的。

三、韦伯的理想型官僚组织理论

这一学派的代表人物是德国的社会学家、经济学家马克斯·韦伯。19 世纪末 20 世纪初，德国的经济发展迅速赶上欧美其他资本主义国家，为了适应经济的发展，资产阶级需要建立强有力的、高效率的、具有理性化的政府管理体制。韦伯的官僚组织理论便是这种历史要求的具体体现。其思想主要表现在《社会和经济组织的理论》一书之中。

韦伯对行政组织理论的建构是从权力分析开始的。他认为任何组织都必须以某种形式的权力为基础，才能实现其目标，维持其秩序。他认为存在着三种纯粹形态的合法权力，它们是：传统的权力，超凡的权力，理性—法律的权力。传统的权力（traditional authority）以对传统文化的信仰与尊重为基础，是世袭的权力，具有绝对的、至高无上的性质。超凡的权力（charismatic authority）的依据是对个别人特殊的和超凡的神圣、英雄主义或模范品质的崇拜，或对个人的启示或发布的标准模式或命令的崇拜；理性—法律的权力（rational legal authority）的依据是对标准规则模式的“合法性”的信念，或对那些按照标准规则被提升到有权指挥的人的权力的信念。韦伯认为，在这三种形态的权力中，传统权力的效率较差，因为领导人不是按能力来挑选的，其管理单纯是为了保存过去的传统而行事。超凡权力则过于带情感色彩并且是非理性的，不是依据规章制度而是依据神秘或神圣的启示，所以这两种权力都不宜作为行政组织体系的基础，只有理性—法律的权力才能作为基础。

韦伯认为，建立在理性—法律权力基础上的行政组织才是一种理想型官僚组织体系。韦伯心目中的理想官僚组织体系具有以下特征：

第一，明确的分工。组织成员有固定的职位，依法行使职权。按照劳动分工确定职责领域，并赋予必要的权力和责任，使之能真正地做到各尽其职、各尽其责。

第二，严格的层级节制。管理组织必须按照科层制来设立，按照明确的分工和自上而下的等级系统来构建组织。也就是要按照职业化和专业化原则进行明确的分工，按照上下层级节制的原则建立等级严密的组织体系。

第三，严明的组织纪律。在管理中，要严格遵循有关的制度和纪律，一切按照制度和纪律来进行。

第四，规范的录用制度。在人员录用和管理上要实行对事不对人的原则。人员的任用要严格按照职位的要求，通过公开的考试，合格后予以任用，要排除感情因素的影响。

第五，实行任命制。行政官员由委任产生，领取固定薪金，其升迁由上级决定。

第六，固定的薪俸制度。按等级系列中的级别来确立工资等级，除正常薪俸之外，还有奖惩制度和升迁制度。

韦伯的官僚组织理论从结构、功能、管理等方面对行政组织进行了比较详尽的分析，揭示了行政组织的许多重要特征，提出了许多有价值的管理原则，如专业分工、职责权限、层级节制、考试录用、法规制度、工作报酬等，这些无疑是韦伯杰出的贡献。应该承认，韦伯的组织理论和前面所提到的组织理论一样，过分强调机械的正式组织的功能，过分强调层级控制，过分强调组织规则，忽视组织的动态面，忽视下级的积极性，忽视组织的弹性和应变能力，这都是其理论的主要缺陷。

四、对传统和古典组织理论的评价

传统的、古典的组织理论比较偏重于对组织静态的研究，即从经济—技术的角度来观察组织。他们的组织理论概括起来具有以下几个方面特点：(1) 组织是一个分工的系统；(2) 组织是一个层级节制的系统；(3) 组织是一个权责分配的系统；(4) 组织是一套法令和规章的体系；(5) 组织是有目标的系统。

从以上的组织观念出发，他们所强调和追求的组织管理原则为：(1) 组织结构的体系化。强调组织内的分工，讲求自然准确的工作方式和程序、合理的职权分配、完善的层级控制。(2) 组织工作的计划化。计划的周详与否直接影响着组织管理的成败。因此，要求组织中从事任何工作都要有相应的计划。(3) 组织运行的规范化。处理一切事务都要求依据一定的标准，不能凭主观意志或主观的好恶，强调标准化的作业程序。(4) 组织管理的效率化。认为效率是组织追求的最大目的，组织的目标在于怎样以最小的投入取得最大的产出。

古典管理理论所提出的这些观点，建构了现代组织管理理论的基石，提供了组织理论的分析框架，揭示了组织发展最基本的要求和特征。

传统的组织理论，虽然有上述贡献，但由于历史条件的限制，它们也有其不可避免的局限性，这主要表现在：

第一，传统组织理论过分强调组织的静态方面，忽视了组织的动态方面。他们只研究结构，研究如何分工、如何建立层级控制、如何订立法律规则，忽视了对非正式组织的研究，忽视了对组织当中人的行为的研究。

第二，传统组织理论过分强调机械的“效率”观念，强调组织的整体需求和利益，把人当成“经济人”来看待，忽视了人性、人的尊严、人的情感、人的需要和个体的利益。

第三，传统组织理论过分强调组织法律、制度、规范、规则的作用，强调对人进行监督和控制，趋向集权式的管理方式，容易压抑人工作的主动性和积极性。

第四，在研究取向上，将组织当作一个封闭系统来看待，未能涉及组织与外在环境的关系以及彼此之间的相互影响，忽略了外在环境的不确定性。

第二节　行为科学时期的组织理论

如前所述，传统组织理论的共同特点是强调组织管理的科学性、精密性、纪律性，对人的因素注意较少，将人主要看成“经济人”，看成组织机构的附属品。在20世纪二三十年代，劳资关系出现紧张和冲突，此外，由于经济和科学技术的发展，单纯运用古典理论和方法已经不能达到提高效率的目的，于是一些管理学家、心理学家开始从事发展一套新的管理理论，行为科学应运而生。

简单来讲，行为科学是运用心理学、社会学、人类社会学等学科的理论和方法来研究工作环境中个人和群体行为的一门综合性和交叉性学科。行为科学时期的主要理论流派有人际关系学派、激励理论学派、动态平衡学派和决策理论学派。

一、人际关系学派的组织理论

人际关系学派的主要代表人物是乔治·梅奥、罗斯利斯伯格。他们的学说是从20世纪20年代中期到30年代初在美国芝加哥西方电器公司的霍桑工厂进行试验的，因而得名霍桑试验。霍桑试验从1924年开始到1932年结束，历时8年，经过对工作环境、工作条件、群体行为、员工态度、工作士气与生产效率之间关系的一系列的试验，他们发现并证明，人们的生产效率不仅取决于人的生理方面、物理方面的因素，而且更受到社会环境、社会心理等方面的影响。在霍桑试验的基础上，梅奥于1933年出版了《工业文明中的人的问题》，系统地阐述了与古典管理理论截然不同的一些观点。这些观点主要有：

第一，组织不仅是一个技术—经济系统，而且是一个社会系统。这个社会系统明确规定个人的作用，并确立各种可能与正式组织的标准相矛盾的标准。

第二，组织成员不单纯是受经济奖励的激励，而且受不同的社会和心理因素的激励。人是“社会人”，人的行为受感情、情绪与态度的影响。

第三，在正式组织之中存在着非正式组织，非正式组织对组织效率有着重要影响。

第四，考虑到各种社会心理因素，应对传统观念中的以组织正式结构和职能为基础的领导模式做实质性修正。人际关系学家强调的是“民主”而不是“独裁”的领导方式。

第五，领导不仅需要具有有效的技术才能，同时应具有有效的人际关系技能。管理者必须按照社会人的要求来对待工人和激励工人，应多方面满足员工的需求，人际关系技能是检验领导者管理能力的一个重要标准。

人际关系学说在纠正古典管理理论忽视人的因素这一点上是有很大贡献的，但是正如古典理论过分强调结构与技术一样，人际关系学说则过分强调社会心理方面的作用，强调非正式组织的作用，忽视理性与经济因素，这都是其偏颇之处。

二、激励理论学派的组织理论

自从人际关系学派奠定了行为科学的基础之后，对组织中人的行为研究的人和著作大量出现，其中许多人将研究的焦点聚集在组织成员的激励问题上，由此提出一系列理论。我们将这些人统称为激励理论学派。这一学派的主要代表人物和理论包括：

（一）马斯洛的“需要层次理论”

马斯洛在其代表性著作《人类动机的理论》和《激励与个人》中，对人的行为和动机进行了深入的研究，提出人的动机是由需要决定的，这些需要按照人的生存和发展的重要性可以划分为5个基本的层次，即生理的需要、安全的需要、社交的需要、尊重的需要和自我实现的需要。马斯洛认为，只有满足了人低层次的需求后，人才会有更高层次的追求。在管理中，应从满足员工不同的需求入手，以激励和调动员工工作的积极性。

（二）赫茨伯格的“双因素激励理论”

美国行为科学家赫茨伯格在其《工作的推力》和《工作与人性》等著作中，提出影响人的积极性的因素主要有两大类：一是保健因素，二是激励因素。在管理中，保健因素起着保证和维持原有状况的作用，它能够预防组织成员的不满。但是，保健因素不能激发组织成员的积极性，要激发组织成员的积极性，必须采用激励因素，即通过成就、认可、挑战性工作、责任、升迁和发展等因素，调动组织成员的积极性。

（三）阿吉里斯的“不成熟—成熟理论”

阿吉里斯在《个性与组织》一书中指出，组织中的人性是发展的，它们会经历一个从不成熟到成熟的过程。这一过程也是从被动到主动、从依赖到独立、从不自觉到自觉的过程。但是，这一过程仅仅靠正式的组织是难以完成的，这就需要管理者吸收工人参与，采取以工人为中心的管理方式，使工人具有多种工作经历，进行角色体验，强化工人的责任，依靠工人的自我管理。

（四）亚当斯的“公平理论”

美国学者亚当斯认为，人的积极性不仅受其所得绝对报酬的影响，而且受到相对报酬的影响，人类需要保持一种分配上的公平感，否则，就会挫伤其工作的积极性。

这些理论从不同的侧面探讨了如何激发组织中成员的积极性（激励）问题。这些理论都极大地丰富了组织理论的内容。

三、动态平衡学派的组织理论

动态平衡学派以美国管理学者巴纳德为代表。他在1938年出版的《经理人员的职能》这本书中，系统地提出了一套独特的组织观念。其主要思想有以下几个方面：

第一，组织本质论。巴纳德认为，组织是两个或两个人以上有意识协调的活动或效力系统。他认为这一概念适用于一切类型的组织，各类组织的差异在于物质的和社会的环境、所包含的数量种类、成员向组织提供贡献的基础。巴纳德的组织定义与传统理论的不同之处在于他试图阐明组织的本质。为了把握组织的本质，巴纳德将组织概念抽象化。他把物质系统从组织概念中排斥出去，然后又指出组织不是人的集合，而是人们有意识的活动或效力的系统。所以他的组织概念意味着：（1）组织是人的活动（行为）所形成的系统；（2）组织是动态和发展的，当系统中的一个部分同其他部分的关系发生变化时，作为整体系统也要发生变化，组织是协作系统的一个组成部分。

第二，组织环境论。巴纳德认为组织所处的环境对组织施加各种压力和限制，组织环境包括自然的、物质的环境和社会的环境。对自然的、物质的环境一般不能加以改变而只能适应。而这种适应所需要的科学技术一般是在组织之外发展起来的，组织要受到其控制。在社会环境方面，人们的可控性虽然很大，但是自然受到许多他们并没有意识到的限制和约束。组织要适应环境，自求适应。

第三，组织平衡论。巴纳德认为，人之所以向组织贡献力量，主要原因在于该组织能给他最大的满足，故组织的生存与发展，有赖于保证贡献与满足的平衡。

第四，组织要素论。巴纳德认为，作为协作系统，组织不论其级别的高低和规模的大小，都包含三个基本要素：协作的意愿，共同的目标，信息的联系。个人协作的意愿意味着个人自我克制，交出个人行为的控制权，个人行为的非个性化。对组织成员来讲，协作的意愿就是由于协作而得到的“诱因”同协作作出的“牺牲”两者相比较之后诱因的净效果，同时又是个人参加这一组织同不参加其他组织相比较后诱因的净效果（这里所设的“诱因”是指组织为了补偿个人的牺牲而提供的各种刺激，如金钱、威望、权力、参与决策等；牺牲指个人为实现组织目标而提供的服务、时间等）。巴纳德认为，为了获得成员的协作意愿，组织一方面可以为成员提供金钱、威望、权力等各种客观刺激；另一方面就是通过说服来影响成员的态度，培养成员的协作精神等。巴纳德认为共同的目标是协作意愿的前提，目标除非被成员接受，否则是不会导致协作活动的。他又提出，只有通过信息联系将协作的意愿和目标联系起来，组织活动才能开展，据此，必须建立良好的信息沟通。

第五，组织沟通论。巴纳德认为沟通是组织工作中极其重要的要素，对于如何提高沟通质量，巴纳德提出了沟通线路明确、沟通网络正式化、信息沟通连续化等沟通的基本原则。

第六，组织责任道德论。巴纳德认为，道德是个人的具有一般性与持久性的个性力量与倾向，它会约束、控制与这些倾向不一致的情感、冲动、行为，是指导个人冲动的准则。当道德倾向强烈而又持久，便形成一种责任感。他认为组织要通过教育、训练、人员选择、非正式组织、禁令、榜样等向组织成员灌输各种道德的力量，使组织成员尊重权威、支持下级、忠于组织。

第七，领导职能论。他认为，组织领导的职能在于建立和维持一个信息联系的系统；确定组织的目标，并运用各部门的具体目标予以阐明；使组织成员为这些目标的实现作出贡献。

四、决策理论学派的组织理论

决策理论学派以美国著名的决策理论家赫伯特·西蒙为代表。他的主要思想反映在其著作《行政行为——行政组织中决策程序的研究》《组织学》《管理决策的新科学》等书中。西蒙由于在决策理论研究方面的贡献而荣获 1978 年诺贝尔经济学奖。

西蒙的组织理论受巴纳德的组织理论影响较大，认为组织是为了实现共同目标而协作的人群活动系统。组织行为是人们为了完成一个人无法完成的工作而协作进行的团体活动。因此，组织就是为了完成这样的协作而有目的地进行设计的系统。

根据西蒙的观点，组织就是一个决策系统。他认为，人的行为都包含着两个过程：一个是“决策”过程，另一个是“行动”过程。“决策”过程是“行动”过程的前提。传统的组织管理理论只把行动过程作为考察对象，而没有考察到决策的重要。

西蒙把决策过程划分为三个阶段：第一阶段就是找到一个需要作出决策的时机；第二阶段就是寻找解决问题的方法；第三阶段就是根据当时的情况及对未来的预测，在可供选择的方案中选择一个方案。

西蒙指出，决策有两种极端的类型：一是程序化决策，二是非程序化决策，这是由组织活动所决定的。一个组织的全部活动可分为两类：一是例行活动，二是非例行活动。前者的决策是经常反复的，且有一定的结构，因此，对这类决策可以建立一定的程序，当这类活动重新出现时便予以应用，不必每次重新作出决策，这类决策叫程序化决策。对于非例行活动，其决策都是以前未出现过的，内容上也是新的，无可供选择的现成方案，无法用一个程序去进行评价和选择，这类决策就叫非程序化决策。对于程序化决策，可以运用运筹学来寻找到选择最优方案的数字方法和程序，以评价可供选择的方案。非程序化决策，是无法寻找到符合作出决策的明确程序，这就往往依靠高级管理人员本身的经验、判断力、直觉和创造力。

西蒙认为，对于实际中遇到的问题，要找到一个精确的最优解是不容易的，但要找到一个近似的最优解就大大简化而且容易得多。从“最优化”变成“令人满意”的标准，就可以大大缩短解决问题的时间，减小难度。

五、行为科学时期的组织理论评价

从以上论述中，我们可以看到，行为科学时期的组织理论的要点主要有：(1) 组织是一个心理、社会系统。组织不仅规范人员的地位与工作标准，同时也是人们达到共同目标时组成的一个完整体，人们参加组织是为了满足某种社会需要。(2) 组织是一个平衡系统。人们之所以参加一个组织，对组织作出贡献，就是因为该组织能够满足人们的某种需要，而组织的存在与发展，也因人们贡献了他们的力量，二者之间应保持平衡。(3) 组织是一个提供合理决策的机构。(4) 组织具有非正式的一面。(5) 组织是一个影响力系统。(6) 组织是一个沟通系统。(7) 组织是一个人格整合系统。(8) 组织是一个人—机配合的系统。

行为科学时期的组织理论对于组织问题的研究和管理都是一场革命。在研究取向上，他们面对现实，广泛收集资料，不囿于偏见；从静态的研究转向动态的研究，对组织实行行为的研究；从对组织原则的研究转向对组织本质的探讨；从对正式组织的研究转向注意非正式组织，由此创造了极为丰富的研究成果。他们将组织看成心理系统、影响系统、平衡系统、人格系统、沟通系统等，这些都引起了组织观念的变革。

行为科学的组织理论的贡献还在于它引起了管理哲学的变革。他们促成了组织管理方式由监督制裁走向人性激励，从专断领导走向民主领导，由唯我独尊到意见沟通的转化。

但是，行为科学时期的组织研究也有其缺失，主要表现在：(1) 重视事实真相的研究，只求收集资料，使研究陷于支离破碎；(2) 过分偏重对组织中人的行为研究，甚至根本否认组织结构与法令的重要性；(3) 行为科学家一味追求“客观性”，极力避免“价值判断”，并不符合社会科学的研究精神；(4) 行为科学研究的对象虽然是人，但未能涉及外在环境对人的影响；(5) 有轻视正式组织作用的倾向。

第三节　系统、权变的组织理论

一、系统理论的基本概念

自20世纪60年代起，社会科学研究进入了一个新的纪元——系统时代。系统理论认为，一个系统就是一个整体，只要被拆散，就会损失它的一些重要特性，因此必须以整体来研究它。系统理论崛起的另一个重要原因就是为了弥补和纠正传统理论的缺失。系统理论认为，我们既不能纯粹以静态的组织观去研究组织，也不能只从动态行为的角度来分析组织，应以系统、权变的观点去分析和研究组织与管理中的各种问题，尤其是要注意组织与外在环境的互动关系，即应将组织视为一个“开放系统”来进行研究，由此产生了系统组织理论。

系统方法在组织研究中的出现，反映了一种更为广泛的理论发展，它为人们的科学研究指出了一个更高的发展方向，为理解和综合各学科的知识提供了基础，实现了学科之间的整合。系统理论在对自然界和人类社会不同类型系统分析的基础上，提出了一些适用于不同类型系统的专用概念，掌握和理解这些基本概念，在组织研究中十分重要。

第一，整体性、协作性。系统由各相互联系的部分或成分构成。整体不仅仅是各部分的总和，系统本身也只能解释为整体性。系统是各构成要素按照同一目的、依据一定规则运行的集合体。这个集合体是作为一个整体，通过各部分的相互协作来完成某种功能的。整体性、协作性是系统管理的精髓。

第二，开放系统观点。系统可分为两个方面来研究：一是开放系统；二是封闭系统。开放系统与其环境交换信息、能量与材料。生物系统和社会系统，从根本上说，是开放系统；机械系统则可能是开放系统，也可能是封闭系统。开放系统和封闭系统的概念是难以在绝对意义上来确定的，系统都是相对开放或相对封闭的。

第三，投入—转换—产出模型。人们可以将开放系统看作一个转换模式。系统在与环境的动态关系中，接受各种投入，并用某种方法将投入进行转换，从而输出产出。这是系统运行的主程序。

第四，系统的界限。系统都有与其环境相分割的界限。界限的概念可以帮助我们理解开放系统与封闭系统之间的不同。相对封闭的系统有固定而不可渗透的界限，而开放系统在其本身与其环境超系统之间有可渗透的界限。在物理系统和生物系统中，界限是比较容易确定的，但在组织那样的社会系统中，界限则是难以确定的。

第五，稳定状态、动态平衡。开放系统可以达到某种相对稳定状态。系统通过与外界的信息、能源和材料的不断交流可保持系统的动态平衡。

第六，反馈。反馈的概念在理解系统如何保持稳定状态时非常重要。反馈是系统的一种自我调节活动，是将输出的或系统运营中的信息再输入系统转换器中，以影响未来的转换过程和输出活动。反馈既有正反馈，也有负反馈。负反馈是一种表明系统偏离预期方向并应重新调整到新的平衡状态的信息输入。

第七，等级层次关系。系统思想的一个基本观念是各系统之间的等级层次关系。系统由次一级的分系统组成，而同时又是超系统的一部分。系统是由各个子系统构成的一个等级层次体系。

第八，寻求多目标。生物系统和社会系统都具有多目标即多目的。由于社会系统是由具有不同价值观和不同目标的个人和分系统所组成的，所以，它们会寻求多目标。

二、社会系统组织理论

社会系统组织理论的创始者为美国著名的社会学家帕森斯，帕森斯对社会生活中的组织现象有其独特的研究。他认为，所有社会组织本身就是一个社会系统，每个大的社会系统下面又分有若干小的社会系统，整个社会则是一个最大的社会系统。社会系统在本质上由组织成员的行为或行为关系构成，因此，在研究组织时，应重点研究这些行为活动及角色关系。帕森斯认为，各种社会组织都面临四个基本的问题，组织存在的目的就是要解决这些问题。

第一，适应。组织是社会系统中的一个有机体，是社会大系统中的一个小社会系统，组织应适应外界环境提出的有关要求，并作出相应的反应，以提高组织的应变能力，防止组织的僵化。

第二，目标达成。组织目标是组织社会功能的具体体现，组织管理的目的就是要推动组织目标的达成。

第三，内部整合。通过协调组织内部的各种关系——人与人之间、部门与部门之间、上下级之间的关系，使之能够步调一致、同心协力地实现组织目标。

第四，模式维持。使组织中的文化模式与价值系统符合社会的要求，以赢得社会的认可，并维持组织的生存和发展。

对如何解决上述四个基本问题，帕森斯提出可通过下面三个阶层去完成。

一是决策阶层。主要负责制定整个组织长远发展的政策和目标，主要解决“模式维持”问题。

二是管理阶层。一是负责调整组织内部各部门的活动；二是负责调整本组织与外部有关的社会团体的关系，即主要解决“内部整合”和“对外适应”问题。

三是技术阶层。主要任务是运用专门的技能和工具，按照既定的工作计划和步骤，解决“目标达成”问题。

三、权变组织理论

权变组织理论学派是20世纪70年代在西方形成的一种管理学派。所谓权变，就是权宜应变。权变理论学派认为，在管理中要根据组织所处的内外条件随机应变，没有什么一成不变的、普遍适用的、“最好的”管理理论和方法。权变理论学派是从系统观点来考察问题的。主要代表人物为弗里蒙特·E. 卡斯特和詹姆斯·E. 罗森茨韦克。卡斯特和罗森茨韦克在1979年出版的《组织与管理：系统方法与权变方法》一书中，提出了如下的主要观点：

第一，组织是个系统，它由各分系统构成，组织与外界环境具有相互影响与相互适应的关系。

第二，在组织与其环境之间以及各分系统之间都应有一致性，管理的任务就是寻求组织与其环境之间以及组织内部各分系统中的最大一致性。组织与其环境以及内部组织设计之间的和谐将导致提高效能、效率和参与者的满足感。

第三，组织与其环境之间会呈现出不同的变量形态，即不同类型的组织都有其适当的关系模式，管理的目的就是要提出最适宜于具体情况的组织设计和管理行动。

总之，权变组织理论认为，组织管理没有一成不变的方法和技术，管理必须根据管理的条件和环境随机变化，并寻求与之相适应的管理方法与管理模式。权变的组织观为人们具体情况下的组织诊断和管理行动提供了重大的指导方针，它有助于人们对复杂形势的更深刻的认识，有助于提高正确管理行动的可能性，有助于确定组织变革和改良的最切实的方法。

四、生态研究组织理论

20 世纪 60 年代以后，许多行政管理学家和社会学家开始从系统和环境的相互作用关系上分析组织管理问题，并着重分析了社会生态环境对社会组织的影响性质、影响方式和影响过程，由此形成了生态理论。生态理论是当代行政学、管理学、社会学中最重要的研究成果，它从更高的层次揭示了组织与管理活动的性质。此学派的代表人物为美国当代著名的行政学家里格斯。里格斯创立了所谓的“棱柱模式理论”（prismatic model），将社会形态划分为三种基本模式，即农业社会、棱柱社会、工业社会，然后分别比较各自的特征以及社会环境对行政制度的影响。里格斯说的农业社会相似于传统社会，工业社会相当于现代社会，棱柱社会则为过渡社会。棱柱社会概念的提出，既是里格斯的重要贡献，也是里格斯的理论特色。

里格斯以结构功能分析的方法，研究和分析了过渡社会的行政系统，揭示了其某些独特的性质。里格斯认为，传统农业社会中的社会组织呈现为功能混同的状况，即一个机构承担着多种不同的职能；现代工业社会中的组织则是功能分化的，即由多个不同的社会组织分别承担各不相同的社会功能；过渡社会中的组织则处于由功能混同向功能分化的转化过程之中。

里格斯指出，棱柱社会具有以下三个基本特征：

第一，异质性。即一个社会在同一时间里，会表现出多种不同的制度、行为和观念，如同豪华轿车与马车同时出现在大街上一样。异质性现象导致对政府行政系统的异质性输入。

第二，形式主义。即“应然”和“实然”相背离，法律规定和实际执行不一样，所说和所做不一致。例如，社会中考试任用与“走后门”现象并存。

第三，重叠性。即执行特定功能的机构相互重叠，如多种不同的机构同时承担着同一种功能，或一种机构不承担其名义的或法定的功能，而由其他机构代行此功能。这种情况是造成权责不清、相互推诿、管理混乱和效率低下的重要原因，其实质是传统组织与现代组织的重叠。

里格斯的“棱柱模式理论”试图从生态学的角度解释影响社会生活中组织与管理现象的原因，为人们进一步认识和解释现实社会中的问题提供了一个新的思路。

五、对系统、权变组织理论的评价

归纳起来，系统、权变组织理论的主要观点为：

第一，组织是一个外在环境系统中的开放系统。传统组织理论把组织看成一个封闭系统，因此仅从组织结构和权责关系方面分析组织。系统组织理论认为组织是一个开放系统，它和外界环境是相互影响的，组织从外界接收各种信息，然后加以转换并输出。

第二，组织是由若干个子系统构成的一个大系统。传统组织理论认为组织是一个结构系统，行为科学组织理论认为组织是一个社会心理系统，二者皆未说明组织的特性。系统组织理论认为，组织内部有若干个子系统，它们各有其不同的功能，而且彼此影响、环环相依。

第三，组织是一个反馈系统。一个组织在达成其目的或任务的过程中，对所采取的行动产生的新情况或效果加以认知与判断，视其有无差异，并作适当的修正或调整，谓之反馈。

第四，组织的生态性。组织犹如一个生态系统，对外在的环境要不断适应，对内部的资源要进行整合和统一使用，以此来维持组织的生存与发展。

第五，组织管理的权变性。组织管理不存在一成不变或普遍适用的最佳理论与方法，组织管理应根据组织所处的内外环境的变化随机应变。因此，权变理论学派否认组织管理中的“两级论”，讲求组织管理中的弹性应用，注重达成组织目标的殊途同归性。

总之，系统理论为组织管理研究开辟了一条新的出路，它能够更加明确地解释组织现象，能够对组织管理起整合作用。但是，作为一个值得进一步分析和研究的领域，系统组织理论还比较抽象，所提出的许多理论并未得到经验证明。

小 结

没有理论的实践是一种盲目的实践。理论对实践有重要的价值与指导意义。对组织理论的研究及其应用，有助于组织理论的丰富与发展，有助于组织能力的提升和组织效率的改进。

思考与练习

一、单项选择题（每题只有一个正确答案）

1. ________是科学管理运动的先驱者，被誉为“科学管理之父”。

A. 古里特　　B. 怀特

C. 泰勒　　D. 韦伯

2. 1911 年，泰勒发表了《________》一书，掀起了一场科学管理的革命。

A. 公共组织理论　　B. 科学管理原理

C. 组织结构与设计　　D. 一般管理和工业管理

3. ________是行政管理学派的代表人物，被誉为“管理理论之父”。

A. 泰勒　　B. 法约尔

C. 卡斯特　　D. 梅奥

4. 德国著名的社会学家韦伯在《________》一书中，提出了理想型官僚组织理论。

A. 管理的一般原则　　B. 高级管理人员的职能

C. 工业管理与一般管理　　D. 社会和经济组织的理论

5. 在霍桑试验的基础上，梅奥于1933年出版了________一书，系统地阐述了与古典管理理论截然不同的一些观点。

A.《管理心理学》　　B.《人类动机的理论》

C.《工业文明中的人的问题》　　D.《组织与管理》

6. 阿吉里斯在《个性与组织》一书中提出了________。

A.“成熟与不成熟理论”　　B.“Y”理论

C.“需要层次理论”　　D.“公平”理论

7. ________由于在决策理论研究方面的贡献而荣获1978年诺贝尔经济学奖。

A. 西蒙　　B. 舒尔茨

C. 布坎南　　D. 斯蒂格利茨

8. 马斯洛在其代表性著作《人类动机的理论》和《激励与个人》中，提出了著名的________理论。

A. 期望　　B. 需要层次

C. 公平　　D. 权变

9. 美国学者巴纳德在1938年出版的《经理人员的职能》这本书中，系统地提出了________理论。

A. 行政生态　　B. 一般系统

C. 社会人　　D. 动态平衡组织

10. 社会系统组织理论的创始者为美国著名的社会学家________。

A. 罗森茨韦克　　B. 卡斯特

C. 孔茨　　D. 帕森斯

二、多项选择题（每题有两个或两个以上正确答案）

1. 古典组织理论的主要代表人物有________。

A. 泰勒　　B. 法约尔

C. 韦伯　　D. 梅奥

2. 韦伯对行政组织理论的建构是从权力分析开始的，认为存在着三种纯粹形态的合法权力，它们是________。

A. 行政的权力　　B. 理性—法律的权力

C. 传统的权力　　D. 超凡的权力

3. 美国行为科学家赫茨伯格在其《工作的推力》和《工作与人性》等著作中，提出影响人的积极性的因素主要有________。

A. 物质因素　　B. 激励因素

C. 保健因素　　D. 精神因素

4. 西蒙把决策过程划分为________三个阶段。

A. 找到一个需要作出决策的时机

B. 寻找解决问题的途径

C. 寻找解决问题的方法

D. 根据当时的情况及对未来的预测，在可供选择的方案中选择一个方案

5. 西蒙指出，决策有________两种极端的类型。

A. 风险型决策　　B. 程序化决策

C. 非程序化决策　　D. 确定型决策

6. 里格斯指出，棱柱社会具有以下三个基本特征：________。

A. 过渡性　　B. 异质性

C. 形式主义　　D. 重叠性

7. 里格斯在他创立的“棱柱模式理论”中，将社会形态划分为________三种基本模式。

A. 农业社会　　B. 棱柱社会

C. 工业社会　　D. 信息社会

三、名词解释

1. 霍桑实验　　2. 需要层次理论　　3. 社会系统组织理论

4. 理性—法律的权力　　5. 成熟—不成熟理论　　6. 棱柱模式理论

四、简答题

1. 简述科学管理学派的组织观。

2. 简述法约尔的组织管理原则。

3. 简述韦伯理想型官僚组织的基本特征。

4. 简述人际关系学派的组织理论观点。

5. 简述动态平衡组织理论的思想观点。

6. 简述权变组织理论的理论观点。

7. 简述里格斯棱柱社会的基本特征。

五、论述题

1. 评析古典组织理论的贡献及其局限。

2. 评析行为科学时期组织理论及其思想观点。

3. 评析巴纳德的动态平衡组织理论。

4. 试论系统、权变组织理论对组织管理的影响。

第三章　行政组织的环境与管理

教学目的与要求

了解和掌握组织环境的性质与特点；
理解并掌握行政组织环境的构成要素以及各要素之间的相互关联与影响；
重点学习和掌握行政组织环境的不确定性分析及其应对策略。

任何一个组织都与特定的环境相互联系与作用。组织环境对组织目标、组织结构、人员关系、组织技术等都会产生或多或少的影响。组织环境对组织运作与管理既能够起到促进的作用，也可能产生消极的影响或制约。作为一个开放的系统，行政组织存在于特定的环境系统之中，行政组织环境的复杂性和不确定性，影响着行政组织的功能、结构和运行方式。对行政组织环境的分析，有助于我们了解不同环境要素之间的相互关联以及对行政组织运行的影响，有助于我们预测和把握行政组织环境的变化及其发展趋势，为行政组织的良好运行创造更加有利的发展环境。

第一节　行政组织的环境概述

一、组织环境的性质与特点

任何组织都不是孤立存在的，都是一个开放系统，都与特定的环境相互联系、相互作用，并且与环境之间发生着物质、能量和信息的交流与转换。组织生存和发展的一个重要条件就是组织必须适应组织外部环境的变化，这种适应能力是组织能力的一个重要表现。而组织本身，又是外部整体环境的一个组成部分。环境对组织施加影响，而组织同时也改变着环境。

从广义而言，组织的环境是无限的，包括组织外部的每一个因素。但仅就组织为了生存而必须对其作出反应的方面而言，组织环境是指存在于组织边界之外，可能对组织的总体或局部产生直接或间接影响的所有要素。

一般而言，行政组织的环境具有以下几个方面的特点：

第一，环境构成的复杂性和多样性。从构成的角度来看，行政组织的环境是多样的和复杂的，涉及政治、经济、社会、文化、人口、历史传统、自然环境、国际环境、技术环境等诸多方面。众多的环境因素对行政组织的影响和作用方式也不尽相同，有些因素对行政组织的构成和运作会产生直接的、重要的影响；有些环境因素对行政组织的构成和运作会产生间接的、次要的影响。

第二，环境的变化和环境的变动性。一切皆流，一切皆变。公共行政组织的环境不是一成不变的，行政组织的外部环境会随着时空的变化而发生变化。因此，行政组织管理的一个重要的方面就在于了解和掌握环境的变化，对行政组织的功能、结构、运行方式进行不断的调整，以适应变化了的环境。

第三，行政组织环境的差异性。各个国家在政治、经济、文化、人口构成、自然环境等方面都存在差异，这种差异性是人类文明发展多样性的表现之一。行政组织环境的差异性也决定了行政组织管理在体制、机制、运行方式、行为方式、文化等方面的差异性。因此，并不存在适用于一切国家的行政组织的管理模式。

第四，行政组织环境的相互作用性。行政组织环境的构成要素之间也不是孤立存在的，而是相互联系、相互作用、互为因果的。某一环境因素的变化常常会导致其他环境因素的变化。行政组织某一个方面的发展和变化，往往是多种环境因素相互作用的产物，而非某一个环境因素单独作用的结果。

二、行政组织环境的构成

（一）组织的一般环境

组织的一般环境是指影响组织的客观社会环境。学者卡斯特和罗森茨韦克曾经将这种影响某一特定社会的一切组织的一般环境从文化特征、技术特征、教育特征、政治特征、法制特征、自然资源特征、人口的特征、社会的特征、经济的特征等方面予以划分（如表 3－1 所示）。

表 3－1　组织的一般环境特征

文化特征	包括历史背景、意识形态、价值观和社会准则，对权威关系、领导方式、人与人之间的关系、理性主义、科学和技术的看法，确定着社会机构的性质
技术特征	社会上科学与技术的发展水平，包括物质基础（工厂、设备和设施）及技术知识基础；科学技术界能够发展并应用新知识的程度
教育特征	居民的普遍文化水平；教育制度的完善程度与专业化的程度；受过高等专业及专门训练的人所占的比例

续表

政治特征	社会的一般政治气候；政权集中的程度；政治组织的性质（分权的程度、职能的多样性，等等）；政党制度
法制特征	对宪法的重视，法律的性质，各政府部门的司法权；关于组织的组成、税收及控制的特殊法律
自然资源特征	自然资源的性质、数量和可用性，包括气候和其他条件
人口的特征	可向社会提供的人力资源的性质、数量、分布、年龄与性别；人口的集中或城市化是工业化社会的一个特征
社会的特征	阶级结构及变动性；社会作用的明晰度；社会组织的性质及社会制度的发展
经济的特征	基本经济结构，包括经济组织的类型——私有与公有的对比；经济计划的集中或分散；银行体制；财政政策；对物质资源投资的水平及消费特征

资料来源：卡斯特，罗森茨韦克．组织与管理：系统方法与权变方法：第4版．傅严，李柱流，等，译．陈旭明，李柱流，校．北京：中国社会科学出版社，2000：155.

显然，影响组织管理的外部环境是多样的。从行政组织管理的角度看，以下几个方面的环境对行政组织运作的影响是十分明显而且巨大的。

1. 政治环境

行政组织本身就是政治体系的一个重要组成部分，同时，行政组织的活动是在特定的政治背景下进行的。政治环境是指直接或间接影响和作用于行政组织的政治因素，包括政治制度、政治文化、政治过程等。在中国，中国共产党领导的多党合作制度、人民代表大会制度、民族区域自治制度、基层民主自治制度是中国基本的政治制度，这些基本的政治制度决定了中国行政组织及其管理与西方有很大的不同。

2. 经济环境

对于任何组织而言，组织面临的经济状况是一个关键的变量和环境因素。简单而言，财力资源的直接可获得性是组织产生的一个关键的约束条件，而组织管理的一切方面，都需要财政的支持。经济环境是指直接或间接影响行政组织的经济因素的总和。在这里，生产力发展水平的高低、经济体制的性质、经济结构、经济运行的状况都会对行政组织的职能、结构、运行方式乃至人们的思想观念和行为方式产生直接或间接的影响。在现阶段，我国实行社会主义市场经济，必然要求行政组织的运行要减少微观的干预，而将作用的重点转到经济调控、市场监管、社会管理和公共服务方面。

3. 法律环境

行政组织的组成、权力以及运作的程序和方式，皆受制于法律，无法律则无行政是法治国家的基本要求。行政组织的组织和运作皆需要法律的依据，否则是违法行政，要追究法律的责任。在这里，法律环境包括规范和约束行政组织的行政法律法规和规章体系，亦包括其他方面的法律及其制度。

4. 科学技术环境

从历史上来看，技术的发展直接改变着人类的生产方式和生活方式，也改变着组织的形态和组织管理的方式。当代大规模组织的发展体现了科学与技术的进步。事实上，组织不仅是一个社会系统，更是一个技术系统。技术系统是由组织任务方面的要求确定的，而其形式则是由所要求的特殊知识与技能、所采用的技术与设备、信息处理上的要求以及各种设施的布局等决定的。大量的研究表明，技术不仅影响着组织的结构，而且影响着组织的社会心理和组织的管理。组织管理的一个重要的任务就是使组织的技术与组织各个系统之间很好地相互适应。

5. 文化环境

所有的组织都直接或间接地受到社会文化的影响。组织的文化环境，泛指一个社会由意识形态、价值观念、伦理道德等因素所构成的文化形态。文化对行政组织的影响，相对于政治、经济和技术环境，可能比较缓慢，但其影响更为深远。它不仅影响着组织的目标和价值，也型塑着组织中人的行为方式，影响着组织的决策和选择。

除了上述主要的环境领域之外，自然环境、人口状况、国际环境都对公共行政组织环境的管理产生巨大的影响。

（二）行政组织的任务环境

行政组织的一般环境泛指可能对组织运作产生直接或间接影响的力量。而组织的任务环境或者工作环境是指与个别组织的决策转换过程相关联的更具体的力量。一般环境在既定的社会之中对所有的组织都是一样的，而各个组织的具体环境则各不相同。应该说明的是，一般环境与具体环境之间的界限并不是十分清楚的，而且这种界限也是在不断变化着的。一般环境中的力量有时可能成为影响组织的具体环境。组织的具体环境是由对组织获取资源的能力直接施加影响的外部利害关系人群体构成的。顾客、竞争者、供应者、利益集团、政府部门等都是重要的外部利害关系人，它们会运用各种方式对组织施加影响和压力。

一般而言，行政组织的具体环境力量包括：

1. 资源的提供者

一个组织的资源提供者是指为该组织提供资源的人或者组织。这里所讲的资源，泛指组织生存和发展赖以依靠的各种资源，包括人力资源、物质资源、财政资源、社会资源、权力资源、信息资源、技术资源等。行政组织所需的资源，虽然不像企业组织一样需要在竞争性市场获取，而是来自政府内部的分配，但是，行政组织获取多少资源，往往不具有自主性，而且资源的有限性也意味着资源分配的不均衡性。因此，掌握资源以及资源配置权的行政组织，往往具有很大的权力，亦成为其他行政组织追逐的对象。

2. 服务的对象

服务的对象或者顾客是指一个组织为其提供产品或服务的个人或单位。在这里，服务对象既包括一般意义上提供公共产品和服务的人和组织，也包括行政组织作为执法监督者而实施管制行为的个人或单位。服务对象对服务种类、数量、品质、方式等方面的要求，往往会对政府行政组织的运作产生直接的影响。在强调顾客导向的今天，顾客满意已成为衡量行政组织运作绩效的一个重要标准。

3. 利益群体

一个社会总会产生各种各样的利益群体。在许多情况下，不同利益群体之间总是存在竞争关系，甚至于利益冲突关系。行政组织制定的政策和行为，在一定程度上影响到利益群体之间的利益分配。因此，利益集团往往会利用各种方式对行政组织施加影响和压力，以期政策、决策向其有利的方面转化。

4. 政府组织

在现代社会，行政组织深受其他政府组织（如议会机构、司法机构）和其他政府行政组织部门的影响。在我国，各级行政组织产生于各级人民代表大会，向其负责并接受其监督。与此同时，行政机关的具体行政行为亦要受到司法的审查和司法的监督。行政组织之间，既存在职能分工、公务协作的关系，亦存在相互制约，甚至于利益冲突的关系；上下级行政组织之间，既存在指挥命令关系，亦有利害冲突关系，这种情况表明，行政组织的运作深受其他政府部门和行政组织的影响。

第二节　行政组织的环境维度与环境分析

一、行政组织的环境维度

从上面的分析中我们可以看到，组织的环境大致可以分为一般环境和具体工作环境，它们都不同程度对组织的管理带来影响。这样，正确认识组织的环境因素及其发展变化，就成为组织管理者的一个重要任务。许多研究表明，组织深受环境的影响，但这种影响并不是环境的具体内容产生的，而是环境构成要素本身的变动以及要素之间的相互关系引发的。因此，要认识组织的环境，不仅要了解环境的构成内容，更要了解组织环境的变化及其相互间的作用，也就是讲，要了解组织环境的变化特征或者维度。下面我们介绍关于环境维度的几种主要理论。

（一）艾德奇的理论

组织理论家艾德奇认为，每个组织的工作环境，可能在以下六个方面发生变化。这六个方面分别是：

第一，环境的容纳力。这主要是指环境对组织生存发展的容纳力，包括组织所能从环境中获得资源的相对水平，如资源的丰富程度以及资源的贫乏程度；也包括组织输出被环境所能接受的程度，例如组织产品和服务的市场占有率等。

第二，环境的同质性程度。这主要是指组织成员与环境中其他组织或个人等因素的相似程度。例如，处在一个文化教育水平落后地区的大学，其成员的知识水平与该地区的人口的一般水平显然有一个较大的差异。在同质的环境下，组织环境相对简单，因为组织能够发展出一套标准化的应对方法。

第三，环境的稳定性。这主要是指相对于其他组织来说，组织工作环境的稳定程度。工作环境的稳定程度是相对的。一般来讲，环境的稳定大致有几种性质：服务的性质不易改变；较少的竞争对手；政府政策的稳定；技术很少创新；稳定的政治和经济环境；良好的劳资关系等。而不稳定或变化剧烈的组织环境则表现为：服务的性质经常变动；竞争者的数量相当多；政策不断变化；技术不断创新；政治和经济环境不稳定等。

第四，环境的集中与分散程度。这主要是指组织范围内资源等因素平均分布的程度。这包括能源提供者的分布、顾客的分布、市场的分布等。对组织而言，较集中的环境更容易控制。

第五，组织领域的一致性程度。这主要是指组织本身所划分的活动范围被环境所认可的程度，如被政府和其他组织认可的程度。

第六，环境的混乱程度。这主要是指组织工作环境中各构成要素在发展变化上对组织活动的扰乱程度，以及环境对组织的影响是否有规律可循等。

（二）邓肯的环境模式理论

组织学家邓肯从两个维度，即组织环境的简单与复杂和组织环境的静态与动态来分析组织的环境。

简单与复杂表明了组织的决策单位（或决策者）在决策时所面临的各种因素的多寡程度，以及这些因素同质性的程度。在简单环境中，组织在决策中要处理的环境因素很少，而且这些环境因素的性质基本相同。例如，理发馆、洗衣店、养老院等诸如此类的组织所提供的服务都属于简单的环境。复杂的环境是指组织决策者在决策时必须考虑和涉及许多环境因素，而且各种环境因素的性质各不相同，差异性很大。

动态与静态，是指组织环境因素随着时间和时空的变化而发生变化的剧烈程度。如果一个组织环境上的因素随着组织发展并没有发生多大的变化，则为静态，反之则是动态的。比如，一个组织的工作环境中的顾客或者服务对象的组成基本不变，而且他们的需求具有规律性，组织所提供的是相同的产品或服务给相同的消费者，那么这个组织面临的则是一个稳定的环境。

依据邓肯的理论，把组织环境的两个维度加以结合，我们就得出了四种组织环境。这四种环境分别是：

第一，静态—简单的环境。这种组织环境的特点是：环境的组成和因素的数量少；环境的组成和因素之间差别不大；环境的组成和因素基本保持不变。处于这种环境中的组织，决策上遇到的不确定性最小，相应的，决策活动承担的风险程度也最低。

第二，静态—复杂的环境。这种组织环境的特点是：环境的构成和因素的数量大；环境的构成和因素之间互不相同；环境的构成和因素基本保持不变。处于这种环境中的组织，决策上遇到的不确定性程度中等偏低。

第三，动态—简单的环境。这种组织环境的特点是：环境的组成和因素数量少；这些环境组成和因素之间差别不大；环境的组成和因素处在不断变化的过程之中。处在这种环境中的组织，决策者面临的不确定性中等偏高。

第四，动态—复杂的环境。这种组织环境的特点是：环境的组成和因素数量大；这些环境组成和因素之间各不相同；环境的组成和因素处于连续不断的变化之中。处在这种环境中的组织，决策者面临的不确定性程度大，决策的风险也最大。

邓肯的环境模式理论最大的启示在于，组织管理者要理解组织环境性质的重要性，这种理解有助于降低决策风险，减轻环境的不确定性。

二、行政组织的环境分析与环境管理

组织的环境对组织的目标、组织的结构、组织技术和人员关系以及管理过程都发生着直接和间接的影响。但是，这种因果关系不是简单而又十分清楚的。尽管组织的环境是客观存在的，在一定程度上，环境对组织的影响不以人的主观意志为转移，但组织的成员特别是组织管理者对环境的认识和理解、感觉和信念也是同样重要的。组织管理者不仅要对组织的环境作出反应，适应环境的变化，同样也要了解环境的变化，创造有利于组织发展的环境。因此，对环境的分析和管理显得十分重要。

行政组织的环境分析，就是组织管理者对组织的环境进行研究，感知和了解环境及其变化，从而制定相应的策略，适应环境的变化，乃至最终有效地创造有利于组织发展的环境的过程。组织的环境分析包括环境扫描、环境监视、环境预测、环境评价四个基本过程。

环境扫描是对组织环境的整体作一般性的观察。其目的在于了解环境变化的早期信号，观察正在发生着的环境变化。一般而言，这一过程没有固定的模式和框架，资料和数据也没有特定的范围。

环境监视是对组织的环境变化的趋势进行追踪，目的在于收集足够的资料，以便分析某些趋势是否正在出现。在这个阶段，资料已经局限于某一特定的范围，分析人员必须对这些资料作出解释和判断。

环境预测是对环境变化的方面、范围和速度、强度等作出一些可能的预测，并指出预期环境变化的途径。预测要求的资料必须具体，而采用的方法有系统性的方法，也有结构性的方法。

环境评价要解决的问题是明确目前环境中的主要问题是什么，对组织会产生什么样的影响，从而预测环境变化如何影响组织的战略、目标和政策，并解释其原因。在完成评价的同时，要制订出具体的应对方案。

第三节　行政组织环境的不确定性及其管理

一、行政组织环境的不确定性

越来越多的证据表明，当今社会，无论是企业组织，还是行政组织，它们所面临的环境的动态性和复杂性超过了历史上任何一个时期。环境的不确定性成为行政组织管理必须面对的事实，而如何回应环境的不确定性则成为组织管理者的一个重要的课题。

不确定性（uncertainty）意味着组织的决策者不能得到关于环境因素及其变化的足够的和充分的信息，因而难以预测到环境的变化，难以把握环境因素之间以及环境因素对组织影响之间的因果关系。导致产生不确定性的原因在于组织环境的复杂性、动态性、丰富性。组织环境的复杂性意味着组织所要面临的环境因素不仅数量大、作用强，而且相互之间联系紧密。复杂性程度高，意味着组织环境因素变动不居，更不稳定。环境的丰富性，意味着组织获取的资源程度的多寡。

组织环境的不确定性给组织带来了很大的威胁，同时也给组织的发展和壮大带来机会。这里的关键在于组织要利用各种各样的策略设法使组织的不确定性降低到最小的程度。

二、组织应对不确定性的内部策略

在组织的环境具有不确定性的时候，组织可以通过内部机构的调整、管理措施的应用等方式，有效化解不确定性所带来的风险。依据学者们的研究，组织应对不确定性的内部策略主要包括以下几个方面：

第一，资源的储备。资源是组织赖以生存的基础。为了防止市场波动给生产和服务带来的负面影响，组织可以将那些因环境的因素的变化导致不能有效供给的关键性资源先储备一部分。对于那些价格波动幅度大、对生产和服务影响很大的资源进行储备，以防止这些资源供应波动对组织生产和服务过程造成影响。同样，在组织的产品和服务的输出方面，由于市场需求存在不同程度的不确定性，因此不可能是一个稳定的速率。显然组织也不可能随市场的波动来随时调整自己的生产，为调节需求与生产的矛盾，在需求大时，从仓库提取产品供应市场。对政府而言，资源的储备，如事关国计民生的产品如石油、粮食、药品等，都是应对各种原因引起的自然灾害、市场波动等产生的不确定性和风险的有效方法。当然，储备策略除了用于物资、财政等方面之外，也可应用于其他方面，如人才的储备等。

第二，平衡策略。如果资源的储备策略主要被用来吸收环境中的不确定性，那么，平衡策略则是着眼于如何管理环境的不确定性。如果组织环境在产品或服务的需求上呈现一种近似于周期性变化的规律，那么运用平衡策略，则可以防止或减少环境的不确定性对组织运作的影响。例如，公共电力公司可以采用不同时段不同收费标准的方法平衡需求的波动（在用电高峰期收全价，在低峰期降低收费）。旅游部门可以在旅游的淡季通过降低门票价格等优惠方式吸引游客，以减轻旺季游客猛增带来的压力。

第三，预测和计划策略。预测和计划策略是指组织通过理性、科学的方法，发展精确的预测能力来达到减少不确定性的目的。如果环境的影响能够被预测出来，组织就能提前做好准备，及早采取措施，以限制环境因素对组织的影响。例如，交通部门、警察部门如果能够预测一定时期对服务需求的高峰值，那么便能提前作出计划，使得组织所提供的服务维持一定的稳定性，把环境因素波动的影响减少到最低程度。当然，预测本身也存在是否准确的问题，同样面临着机会成本的问题。

第四，平抑以及定量配给的策略。为了缓解环境变化给组织带来的冲击，政府可以采取限制性的措施来防止环境因素对组织生产和服务的冲击。如政府可以通过限制价格的措施，防止某些商品暂时短缺造成的价格暴涨，以此来缓解商品短缺给市场和社会带来的冲击和影响。如果不确定性环境因素造成对产品或服务的超额需求，组织也可以采取定量配给的方式限制需求，这种方式在市场供不应求时，往往可以被采用。政府提供的许多产品和服务，如医疗、住房、交通等也都可以采取这种方法。

第五，结构的调整和改革。当组织的外部环境的复杂性增加、不确定性增大的时候，行政组织也可以通过机构、人员和组织管理方式的调整和改革来化解不确定性所带来的影响。伯恩斯和斯塔克的研究表明，当外部环境稳定时，机械式的组织结构是比较有效的，而当组织的环境趋于不稳定和动荡时，有机式的组织结构则显得更为灵活。表 3 – 2 总结了机械式组织结构和有机式组织结构系统的不同。随着环境的不确定性的增大，有机式组织结构则更具弹性和灵活性，因此能够适应外部环境的变化。

表 3 – 2　机械式和有机式的组织结构

机械式组织结构	有机式组织结构
（1）工作被分成分离的、专门化的部分 （2）工作被严格规定 （3）有严格的权力和控制等级，有许多规章 （4）知识和工作的控制集中于组织的高层管理部门 （5）沟通是纵向的	（1）雇员服务于部门的共同任务 （2）工作通过雇员的团队重新调整和划分 （3）较少的权力和控制的等级，规章较少 （4）知识和工作的控制存在于组织的任何地方 （5）沟通是横向的

资料来源：改编自 Gerald Zaltman，Robert Duncan and Jonny Holbek，*Innovations and Organizations*（NewYork：John Wiley and Sons，1973），131.

三、组织应对不确定性的外部策略

上述的策略主要是组织如何运用各种策略来化解不确定性对组织的影响。事实上，一个组织同其环境的关系是通过其他组织联系在一起的，也就是说，存在于社会中的组织是相互影响的。所谓法律环境，就是通过政府实施法律和管理部门的行为产生的；而经济环境则是通过市场上的不同组织之间的相互竞争和合作的行为产生的。因此，当组织在与环境中的其他实体（个人、团体或组织）发生相互关系时，也可以采取一些外部的策略来抗衡环境中的不确定性。这些外部策略主要包括：

第一，竞争策略。竞争意味着由某个第三者所引起的两个组织或者两个组织以上的组织之间的对抗行为。比如，对一个生产某种产品或服务的组织而言，这个第三者可能是顾客，也可能是产品分配者，或者是组织潜在的雇员。在竞争的市场中，组织必须采用各种方法和手段来吸引或者影响这些第三者的决策。组织处于竞争性的环境使组织的决策趋于复杂，因为组织要考虑是否能够获取第三者的支持，这本身也不是组织单方面能够决定的。

第二，合作策略。考虑到竞争可能导致组织之间的利益损失，在环境日益动荡和不稳定的今天，无论公私组织，都更倾向于在保持竞争的同时，利用合作的方式，以期达到风险共担、利益共享、发展共赢的模式。在组织管理中，合作的方式是多种多样的，如交易合同，即组织之间为交换产品和服务，通过某种具有约束性的契约安排，使组织双方共同承担责任和义务，减少环境的不确定性。再比如联合，即两个或者两个以上的组织，为了达成共同的目的联合起来，共同承担风险，分享利益。典型的联合方式有合并、联合经营、合资经营等。在行政管理领域，如今越来越多的政府行政组织也采取行政契约、公私伙伴关系等方式来提供公共产品和公共服务。经验表明，公私合作不仅能够解决政府部门的经费不足、效率不高等问题，也有利于公共服务质量的提高，增强整个社会的活力。

第三，参与管理。参与管理表现为组织吸收一些外部的成员进入组织，参与到组织的政策制定乃至具体事务的管理，以这种方式防止外部不利因素对组织的稳定与生存构成威胁。如果在组织的环境中，存在着对组织的发展有威胁的成员或者群体，那么将其吸收到组织中，参与组织的决策与管理，这便能够将外部的不确定性和风险降低，使其失去不利影响。

第四，公共关系。组织也可以利用公共关系活动，改变公众、其他组织和政府其他部门对组织的印象。公共关系的核心是促进社会公众对行政组织的政策、决策和行为的了解，消除误解，增强社会对行政组织的理解和支持。对行政组织而言，公共关系虽然重要，更重要的还是政府自身的行为和绩效，即行政组织的运作是否以民众为导向，是否真正做到公开、公正、透明、负责任，是否依法行政并取得民众认可的工作实绩。

小 结

组织环境的分析与管理是现代组织管理的一个重要组成部分，是组织管理能力的一个重要表现。现代组织环境的动态性、复杂性与不确定性，使组织管理的难度增加、风险性增大，因此，如何帮助组织适应和应对更加动荡复杂的组织环境，提升组织的生存与发展能力，就成为当代组织管理面临的一个重要任务。

思考与练习

一、单项选择题（每题只有一个正确答案）

1. ________将组织环境分为内部环境和外部环境。

A. 韦伯　　B. 邓哈特

C. 孔茨　　D. 邓肯

2. ________将影响一切组织的一般环境特征划分为文化特征、技术特征、教育特征、政治特征、法制特征、自然资源特征、人口特征、社会特征、经济特征等几个方面。

A. 卡斯特和罗森茨韦克　　B. 罗森布鲁姆和法约尔

C. 帕森斯和里格斯　　D. 斯蒂格利茨和巴纳德

3. 存在于组织边界之外，对组织的总体或局部产生直接或间接影响的诸要素为________。

A. 组织气候　　B. 组织文化

C. 组织环境　　D. 组织战略

4. 组织界限以内与组织的个体决策行为直接相关的自然和社会因素被称为组织的________。

A. 一般环境　　B. 内部环境

C. 外部环境　　D. 组织环境

5. 组织界限之外与组织内个体决策直接相关的自然和社会因素被称为组织的________。

A. 一般环境　　B. 内部环境

C. 外部环境　　D. 组织环境

二、多项选择题（每题有两个或两个以上正确答案）

1. 组织学者邓肯从________两个维度对影响组织的环境因素进行了深入的分析。

A. 内部与外部　　B. 直接和间接

C. 简单与复杂　　D. 静态与动态

2. 依据学者们的研究，组织的环境分析过程主要包括以下几个基本阶段：________。

A. 环境扫描　　B. 环境监视

C. 环境预测　　D. 环境评价

3. 学者伯恩斯和斯塔克将组织结构划分为________。

A. 平行式组织结构　　B. 机械式组织结构

C. 有机式组织结构　　D. 矩阵式组织结构

4. 行政组织环境的基本特点为________。

A. 环境构成的复杂性和多样性　　B. 环境的变化和环境的变动性

C. 行政组织环境的差异性　　D. 行政组织环境的相互作用性

5. 组织的环境大致可以分为________和________，他们都不同程度的对组织的管理带来影响。

A. 一般环境　　B. 任务环境

C. 政治环境　　D. 工作环境

6. 依据邓肯的环境模式理论，从简单与复杂、静态与动态两个维度，组织存在以下几种环境状态：________。

A. 静态—简单的环境　　B. 静态—复杂的环境

C. 动态—简单的环境　　D. 动态—复杂的环境

三、名词解释

1. 组织环境
2. 行政组织的环境分析
3. 行政组织环境的不确定性

四、简答题

1. 简述行政组织环境的特点。
2. 简述影响行政组织运作的外部环境因素。
3. 简要分析行政组织环境的构成因素。
4. 简述艾德奇关于组织环境维度的主要观点。
5. 简述邓肯的环境模式理论。
6. 简述如何进行行政组织的环境分析。
7. 简述行政组织应对环境不确定性的内部策略。
8. 简述行政组织应对环境不确定性的外部策略。

五、论述题

1. 试论行政组织环境的构成要素及其相互之间的影响。
2. 联系实际，试论行政组织应对环境不确定性的内外策略。

第四章　行政组织的结构与设计

教学目的与要求

了解和掌握行政组织结构的构成要素及其功能；

了解和掌握行政组织结构的模式和类型；

重点分析和理解影响行政组织结构设计的主要因素和行政组织结构设计与管理的一般原则。

组织结构是组织内部各构成部分或各个部分之间所确定的关系模式，是组织中各部分之间分工合作、相互协调的一种方式。组织结构的作用就是把组织内各个人、各个部门的活动按照一定的方式联结起来，使其协同一致地实现组织目标。组织结构设计得是否合理，直接关系和影响着组织职能的发挥，进而影响组织效率。

第一节　行政组织结构概述

组织是为了组织目标的实现，经由权力和责任的分配而对人员所做的人事安排与配合，组织结构正是这种人事安排和配合的归依所在。通过组织结构的设置，就可展现组织当中各构成要素之间的相互关系。更重要的是组织结构是实现组织目标的桥梁和工具，是联系人们活动的纽带。组织结构在组织管理中占有十分重要的地位。

一、组织结构的概念和特点

结构（structure）一词原是生物学上的一个名词。就生物学观点而言，结构是一有机体诸部分（器官或组织）的一种特定的排列组合。从系统论的角度来看，所谓结构是该系统内部各组成要素之间在空间或时间方面的有机联系与相互作用的方式或顺序，简而言之，即系统各要素内在有机联系的形式。据此，我们可以给行政组织结构下这样一个定义：行政组织结构就是行政组织内部各构成部分或各个部分之间所确定的关系模式。

组织结构像其他社会系统的结构一样，不同于生物系统和机械系统的结构，它是看不见、摸不着的，是无形的。这种结构虽然看不见，但是我们可以从组织的运行过程中将其推断出来。为了进一步把握组织结构的本质，我们必须对组织结构的特点予以探讨。

一般来讲，社会组织的结构与其他生物的和机械的系统的结构都具有一些共同的特点。这些共同的特点具体体现在以下几个方面：

第一，组织结构的稳定性。稳定性是任何系统存在的一个基本特点。系统之所以能够维持有序性，在于系统诸要素之间有着稳定的关系。稳定是指系统某一状态的持续出现。组织结构的稳定性是指组织各构成部分之间所确立的关系模式总是趋于保持某一状态。如组织中的职权、控制幅度、管理层次、沟通线路、组织成员所承担的角色等须保持相对的稳定。这样，才会产生秩序，否则将导致组织的混乱和无序。

第二，组织结构的层级性。如同生物系统的结构可分为亚细胞、细胞、器官、机体、群落、生物圈等不同层次一样，社会组织的结构也具有层次性。系统的结构层次，是人们对复杂系统按照系统中诸要素联系的方式、运动规律的类似性，乃至能量变化的范围和功能特点进行划分的。如对于一个组织结构，我们可以划分为战略层、协调层、作业层，每一层次具有不同的功能和活动方式。总之，将结构划分为若干层次，有助于我们对组织结构的认识。

第三，组织结构的相对性。组织结构的层级性决定了组织结构的相对性。在大系统的结构层次中，高级系统内部的结构要素，又包含了低级系统的结构；复杂大系统内部的结构要素，又是一个简单的结构系统。例如，在我国的政府组织系统之中，国务院是一个大系统，每个部、委、直属机关都是其组成要素，而每一个部、委实际上又是一个系统。省、市、县相对于中央政府是要素，而其本身又是一个结构系统。认识组织结构的相对性，对于我们搞好组织管理是至关重要的。它可以改变组织管理工作的简单化、绝对化，既注意到组织的“整合”，又注意到组织的“分化”，不能一刀切。一般来讲，高一级结构对低一级结构层次具有更大的制约性，而低级结构构成高级结构的基础，并反作用于高级结构，二者之间的关系是辩证的。

第四，组织结构的开放性及变异性。传统组织理论将组织看成一个封闭系统。事实上，任何系统的结构，不会是绝对封闭和绝对静态的，任何组织结构总是存在于一定的环境之中，总要与外界进行物质、能量、信息的交换，系统的结构也在交换过程中发生变化，这便是组织结构的开放性。人类社会组织结构的形式由直线制演变到直线职能制、事业部制、矩阵组织，由机械式组织结构演变为有机式组织结构的历史发展，说明了组织结构的开放性和动态性。马克思认为“社会不是坚实的结晶体，而是一个能够变化并经常处于变化过程的机体”。任何组织结构在本质上都是开放的，目前的结构状态，是系统中各组成要素相互作用，以及受系统环境影响的结果。同时，目前的结构形态，又是形成未来组织结构的基础。

二、行政组织结构的构成要素

如前所述，组织结构是组织中诸要素相互作用的关系模式。那么，组织结构究竟是由哪些主要的因素（要素）构成的呢？

美国组织管理学家卡斯特认为，构成组织结构的要素是：（1）组织图；（2）职位；（3）工作说明书；（4）法令规章；（5）权力关系模式；（6）沟通网络；（7）工作流程。

管理学家麦克法兰认为构成组织结构的要素是：（1）纵的层次；（2）平行的单位及部门；（3）职位的任务、责任及义务；（4）直线与幕僚机关；（5）变态结构，即非常设的经常性机构。

综合学者们的观点，我们把组织结构的构成要素可划分为两大类：一类称为组织的“显结构”；另一类称为组织的“潜结构”。

组织的“显结构”是指构成组织结构的外在因素的集合。构成“显结构”的因素有：（1）人员。人员是构成组织结构的前提因素。任何组织都是人的集合。（2）职位。职位是指符合一定规格标准的公务人员所担负的职务和责任的集合体。职位是构成行政组织机构的“细胞”。（3）职权。权力是人与人之间的一种特殊影响力，是一个人或许多人按预定方式引起另一个人或多个人心理或行为变化的能力。职权是一种制度化的权力，是担负一定职责的人为履行其责任所赋予的法定权力。（4）纵的层次。纵的层次是指组织结构经纵向分化之后所形成的层级控制体系和层级的数目，这便形成组织的指挥命令系统和沟通通道。（5）横的部门。横的部门是指组织结构经横向分化之后所形成的单位或部门。横向分化影响着组织结构中的控制幅度。（6）组织规范。组织规范是组织所规定的组织成员共同接受并共同遵守的行为准则和行为模式。它是构成组织结构的一个重要因素。

组织结构不仅仅是人员、职位、职权、管理层次、职能部门的排列与组合，从心理学的角度和行为科学的角度来看，组织结构更重要的是组织当中人的协作和配合。据此，我们把组织当中人的目标价值、观念、态度、气质、情感等方面的相互关系称为组织的“潜结构”或“潜结构”因素。组织结构的“潜结构”因素包括：（1）目标认同程度。一般来讲，组织成员对目标的认同程度越高，则越具有强烈的动机和合作的意愿。（2）价值趋同程度。组织成员价值观念趋同或一致，组织就会产生巨大的凝聚力。（3）气质协调程度。将气质不同的人合理搭配在一起，刚柔相济，相辅相成，形成融洽的人际关系。（4）能力互补程度。组织成员间的能力互补，能够增强组织的竞争力和战斗力。

将组织结构的构成因素划分为两大类，对于我们建立完善的组织结构具有重大的意义。它表示组织结构的完善不仅要注意“显结构”的优化，更要注意“潜结构”的合理，这样才能建立一个真正结构完善的组织体系。

三、行政组织结构的功能

所谓功能，从系统论的角度来看，是系统在与外界相互作用过程中的秩序和能力。行政组织结构的功能是指行政组织内部诸要素在相互作用过程中的作用和能力。行政组织结构的功能主要表现在以下几个方面：（1）整合功能。组织结构能够将组织的组成要素有机地结合在一起，使它们集合成为一个整体，从而实现组织的目标。(2) 效率功能。组织结构建立的目的便是要使组织能够合理、有效地运用和整合各种资源，从而使组织能够以最小的投入获得最大的产出。(3) 控制功能。通过组织结构的建立，使组织确立一个统一指挥的命令系统，从而使整个组织能够步调一致，协调运转。(4) 沟通功能。组织结构本身确立了组织的上下、左右间的沟通途径与网络，良好的组织结构能够使信息沟通畅通无阻，发挥其沟通和协调功能。(5) 心理需求功能。组织结构既提供人员的任务、责任、权力，又提供人们以职位和工作，使人们不仅能够获得工作的满足感，又能够获得归属感，同时能够满足人自我发展的需求。

第二节　行政组织结构的分化与整合

一、行政组织结构的垂直分化——层级化

高度的分工与专业化已经成为现代组织的重要特征。在任何一个组织中，分工现象都不可或缺，愈复杂的组织，分工就愈加明显。这种分工现象的具体表现就是组织结构的职能分化，即层级化。

组织结构的分化，就是将组织结构系统分割为若干分支系统，每一分支系统皆与外界环境发生特定的关系。通常组织结构的分化表现为两个方面：一是平行的分化，即平行建立若干职能部门，也就是分部化；二是垂直的分化，即自上而下划分为不同的层级节制体系，也就是层级化。二者结合起来，就构成组织的正式结构。

组织结构的层级化就是根据劳动分工将组织垂直划分为若干个等级层次，每一个层级的权力大小、管辖范围与职责地位自上而下逐级减小。组织的垂直分化，形成了组织的层级体系和组织的层级数目。如军队垂直分化的结果就表现为军、师、旅、团、营、连、排等层级，不同层级中的军官其地位和作用都有明显的差异。

行政组织结构的层级化就是将行政组织系统纵向划分为若干个层级，每一层级的职能目标和工作性质相同，但管辖范围和管理权限从高到低逐级缩小。如我国行政组织纵向划分为中央政府、省政府、市政府、县政府、乡（镇）政府五个层级。行政组织结构的层级化确立了行政组织基本的沟通和职权结构，即所谓的“指挥链”，也就是确立了行政组织的层级控制体系和指挥命令系统。这种层级节制的组织结构体系呈金字塔形态，处在不同层级的职位，由塔尖到塔的底层，其权力大小、责任轻重、管辖和控制范围、任职资格要求、报酬与待遇皆由高到低逐级减小。

行政组织结构层级化的优点是：(1) 权力直线分布，权力链清楚，有利于政令统一和指挥统一；(2) 权力集中，层层节制，上下隶属关系清楚，有利于信息传递和监督；(3) 在层级化下，组织目标明确，分工明确，工作程序明确，有利于调动下属和工作人员的积极性。组

织结构的层级化是公共管理效率化的有力保证。

行政组织结构层级化的缺点是：（1）过多的层级结构，容易带来沟通和协调上的困难；（2）层级结构的存在形成了成员间身份与地位的高低，这种差别容易加大相互间的行政距离，造成沟通上的障碍，这种差距也是形成“官本位”的一个根源。

二、行政组织结构的横向分化——分部化

分部化是组织结构水平方向的一种职能分工，是按照功能、活动、地区或服务对象的不同建立部门或单位的过程。在分部化的组织中，处在同一层级中的各部门其地位是平行的，权限范围是相等的，各部门之间是一种分工与协作的关系。

行政组织结构的分部化就是将行政组织按照不同的功能、活动范围横向划分为若干个职能部门，各职能部门的工作性质不同，但行政地位、管辖范围和权限是平行和相同的。如在我国，依据行政职能的不同，设立了财政部、文化部、人力资源和社会保障部、教育部、卫生部、民政部等；依据行政组织活动区域的不同在中央人民政府之下设立河北省、陕西省、湖南省、福建省等。

在较为复杂的组织中，组织活动的分部化是必不可少的。促成组织分部化的原因主要有：一是组织活动的日趋复杂和组织规模的扩张，促使组织必须将组织工作予以分析、划分和分类，以适应专业分工和事业发展的需要；二是通过分部化，可使各部门皆具有明确的分工与职责范围，使各部门能够专司其职并有效益和有效率地履行各自的职能；三是通过分部化，可以使管理人员有效地确定下属人员的工作范畴，避免因工作划分不当造成的困难；四是分部化符合专业化的需要，能够适才适用、专才专用，有利于发挥专业人员的作用；五是组织协调与控制的需要。

组织结构分部化的基本依据和方式为：

第一，按职能分部化。即将性质相同或相近的工作置于同一部门之下。如政府管理按其承担的政治、经济、社会公共服务职能可以划分和设立国防部、公安部、财政部、商务部、文化部、民政部、人力资源和社会保障部等来完成和履行其职能。企业按其基本的职能——制造、销售、研究与发展、财务、人员雇用分别设置相应的部门。这种安排的优点在于它符合专业分工原则，事权专一，有利于提高工作人员的专业技术水平和工作效率。这种形式的最大问题是容易形成部门分割和本位主义，无形中增加了组织统一和协调的难度。

第二，按行业或产品分部化。在大的、复杂的组织中，按行业或产品分部化愈来愈多地被运用。如我国政府行政组织中的农业部、交通运输部、铁道部、水利部、卫生部等实质上就是按照行业的不同来设置的。按产品分部化在企业更为普遍，如食品公司，一般会按照不同的产品设立熟食部、饮料部、糕点部、冷饮部等。这种设置的优点是：有利于集中专业技术力量并发挥专业特长；有利于特定产品品质的不断改良和提高。这种设置的缺点是：容易造成组织协调的困难。

第三，按区域分部化。即将在某一地理区域进行的该组织的全部活动都集合到一起并统一组成一个单位。如政府行政组织按照地区划分为不同的省、市、县、乡（镇）等。这种以地理区域为依据的分部化也被许多跨国公司和连锁企业所采用。例如，微软公司和沃尔玛公司在世界各地都建立了自己的区域性管理机构。这种设置的优点是：有利于特定区域范围内组织各项工作的综合协调和工作效率的提高；有利于组织根据当地的实际情况进行活动和管理；有利于组织管理者综合管理能力和协调能力的加强。这种设置的缺点是：容易使得区域性部门自成一体，发生离心现象；容易增加组织总体控制和管理的难度和成本，不利于各区域之间的合作。

第四，按服务对象分部化。即以组织所服务的对象来设置部门。如教育部下设的留学生司、学生司；医院所设立的儿科、妇科；大型百货公司设立的儿童用品部、妇女用品部、老年人用品部等都属于这一性质的设置。这种设置的优点是：以特定服务对象划分和设立组织部门，使得组织活动的对象更加明确、职责更加清楚，可以增加服务对象的满意程度，有利于组织成员提高对特定服务对象的了解程度和服务技能。这种设置的缺点是：特定服务对象部门与其他职能部门之间容易出现职能的交叉和重叠，容易出现组织运行的失调，从而影响组织的效率。

组织结构的分部化是组织完成其使命和目标的重要途径，组织成功实施分部化的基本原则依次为：(1）职掌明确，机能一致。同类事项应划归一个部门来办理，明确划分和界定各部门的职能范围，使各部门的职、责、权对等一致；否则，职责不明，角色不清，权责脱节，就会引发部门之间的冲突与摩擦，影响部门职能与作用的发挥。(2）单一指挥。每个部门及其工作人员只向一个领导者负责；否则，多头领导，政出多门，就会使下级无所适从，就会导致不必要的矛盾与冲突。(3）从属关系明确。各部门要做到责任清晰，权责对等，有明确的隶属关系。(4）合理竞争。使分部化的单位之间具有合理的竞争和良好的弹性，充分发挥各部门潜能。(5）主管部门和业务部门相配合。主管部门和业务部门要相辅相成，紧密配合，各业务部门之间也应注意相互间的协调与合作，以发挥组织的整体效应。

三、管理层次与幅度

管理层次为组织系统中纵向划分的管理层级的数额；管理幅度为一领导机关或管理人员能够直接有效地管理和控制下属人员或单位的数目。在单位和人数不变的情况下，管理层次和管理幅度成反比例关系。

在实际管理活动中，影响管理层次和管理幅度的因素主要有：

第一，下级的教育、训练和技能。下级受教育的程度，所接受系统训练的程度，工作经验和业务熟练程度等，都会影响到管理层次和幅度的设计。下级的能力素质越高，组织的管理幅度就越大，反之亦然。

第二，工作性质与计划程度。工作内容相对简单、稳定，管理幅度可相应加大；工作内容和工作性质的相似性高，管理幅度可较大；工作内容的相似程度低，管理者的工作难度和工作量就会加大，管理幅度就应相应缩小。另外，工作的复杂程度高、变化大，管理幅度应较小；工作的计划明确、清晰，下属能按照计划内容和程序工作，管理幅度则可相应加大；工作的灵活性强、随机性大，管理幅度就需要相应缩小。

第三，管理技术与工艺水平。组织中的信息沟通网络的健全程度、信息沟通的灵敏程度、各种软硬件设施的先进与否、先进管理方法与管理工具的应用状况等，都会影响到组织管理层次和幅度的大小。管理技术与工艺水平越先进，越能够有效地协调和控制组织活动，管理层次和幅度可适当放宽；相反，就必须适当缩减管理层次和幅度。

第四，权力模式和授权的程度。在集权制的组织中，管理权限较多地集中在上层机构或最高行政首长手中，下级的自主性很少。在这一管理体制下，上层需要处理的事务多，工作负担重，容易增加管理层级，管理幅度相对较窄；在分权化和授权程度较高的组织中，管理权限较多地分散在下层机构，下级的自主程度较高，因此，管理层次较少，管理幅度相对较宽。组织中的权责关系清晰，职责划分明确，监督和控制的范围就可以增大。

第五，组织环境和组织状况。组织环境简单而稳定，管理幅度的设计可以加大；相反，复杂多变的环境，就会增加管理的难度，从而限制组织的管理层次和幅度。在组织状况方面，组织的规模也是影响管理幅度设计的一个重要因素，如果组织规模较大，管理幅度就必须相应加大；否则，就难以兼顾组织整体活动，并且会使管理层次增多。

四、组织活动的整合与一体化

整合或一体化是指在完成组织任务中使各分支系统的努力达到统一的过程。组织的垂直分化和水平分化，使得组织活动的差异性加大，这就给组织协调带来一定的困难。差别愈大，控制和协调的潜在困难就愈大。因此，组织活动的整合或一体化主要来自于组织活动中各职能部门间协调的需要。

在复杂的组织中，各种不同组织活动的一体化问题促进了各种协调手段的发展。促进组织活动一体化的手段和途径主要有：(1) 目标手段。目标对组织而言具有方向指引和行为控制的功能，统一的目标能够使各部门达到思想上和行动上的一致，使各部门能够和谐一致地努力工作。在现代组织中，目标管理已经成为提高组织效率的重要途径之一。(2) 政策手段。在复杂的组织中，政策已经成为规范和协调组织活动的一个重要手段。各部门相互关系的协调、彼此之间的工作联系、各种活动的步调一致等都离不开统一的政策。(3) 组织手段。实践经验表明，要使组织活动既有区分又能有效统一，就需要一种新的组织安排。愈来愈多的组织通过建立项目办公室、数据处理中心、委员会机构来协调各部门的活动。例如，很多企业为了协调统一行动，在上层建立了委员会或项目小组，以协调各种活动。(4) 信息沟通手段。组织的多样化和专门化，使得组织间的信息沟通显得愈为重要，组织将更多地依靠交互的情报信息系统来进行协调，即通过信息沟通达到相互间的了解与协作。

第三节　行政组织结构模式

组织结构模式是指从具体的组织结构形式中排除某些细节而对组织结构进行的抽象概括。这种抽象概括说明了某一组织结构的基本框架、特征及其运行方式。在研究过程当中，人们依据不同的标准对组织结构进行分类与分析。

一、集权式组织结构与分权式组织结构

依据组织当中决策权和控制权的集中和分散程度，人们将组织结构划分为集权式组织结构与分权式组织结构。

（一）集权式组织结构与分权式组织结构的含义

集权式组织结构就是指在一个组织结构体系中，机关的事权由本机关自行负责处理，不设置或授权下级或派出机关的组织结构体系；或者上级机关或单位完全掌握组织的决策权和控制权，下级或派出机关处理事务须完全秉承上级或中枢机关的意志的组织结构体系。

分权式组织结构是指在一个组织结构体系之中，为了完成一定的任务或使命，设置不同的上下层级机关，使其在各自职权范围内独立自主地处理事务；或者为适应各地区的需要，分别在各地设立有独立法人地位、有处理其事务的全权，并不受上级机关指挥与监督的组织结构体系。

（二）集权式组织结构与分权式组织结构的比较

集权式与分权式组织结构就其本身的价值而论，各有利弊与优劣。一般来讲，集权式组织结构的优点在于：（1）政令统一，不会出现政出多门，分歧互异现象。（2）能统筹兼顾，集中人力、物力资源，实现管理效能。（3）组织上下形成一个层级控制体系，指挥统一，命令易于贯彻执行。集权式组织结构的弊病在于：（1）组织目标、规划与决策偏重整体划一，容易忽视下层利益；刻板，缺乏弹性，不能收因地制宜之功效。（2）下级机关没有决策权，一切秉承上级的意志而行事，久而久之，容易形成例行公事、消极处事的工作作风，容易缺乏积极创新精神。（3）上下控制严密，容易形成公文旅行、推诿责任、贻误时机、缺乏效率的流弊。（4）在集权制下，重内轻外，“能密不能疏”，“知控制而不知纵舍”，一方面容易导致个人专断、独裁、滥用权力、压制民主的弊端；另一方面则会导致庸愚无能、分崩破碎、分裂割据等问题。

分权式组织结构在精神方面是符合民主要求的，它的好处在于：（1）分工合作，分权制衡，可以防止和避免上层专断和个人独裁。（2）分级治事，分层负责，富于弹性。（3）尊重

各层利益，收到因地制宜的功效。(4) 可调动员工的积极性，培养独立、自主、创新的工作作风。从管理上看，分权式组织也有其固有的弊病，主要表现在：(1) 单纯强调分权，忽视合适的集权，这会损害统一，甚至会导致分裂。(2) 过分分权容易导致各自为政，政出多门，不易达成组织目标。(3) 过分分权致使各机关彼此独立，无上级的监控，可能引起相互之间的对立和冲突，相互掣肘与摩擦。

如上所述，集权式组织结构与分权式组织结构各有其利弊，究竟建立何种组织结构，应视具体情况而定，不能重此轻彼，厚彼薄此。

二、直线式、职能式、直线职能式、事业部式、矩阵式组织结构

根据组织结构中权责关系的不同，人们将组织结构划分为直线式、职能式、直线职能式、事业部式、矩阵式组织结构等类型。

(一) 直线式组织结构

直线式组织结构是最早被采用，也是最为简单的一种组织结构形式。其主要特点是：(1) 各级组织依层次由上级垂直领导与管辖，指挥和命令是从组织最高层到最低层按垂直方向自上而下地传达和贯彻；(2) 最高首长集指挥权与管理职能于一身，对下属负有全权，政出一门；(3) 每一层级的平行单位各自分立，各自负责，无横向联系，纵向联系也只对上司负责。这种组织结构以权限清楚、职责明确、活动范围稳定、没有中间环节、关系简明、机构精简、节约高效见长。其缺点是：(1) 在任务分配和人事安排上缺乏分工与协作，因而难以胜任复杂的职能；(2) 组织结构刻板，缺乏弹性，不利于调动下级的积极性；(3) 权限高度集中，易于造成家长式管理作风，形成独断专行，长官意志，使组织成员产生自主危机，在心理上形成疏远感。这种组织结构的适用范围是有限的，它只适应于小规模组织，或者是组织规模较大但活动内容比较单纯、简单的情况。在古代，这种组织结构是主要的组织结构形式，随着社会的发展，它逐渐居于次要的地位。

(二) 职能式组织结构

职能式组织结构是在直线式结构的基础上发展起来的。由于管理事务的日益复杂，用直线式结构进行管理，便会出现管理者负荷太重、力不从心的问题。于是，在管理者和执行者中间，便产生了一些职能机构，承担研究、设计、开发和管理活动。在职能式组织结构中，按专业分工设置管理职能部门，各部门在其业务范围内有权向下级发布命令与指示，下级既要服从上级主管的指挥，又要听从上级职能部门的指挥。

职能式组织结构具有分职、专责的特点。其优点在于：(1) 有利于发挥管理人员的特长，提高他们的专业能力；(2) 有利于将复杂工作简单化，提高工作效能；(3) 有利于强化专业管理，提高管理工作的计划性和预见性。它适应社会生产技术复杂、管理分工细腻的

要求。而且，在心理上，职能式组织结构造成一种强调专业、强调分工、强调规划的新型管理作风。其缺点在于：（1）多头领导，削弱了必要的集中统一，不利于划分各行政负责人和职能部门的职责权限；（2）它增加了管理层次，管理人员过多，有时影响工作效率，在心理上使组织成员产生某种轻视权威的心理。

（三）直线职能式组织结构

直线职能式组织结构是将直线式和职能式结构相结合而产生的一种组织结构。这种组织结构有两个显著的特点：（1）按照组织的任务和管理职能划分部门，设立机构，实行专业分工，加强专业管理。（2）这类结构将管理部门和管理人员分为两大类，一是直线指挥机构和管理人员，二是职能机构和管理人员。直线指挥机构和管理人员在自己的职权范围内有决策权，对下属有指挥和命令的权力，并对自己职责范围之内的工作承担全部责任；而职能机构和管理人员，通常只是直线指挥人员的参谋，没有决策权和指挥权，在提供信息、预测、决策方案，以及提出各种建议和监督决策方案实施方面，进行辅助工作。

直线职能式组织结构抛弃了职能式结构多头领导、指挥不一的缺点，保留了职能式结构管理分工和专业化的优点，又吸收了直线式结构集中、统一指挥的优点，因而管理系统完善，隶属关系分明，权责清楚，是比较好的组织结构形式。在现代社会，它有着较广的适应范围。但是，这种形式的结构也有其自身的缺点，主要有两个方面：（1）各职能部门之间横向联系较差，容易发生冲突和矛盾；（2）由于各职能部门没有决策权和指挥权，事事要向直线管理部门和人员汇报请示，这既压制了职能部门的积极性，又使直线管理人员整天忙于日常事务而无暇顾及组织所面临的重大问题。为了弥补这些缺陷，一方面，可以设立委员会，由直线指挥部门主持，召集各职能部门负责人参加讨论组织的重大问题；另一方面，可以适当授予职能部门一定的权限，使其具有独立管理事务的权力和自由。

（四）事业部式组织结构

事业部式组织结构，又称分权式组织结构。它是适应现代社会组织规模日趋庞大、活动内容日益复杂、变化迅速、基层单位自主经营日益重要的趋势而产生的。这种组织结构的最大特征在于分权化。它按照产品、地区、市场或顾客将组织划分为若干个相对独立的单位，称为事业部。各事业部根据最高管理层制定的方针、政策和下达的任务、指标，全权指挥所管辖单位和部门的生产经营活动，并对最高管理层全面负责，各事业部在人事、财务、组织机构设置方面有较大的自主权。事业部式组织结构的优点是：（1）最高管理部门和管理者可以把主要精力放在研究和制定组织发展的战略方面，而不拘泥于对具体事务的管理。（2）由于权力下放，各事业部能独立自主地根据环境变化处理日常工作，从而使整个管理富于弹性，使组织工作更加具有灵活性和适应性，可以做到因地制宜、因时制宜。（3）由于权力下放，各事业部门的独立性较强，可以摆脱请示汇报、公文旅行、浪费时间的陋习，提高工作效率。（4）由于事业部是相对独立的经营单位，便于将组织的经营状况同组织成员的物质利益挂钩，从而调动大家的积极性。

总之，事业部制“既保持了小企业的灵活性和主动性精神，又享有大公司通过集中参谋和服务设施带来的好处”。①

但是，事业部制本身又具有缺陷，主要表现在：过分强调分权，削弱了组织的统一；强调各部门的独立，缺乏整体观念和各部门之间的协作；各事业部都存在自己的职能部门，有可能导致机构重叠、管理人员增多、人浮于事、管理费用增大等问题。

（五）矩阵式组织结构

矩阵是一个数学上的概念。数学上将多元素按照横向、纵向排列成一个矩形，称为矩阵。矩阵式组织结构就是由纵横两种管理系列组合而成的方形结构。一种是纵向的职能部门结构，另一种是横向的项目管理结构，二者交叉重叠，便组成矩阵式组织结构（如图 4－1 所示）。

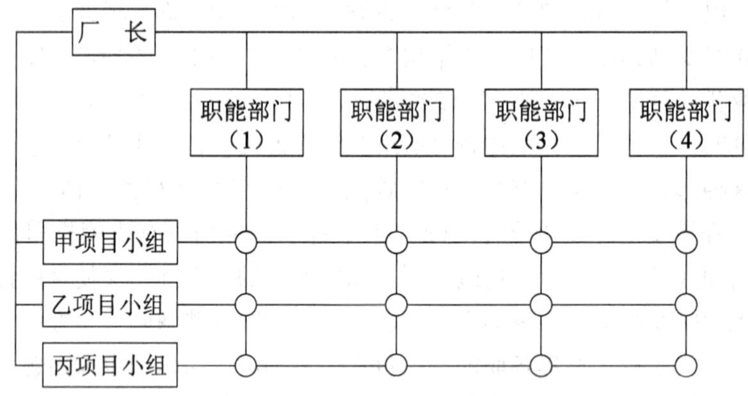

图 4－1　矩阵式组织结构

矩阵式组织结构的特点：（1）它是为了完成某种特定的任务，如完成一个工程项目或开发一种新产品，由有关职能部门组成一个小组，以利于利用各方力量，协调各方面活动，保证任务的完成；（2）项目小组的成员接受双重领导，既服从于小组负责人的领导，又要受所属职能部门的领导；（3）矩阵组织的形式是固定的，但每个小组是临时的，在完成任务后立即撤销。这种组织结构的优点是：（1）把组织中的横向联系和纵向联系结合起来，加强各职能部门之间的配合；（2）把不同部门的专业人员集中在一起，有利于知识互补，开发新产品；（3）组织结构具有很大的灵活性，应变迅速。但是它也有不足之处：（1）由于实行双重领导，容易由于意见分歧造成工作上的矛盾；（2）专项组织与职能组织的权力平衡，各项工作在时间、成本、效益等方面的平衡很难实现；（3）专项小组多是临时性的，小组成员容易产生临时观念，使职工角色知觉模糊，产生不稳定感和迷茫感。

---

① 艾伯斯．现代管理原理：第 4 版．杨文士，译．胡国成，校．北京：商务印书馆，1980：96.

从上面所论述的组织结构可以看出，任何组织结构都不是十全十美的。了解各种组织结构的特性、优缺点，目的在于帮助我们在管理实践当中根据组织内外环境的要求，正确地运用它们。总之，凡是有利于提高组织效能的结构便是好的组织结构，不存在普遍适应于一切情境的“绝佳的或者标准化”的组织结构。

第四节　行政组织结构的设计

一、组织结构设计的概念

组织管理面临的第一个重要的问题便是设计出一个结构健全、功能完善、运转灵活的组织结构。这是组织工作的基础和有效管理的前提条件。那么，什么是组织结构的设计呢?

我们认为，所谓组织结构的设计，是指组织管理者根据组织的内外环境因素，规划、选择、建立一种适合本组织自身特点、结构优良、功能齐全、运转灵活的组织结构的过程或活动。从这一定义出发，我们认为组织结构设计具有以下几个特点：(1) 组织结构设计是组织管理者一种有意识、有目的的管理活动，是组织管理者的职能之一。(2) 组织结构设计的依据是组织内部因素和外部的环境。(3) 组织结构设计是对组织结构的规划和选择。(4) 组织结构设计的目的是建立适合组织存在的特定条件的结构，使组织结构的设置更加合理、运转更加灵活，从而提高组织的效益。

二、行政组织结构的规划和选择

如前所述，组织结构的设计本身便包含对组织结构的规划和选择，所以组织结构的规划是指对组织存在的客观条件进行分析，然后在此基础上，选择适合组织存在的特定条件的结构模式。简而言之，即对组织结构的选择。由于每一种类型的组织结构都有其优缺点，都有一定的适应范围，因此，选择最佳的组织结构，也是判定某一种组织结构是否适合于组织存在的客观环境和条件。那么，进行组织结构的规划要考虑什么样的因素呢?概括起来，在选择组织结构时，应主要考虑下列因素：

第一，组织的环境。组织是个开放系统，它与其环境交换信息、能量和物质。所谓组织的环境，是指组织范围以外的一切客观事物，包括政治环境、经济环境、资源环境、社会环境、技术环境、市场环境等。组织环境的复杂性和易变性对组织结构有着十分重要的影响。在这些方面，许多组织管理学家做了有益的探索。研究表明，组织环境对组织设计的影响主要表现在以下几个方面：(1) 组织环境决定着组织目标的设立，当环境变化时，组织的目标也要不断调整以适应环境的需要。(2) 组织环境影响着组织的价值观念。(3) 组织环境关系着组织结构的形式，在面对较为确定的环境下的组织结构的设计时，可采用较为稳定的机械式结构；相反，面对较为不确定环境下的组织的结构时应采用适应性较强的、具有弹性的有机结构。

第二，组织战略。组织战略是指决定组织活动性质和根本方向的目标规划。20 世纪 60 年代，钱德勒发表《战略与组织结构》一书，提出组织结构的设计要跟随战略变化的观点。以企业组织为例，企业组织一般经历四种战略发展阶段，在这四个不同的阶段中，组织结构也不相同。例如，在初级阶段，组织结构比较简单，组织分化程度较低，职能也单一，可采用直线式组织结构；在组织开拓阶段，随着向各地区的开拓，组织分化程度较高，这便需要整合、协调，实行专业化、标准化组织战略，要求建立职能部门；在纵向综合发展阶段，即在同一行业或部门基础上职能更加分化，这便要求建立与之相适应的结构；在产品多样化阶段，即在原产品市场开始衰落，为更好地利用组织现有的资源、设备和技术，而转向新产品的生产和提供新服务时，便要求建立新的矩阵式组织结构。据此，钱德勒得出这样的结论："除非结构随战略走，否则，毫无效果。"

第三，组织的技术。技术是组织把材料转换为最终产品或服务的机械的或智力的过程。马克思曾经指出，生产者相互发生的这些社会关系，他们借以互相交换其活动和参与共同生产的条件，当然依照生产资料的性质而有所不同。随着作战工具即射击火器的发明，军队的整个内部组织就必须改变了，各人借以组成军队并能作为军队行动的那些关系就改变了，各个军队相互间的关系也便发生变化。[①] 很明显，手工作业的简单协作和流水线的大机器生产，需要不同的组织形式。对此，组织理论家汤普森、希克逊、伍德沃德等皆有杰出的研究。比如，伍德沃德按照生产系统工艺技术的复杂性和连续性程度及其他指标，把企业归纳为三大类型：单件和小批量生产型；大批和大量生产型；长期流水作业型。经大量调查研究，他认为，大批量生产成功的公司，倾向于采用机械性管理结构；不属于大批量生产范围而成功的公司则采取有机式结构。这是因为，单件的小批量生产的企业，会遇到许多偶然事件；连续生产的企业有流水生产设备、工作流程，一旦发生故障便会造成严重后果，故它们都要不失时机地适应环境的发展，要采用灵活的有机式结构。而中间类型的企业，即大批量和大量生产的企业，一般不需对客观情况很快作出反应，可以采用较正规和定型的组织结构。

第四，组织规模。组织规模的大小也影响着组织设计。规模庞大的组织层次多、机构庞大，这便需要实行分权式组织结构。所谓分权，就是组织领导层把其决策权分配给下级组织机构和部门，以便它们能够独立行使权力，支配组织的某些资源，自主地解决某些问题。因为在组织过分庞大、层次过多的情况下，集权过多就容易使组织系统负担过重，并且出现信息流通的阻塞，导致组织的无序和混乱。同时，在组织规模扩大的情况下，需要设立一定的委员会或协调控制部门来协调各个部门之间的活动。

第五，组织成员的因素。组织结构是人类分工协作的形式，组织成员的价值观念、文化

---

① 马克思．雇佣劳动和资本//马克思，恩格斯．马克思恩格斯选集：第 1 卷．北京：人民出版社，1972：363.

素质、个性特征（技术水平、工作能力、协作意愿、兴趣、态度、性格等的总和）也影响着组织结构的形式。如果组织成员协作的意愿较强，个人目标同组织目标趋于一致，工作能力较强，则不需要过分的监控和约束，应给成员以较大的自主权。同时，在组织人员的配备上，也要讲求组织成员之间的知识、能力、气质、性格等方面的有机配合，追求整体效应。

三、行政组织设计的程序

组织设计除了考虑影响组织结构的因素之外，还要注意组织设计的程序问题。遵循科学的程序是组织设计的一个重要前提。一般来讲，组织设计的基本程序和步骤为：

第一，明确组织目标。任何组织都有其目标，组织是为达成目标而设立的，由于目标不同，其组织基本形式也各不相同，故在进行组织设计时，须先了解组织目标。在了解组织目标时，不仅要了解组织的总体目标，也要明确组织的分目标。

第二，决定达成目标所需的计划与配置单位。目标仅是一种理想，目标的达成必须通过工作计划，而工作计划必须配置适当的单位来管理。工作计划是介于具体工作和目标之间的书面计划。从层次上讲，目标属于高层次，计划属于中层次，执行属于低层次，也就是说目标决定计划。计划的内容是预先规定达成目标应采取的各种行动。计划是由单位来完成的，故需以计划为依据设置单位。性质不同的计划，宜分设不同的单位来管理；同时，也可将工作性质相同、对象相同或程度相同的计划，合并设置一个单位主管。需要注意的是，在完成工作计划所设置的单位超出一定的管理幅度时，则宜在单位与主管人员之间增设层次，也就是在主管人员之下先划分若干大单位，再由每一个大单位管辖若干小单位。

第三，决定实施计划的作业与配置职位。由于工作计划仅是书面文件，必须通过作业活动才能实施，而作业活动又须配置适当的职位，以便罗致人员来处理具体事务。所谓作业活动也就是具体的行动，它包括所处理的各种工作项目名称以及在何处、何时、由何人、用何种方法来处理工作项目。所谓职位，指分配给每一个工作人员的作业活动，它指的是工作，而非担当工作的人。在配置职位时，应注意把性质相同的活动尽可能组合为一个职位，以便实行专业分工，招罗专业人才任职；把程度相当的作业活动尽可能组合为一个职位，以便罗致某种资格水平的人员任职；同时，要注意保持适当的工作量，以免产生闲员或冗员。

第四，权责区分。组织上自首长下至职员的职位，除所管辖或经办工作的职掌外，尚需规定各个职位、各个单位的活动方式、职责和权力，使各个单位、职位、层次权责明确，不致争功诿过、职权冲突或重叠。

第五，制定组织规程和规章制度。组织规章制度是指为组织活动制定的各种规则、章程、程序和办法的总称，目的在于使组织运转程序化和规范化，使组织成员有章可循，保障组织活动的有序、稳定进行。在制定规章制度时，要力求简明扼要，不要过多的繁文缛节，同时规章制度应具有严肃性、权威性和相对的稳定性。

第五节　行政组织结构设计与管理的一般原则

无论是进行组织设计，还是开展有效的组织管理，都必须遵循一定的规范，即组织的原则。组织原则是人们在长期的管理实践当中，基于对组织发展变化的规律性的认识而提出并被实践所检验为正确的思想和行动的规范。它反映了人们在长期组织管理实践中积累的经验和教训，它是指导组织工作的准则，也是衡量、评价组织的一种基本尺度。概括起来，行政组织结构设计与管理的一般原则有以下几个方面：

一、统一指挥，统一目标

任何组织体系都是一个完整的统一体，任何局部都是有机整体的组成部分，各自发挥不同的功能，互为条件、互为依存，从而形成一个完整的统一体。要保证各部分统一行动，就必须统一指挥、统一号令。

事实上，任何协作劳动都或多或少地需要统一指挥、统一意志，这是协作劳动得以顺利进行的条件。正如革命导师列宁所讲，任何大机器工业都要求无条件的最严格的统一意志，以指挥几百人、几千人以至几万人的工作。①

统一指挥的前提条件是统一目标。如果没有一致的目标来指导各个部门，部门之间以及人员之间的工作冲突则不可避免。因此，要实现目标统一，就必须对总目标进行分解，并分配给每一个部门和个人，使每一个部门、每个人的目标成为实现组织总目标的一个有机组成部分；以目标为基础，建立各种形式的责任制，讲求合理分工与协调。

统一领导是统一指挥的关键。在一个组织中，不能出现两套或多套领导班子（机构），对同一个下属拥有同样的职权，否则便会出现双重领导或多重领导，其结果必然导致冲突和“内耗”。正如法约尔所言：“如果两个领导人同时对同一个人或同一件事行使他们的权力，就会出现混乱，如果事情继续下去，混乱便会加剧，就像一个动物机体受到外界物体侵害那样出现病态。”② 同样，在具体的组织管理中，不能越级指挥，不然会使命令接受者无所适从。

机构设置统一是统一指挥的保证。在一个组织中，要明确各种机构之间的指挥隶属关系，划清各职能部门之间的权限。如果几个部门的领导同时对同一工作下命令，各自认为是属于自己职责范围之内的事，便会破坏组织秩序，这不仅使下级无所适从，而且会出现某些人利用一个部门的命令反对另一个部门的命令的情况。

---

① 列宁选集：第3卷.2版.北京：人民出版社，1972：520.

② 法约尔.工业管理与一般管理.周安华，林宗锦，展学仲，等，译.孔令济，校.北京：中国社会科学出版社，1982：73.

总之，统一指挥原则是“一项普遍的、永久必要的原则……如果这条准则受到破坏，那么，权力将受到损害，纪律将受到危害，秩序将受到扰乱，稳定将受到威胁……”。①

二、分层管理，分权治事

任何组织都是一个层级节制体系。分层管理、分权治事是组织中存在的一个普遍现象，也是组织管理的准则。

要实现有效的分层管理、分权治事，就必须处理好两种基本关系：一是管理幅度和管理层次之间的关系；二是集权与分权之间的关系。

所谓管理幅度，是指一个管理人员能够有效地领导或控制的下级人员的数目。管理层次指组织系统中划分的管理层级的数额。由于每一个管理人员的能力都是有限的，当他直接指挥和协调的下级人员超过一定的数量时，就不可能进行有效的管理，因而必须划分管理层次，逐级进行管理。在被管单位和人员不变的情况下，管理幅度与管理层次之间呈反比例关系。一般来讲，管理幅度愈小，管理层次就愈多；否则相反。但是，管理层次过多，则会降低工作效率。因为随着层次增多，需要的人力、物力资源愈多；层次过多易造成组织信息沟通困难，容易发生遗漏和误解；层次过多，容易导致组织失控，协调困难。

至于如何解决这些矛盾，实践证明，通过改变管理层次之间的相互关系，不仅能够增大有效管理的幅度，又能减少管理层次。如何改变管理层次之间的关系呢？首先，只设立必要的管理层次。一般来说，在一个大规模组织中，需要四个管理层次：高层管理层，负责总目标的制定和资源的分配；中层管理层，负责分目标的制定及完成上级政策，协调下级活动；低层管理层，完成高一层的决定及协调指导组织基层员工的活动；基层员工，负责执行具体工作。其次，实行逐级指挥，逐级负责制。最后，实行分权管理。

如何实行分权管理呢？这需要解决好集权与分权的关系。

集权就是把决策权、控制权、人事调配权等集中于组织最高层。集权有利于集中领导与统一指挥。但集权将导致管理层次增加，限制下级积极性和主动性；加之中下级管理者无权因地制宜、随机应变，使组织缺乏适应性和弹性。分权是指下级各级管理人员都有与其职责相适应的管理权力，可以根据实际情况独立地处理问题，选择达到目标的途径和方法。分权有利于下级积极性的发挥，有利于减少管理层次，有利于上级集中精力进行组织决策和规划。分权的缺点是独立性较强，容易导致各自为政，本位主义。

集权和分权是相互排斥和相互依赖的。组织既要集权，又要分权。分权能实现“近点决策”，集权能保持内部协调平衡。关键问题不在于集权还是分权，而是如何平衡二者之间的关系，寻找一个适当的形式，使二者相互补充。

---

① 法约尔．工业管理与一般管理．周安华，林宗锦，展学仲，等，译．孔令济，校．北京：中国社会科学出版社，1982：27，73.

在现实社会中，不存在任何集权和分权的理想模式，只能视具体情形而定。这些具体情形主要包括：(1）外部环境。在外部环境多变的情况下，需较多的分权以提高组织的适应能力，增强组织同外界环境的动态平衡；反之，在外部环境比较稳定的情况下，较多的集权可以提高组织效率，保持内部的平衡。(2）组织规模。规模庞大、层次过多容易导致决策传达和信息反馈迟缓，如集权，不能实现“近点决策”；相反，较大程度的分权则有利于提高效率。(3）组织活动内容。组织活动内容比较单纯，集中领导往往有效。如果组织活动的内容复杂多样，集中领导则会导致控制太死，瞎指挥，而采用分权则较为适宜。(4）成员素质。成员能力素质较高，则可实行分权；如果下属在工作中需要较多的指导、协调和控制，实行集权则较好。(5）空间区域。如组织分布区域广，各地条件千差万别，则集权不如分权。

故集权与分权的程度只能依客观条件而定。但没有集权的分权将导致自相残杀和冲突；相反，没有分权的集权将导致组织僵化、丧失活力。

三、职掌明确，权责一致

任何组织都是一个职、权、责体系，在组织活动中，职能、权力、责任是互为条件的。所谓职掌明确、权责一致是指职位（务）明确，权责分明，事有归属，责无旁贷，功莫由争，过无推诿。有职无权，不能完成工作；有权无责，则可能导致官僚主义、不负责任和滥用权力。根据管理实践，在组织中要体现这一原则，必须做到以下几点：(1）明确事权范围。本着机能一致的原则，明确划分各个机关的事权，建立权责分明的组织系统，使一事不分归两部掌办，两部不同办一事；本着分层负责、层级授权的原则，使人人有定事、事事有定人；本着法制精神依法确定各机关权限大小、责任范围；以工作细则与职务规范等明确各职员的权责与工作。(2）实行职务分工。要分清领导和被领导、决策和执行、政务和事务、业务主管和业务辅助、主管人员和非主管人员、正职和副职、监督和非监督的职权范围，不能越级越权治事。同时，人员数目也要讲求适度，不能“管人之官多，治事之官少”。(3）建立奖惩机制。厉行奖惩是达成事权明确的手段和途径。要对每个机关及其人员行使权限、尽职、尽责的情况进行考核和监督，并依法进行客观、公正的奖惩。

四、以人为本，人性管理

人是组织系统中最主要、最基本的要素，是实现组织目标的决定性力量。组织本身是为发挥人的作用而创造有利条件，提供良好的场所。组织的活力在于组织成员的积极性、智慧和创造力，故组织设计和管理必须讲求以人为本，适合人性。要做到这一点，在组织设计时，要注意以下诸方面：(1）工作分配要符合组织成员的主动性与兴趣。要尽可能地把组织工作的需要与个人的兴趣、把实现目标和发挥个人长处结合起来。这样，既有利于调动人的积极性，又有利于人的发展。(2）创造条件满足组织成员合理和正常的需要。一方面为员工创造良好的工作环境和条件，包括技术设备、工作环境等；另一方面要满足成员维持生存的需要、归属的需要、尊重的需要、自我发展的需要。(3) 要增加组织成员晋升的机会，扩大调任的范围，使其不断产生新的希望和抱负，激发工作的热忱。(4) 加强思想交流。由思想交流和相互了解而产生对组织的“认同感”“归属感”和“团体”意识，从而共赴事功。(5) 由纪律制裁走向人性激励。“徒法不足以自行”，要讲求纪律和法制，更要注重适应人性，讲求激励。因为法纪制裁仅能满足最低限度的工作标准，有很大的消极作用，并不能最大限度地提高组织的效率。而激励则能刺激、激发人工作的内驱动力，从而主动、自发地努力工作。

五、经济效能，讲求效率

效率是组织追求的目标之一，达到效率目标的途径也是多样的，除了前面讲的几个原则外，在组织设计时，还应注意以下几点：(1) 组织机构要精简。我国宪法规定“一切国家机关实行精简的原则”，在组织机构的设计上，应严格控制机构的规模和数量，避免机构臃肿和机构重叠。(2) 人员要精减。根据职位要求配备合格的工作人员，建立和健全岗位责任制，减少冗员和人浮于事。(3) 领导班子要精简。合理确定领导职数，科学配备领导班子，减少副职和闲职，避免“官多兵少”现象。(4) 机构层次要简化。层次过多是导致机构臃肿、机构运转不灵、行政效率低下和官僚主义泛滥的重要原因。机构设计时，要尽量减少机构层次，以减少中间环节和中间堵塞。(5) 简化办事流程。简便审批手续，减少审批环节，下放审批权，实行就地审批的原则。

六、适应环境，保持弹性

从环境系统来看，组织是环境系统中的一个部分，组织与环境系统的其他各个部分之间有着依赖与影响作用，因此，其他各个部分的重大变动均会对组织产生影响。为保持组织与环境间的平衡，组织须作适当调整以求适应。从组织本身来看，组织本身也自成系统，由若干子系统构成，如果任何一个子系统有重大变动，则其他各个子系统也需作出适当的调整，以期保持平衡。这样，组织设计必须讲求与环境相适应，使组织富于弹性：(1) 单位区分保持弹性。各单位区分不宜过于固定，过于刻板。(2) 职掌权责区分保持弹性。各单位和上下级层次的权责划分固然要明确，但不宜作硬性规定，而应保持相应弹性，以便因需要而调整。(3) 员额编制保持弹性，以便随业务变动修订职数、调整职位及增减员额编制。(4) 对特定任务可采用人员临时编组方式处理。所谓特定任务，包括临时性且非某一单位可单独主管的任务，因属临时性，故不宜设立单位负责，较为妥善的办法是成立工作组（如研究小组、指导小组、专案小组等），一旦任务完成，小组可予以撤销。

弹性原则的好处在于增加组织的适应性与扩大人力资源的运用，弊病在于组织形式不稳定。

七、顾及平衡，协调发展

所谓平衡，是指组织系统中诸要素之间以及组织与环境之间形成的协调、和谐、有序及适应的关系。在组织设计时，一定要注意下列平衡关系：（1）分工与协调的平衡。分工着眼于专业，专业化导致整体观念弱化；协调着眼于整体，但忽视单位之间的竞争。组织设计不论偏向分工还是协调，都将对组织目标的达成造成障碍，故二者须求平衡。如技术部门或基层单位可偏向于专业分工，但中级以上单位则须顾及平衡协调作用，高级单位则更须以整体利益为重，透过协调求取平衡。（2）个体与整体平衡。组织成员的价值目标、利益，在一定程度上是一致的，但又是排斥的。如过分强调整体目标与利益，将导致个体目标和利益受损；如强调个体目标与利益，则整体目标达成受挫。这样，需讲求个体与整体的平衡，应尽可能地把组织目标与个人目标、组织利益与个人利益结合起来，即在实现个体利益的同时，须达成整体的目标；在达成整体目标时，也须实现个人利益。（3）贡献与报酬平衡。组织成员对组织的贡献大于组织所给予的报酬时，则人事将难以安定，导致员工情绪不稳和低落，协作意愿降低，工作潜力收敛。如组织所支付的报酬大于组织成员对组织的贡献时，则用人费用增加，浪费严重，产生冗员或闲员，不能起到激励作用，故须讲求按劳取酬，按绩效取酬。

最后，应说明的是，组织原则固然是人们在进行组织设计时的基本规范，但由于具体的客观条件是千差万别的，故应根据实际情况灵活地应用。这些原则只有在适应客观环境情况下才能起到作用。“原则是灯塔，它能使人辨明方向；它只能为那些知道通向自己目的地的道路的人所利用。”

小　结

组织结构是实现组织目标的桥梁和工具。行政组织的结构决定和影响着行政组织的效率与行政职能的实现。行政组织结构的设计受诸多因素的制约和影响，因此，应从政府行政管理的现实需要出发，合理划分和科学设置行政部门与机构，以发挥行政组织的功能与效用。

思考与练习

一、单项选择题（每题只有一个正确答案）

1. 组织结构垂直分化的结果与表现形式为组织结构的________。

A. 分部化　　B. 层级化

C. 功能化　　D. 专业化

2. 行政组织结构横向分化的结果与表现形式为组织结构的________。

A. 层级化　　B. 专业化

C. 功能化　　D. 分部化

3. 领导机关或管理人员能够直接有效地管理和控制下属人员或单位的数目称为________。

A. 管理幅度　　B. 管理层次

C. 管理级别　　D. 管理范围

4. 在单位和人数不变的情况下，管理层次和管理幅度的关系为________。

A. 反比例关系　　B. 正比例关系

C. 垂直关系　　D. 平衡关系

5. 在一个组织结构体系中，为完成一定的任务或使命，设置不同的上下层级机关或部门，使其在各自职权范围内独立自主处理事务，不受上级机关干涉的组织结构体系为________。

A. 分离制　　B. 完整制

C. 集权制　　D. 分权制

6. 在一个组织结构体系中，上级机关或单位完全掌握组织的决策权和控制权，下级或派出机关处理事务须完全秉承上级或中枢机关的意志行事的组织结构体系为________。

A. 分离制　　B. 完整制

C. 集权制　　D. 分权制

7. 20 世纪 60 年代，钱德勒出版了一本专著，提出了组织结构的设计要跟随战略变化的观点，此书名为________。

A. 《战略与组织结构》　　B. 《组织管理战略》

C. 《战略管理》　　D. 《组织与战略》

二、多项选择题（每题有两个或两个以上正确答案）

1. 社会组织的结构与其他生物的机械系统的结构都具有如下共同的特点________。

A. 稳定性　　B. 层级性

C. 相对性　　D. 开放性及变异性

2. 组织结构的构成要素可划分为两大类：________。

A. 组织的“显结构”　　B. 组织的“潜结构”

C. 组织的“权力结构”　　D. 组织的“职能结构”

3. 组织结构的“潜结构”的构成要素包括________。

A. 目标认同程度　　B. 价值趋同程度

C. 气质协调程度　　D. 能力互补程度

4. 组织结构分化的方式和途径为________。

A. 交叉整合　　B. 职能分解

C. 平行分化　　D. 垂直分化

5. 促进组织活动一体化的手段和途径主要有________。

A. 目标手段　　B. 政策手段

C. 组织手段　　D. 信息沟通手段

三、名词解释

1. 组织结构　　2. 组织结构的分化　　3. 组织结构的层级化

4. 组织结构的分部化　　5. 组织的“显结构”　　6. 组织的“潜结构”

7. 管理层次　　8. 管理幅度　　9. 集权式组织结构

10. 分权式组织结构　　11. 直线式组织结构　　12. 直线职能式组织结构

13. 事业部式组织结构　　14. 矩阵式组织结构　　15. 组织结构设计

四、简答题

1. 简述组织结构的特征。
2. 简述行政组织结构的构成要素。
3. 简述组织结构的功能与作用。
4. 简述组织结构层级化的优缺点。
5. 促成组织结构分部化的动因有哪些？
6. 简述组织结构分部化的依据与方式。
7. 简述组织结构分部化应遵循的原则。
8. 影响管理层次与管理幅度的主要因素有哪些？
9. 简析组织结构整合或一体化的途径与手段。
10. 简述行政组织设计的程序与步骤。

五、论述题

1. 试论集权式组织结构与分权式组织结构的优缺点。
2. 试论行政组织结构设计及影响因素分析。
3. 试论行政组织设计与管理的原则。

第五章　中国行政组织结构

教学目的与要求

了解我国各级政府组织的机构设置情况；
理解各级政府组织的法律地位；
掌握我国中央政府组织体制的主要内容。

中国是单一制结构形式的国家，行政组织机关由中央行政机关和地方各级行政机关共同组成。中央行政机关即国务院，也称中央人民政府，是管理国务和政务的最高国家行政机关。地方各级行政机关，即地方各级人民政府。中国目前的地方行政建制，除少数地区实行省、县、乡三级行政体制外，大部分地区已经建立起省、市、县、乡四级行政体制。从法律地位看，地方各级行政机关具有两重属性：一方面，它们是地方各级国家权力机关的执行机关，对同级国家权力机关负责并报告工作；另一方面，它们接受上级国家行政机关的领导，并服从最高国家行政机关（国务院）的统一领导。香港和澳门回归祖国后，依法设立的特别行政区行政机关的法律地位具有特殊性。特别行政区行政机关和立法机关的关系，不同于内地的人民代表大会与行政机关之间的立法与执行、监督与被监督的关系。

第一节　中央行政机关

一、国务院的法律地位

《中华人民共和国宪法》（以下简称《宪法》）第 85 条规定："中华人民共和国国务院，即中央人民政府，是最高国家权力机关的执行机关，是最高国家行政机关。"它明确界定了国务院在国家机关中的法律地位：在与最高国家权力机关的关系上，国务院处于从属和被监督的地位；在与地方各级国家行政机关的关系上，国务院处于国家行政系统的最高地位。

（一）国务院是最高国家权力机关的执行机关

中国政治体制的基本架构是：国家的一切权力属于人民，人民行使国家权力的机关是全国人民代表大会和地方各级人民代表大会，全国人民代表大会（以下简称全国人大）是最高国家权力机关。国务院与最高国家权力机关的关系是：（1）国务院由全国人大组织产生。全国人大根据国家主席的提名，决定国务院总理的人选，根据国务院总理的提名，决定国务院副总理、国务委员、各部部长、各委员会主任、中国人民银行行长、审计长和秘书长的人选。（2）国务院接受全国人大及其常委会的监督。全国人大有权罢免国务院总理及国务院其他组成人员；国务院编制的国民经济和社会发展计划以及国家预算及其执行情况，必须经全国人大审查批准；全国人大及其常委会有权向国务院及其组成机关提出质询案，受质询的机关必须负责答复；全国人大常委会有权撤销国务院制定的与宪法、法律相抵触的行政法规、决定和命令。（3）国务院对全国人大及其常委会负责并报告工作。在全国人大开会期间，国务院对全国人大负责并报告工作；在全国人大闭会期间，国务院对全国人大常委会负责并报告工作。

（二）国务院是最高国家行政机关

国务院由最高国家权力机关产生，行使最高国家行政权力，在国家行政系统中处于最高地位。它表现为：（1）国务院负责统一领导全国的经济、政治、社会、文化等行政工作。在国务院担负的各项工作中，最为重要的是经济工作。此外，国务院还负责统一领导全国的外交、民政、公安、司法、行政、监察、教育、科学、文化、卫生、体育、计划生育、城乡建设等工作。（2）国务院统一领导各职能机构、直属机构和办事机构的工作。国务院有权改变或者撤销下属机构发布的不适当的命令、指示和规章。（3）国务院规定中央和省级行政机关的职权划分，统一领导地方各级国家行政机关的工作。国务院有权改变或者撤销地方各级行政机关不适当的决定和命令，以保证全国行政工作的统一和畅通。（4）国务院制定的行政法规，发布的决定和命令，对全国各级行政机关具有普遍的约束力，各级国家行政机关必须遵照执行。

总之，国务院负责统一领导全国经济、政治、社会、文化等各领域的行政事务管理工作，负责统一领导国务院各部、委、局、行、署、办等组成机关、直属机关和办事机关，负责统一领导地方各级国家行政机关。它保证了国家行政权力的统一和政令的畅通。

二、国务院的领导体制

（一）国务院实行总理负责制

国务院的领导体制在制度上经历了从合议制向总理负责制的转变历程。新中国成立之初，国务院的前身政务院实行合议制。总理负责召集政务院会议，重要决策需经全体政务委员集体讨论决定，实行集体负责制。政务院发布的决议和命令，有些由总理单独签署，有些除总理签署外，还需要有相关部委的首长签署。1954 年宪法规定："总理领导国务院工作，主持国务院会议"，但它并没有对总理负责制进行规定。1954 年国务院组织法规定，国务院发布的决议和命令，必须经国务院全体会议或国务院常务会议通过。“文化大革命”期间，在极“左”思想指导下，1975 年宪法和 1978 年宪法，都没有对国务院领导体制作出明确规定，1975 年宪法还将“总理领导国务院工作，主持国务院会议”的规定取消。

《宪法》第 86 条规定：“国务院实行总理负责制。各部、各委员会实行部长、主任负责制。”所谓总理负责制，即总理对国务院工作中的重大问题具有最后决策权，并对这些决定以及其所领导的全部工作负全面责任。总理负责制主要包括以下几个内容：（1）总理全面领导国务院工作，“副总理、国务委员协助总理工作”，国务院各部部长、各委员会主任、人民银行行长、审计长、秘书长负责本部门的工作，同时对总理负责。（2）总理负责召集和主持国务院常务会议和国务院全体会议，并对重大问题拥有最后决定权，该权力不受“少数服从多数”原则的限制。（3）总理拥有人事提名权。总理有权向全国人大及其常委会提名国务院组成人员人选。（4）总理代表国务院向全国人大及其常委会负责并接受其监督。国务院发布的决定、命令和行政法规，向全国人大及其常委会提出的议案，任免行政人员，均由总理单独签署。从行政管理科学化的角度看，行政首长负责制有利于明确行政责任，提高行政效率。

（二）总理的产生、任期、辞职与罢免

国务院总理由全国人大选举产生。选举的基本程序为：全国人大选举产生国家主席，国家主席提名国务院总理人选；全国人大在协商和讨论的基础上，进行投票表决，候选人获得过半数代表的同意便当选为总理；当选总理由国家主席签署主席令予以公布。国务院总理的选举程序具有以下特点：（1）坚持社会主义民主原则。国务院总理由国家主席提名，受命于国家，由全国人大选举产生。（2）坚持党的领导原则。中国共产党是中国政治生活中唯一的执政党，它在党内外广泛政治协商的基础上，积极慎重地向最高国家权力机关推荐总理候选人，确保党的重要领导人顺利进入最高国家行政机关。（3）实行等额选举制度。目前，总理选举不实行差额选举和竞争选举，只提名一个总理候选人，在投票过程中过半数即当选。（4）实行间接选举制度。国务院总理由全国人民代表大会间接选举产生，而不是由人民直接选举产生。

《宪法》第 87 条规定：“国务院每届任期同全国人民代表大会每届任期相同。总理、副总理、国务委员连续任职不得超过两届。”全国人大每届任期五年，国务院总理每届任期也是五年，连续任职不得超过两届。限制政府最高领导人的任职时间，确定政府最高领导人的任职期限，对于废除领导职务终身制、推进政治现代化和民主化，无疑具有十分深远的意义。

国务院总理的罢免权属于全国人民代表大会。罢免案应在全国人大会议期间提出。罢免的基本程序如下：全国人大主席团、三个以上代表团或者十分之一以上的代表，可以提出对国务院总理的罢免案；罢免案提出后，由大会主席团提交各代表团审议，然后提请大会全体代表会议表决；全国人大法定人数半数以上的代表表决同意罢免，罢免案便获通过。如果在

全国人大闭会期间提出总理罢免案，必须在全国人大常委会认为必要的情况下，或者有五分之一以上的全国人大代表提议，召开全国人大临时会议，然后依法提出罢免案。

国务院总理可以提出辞职。总理在全国人大会议期间提出辞职的，由主席团将辞职请求交代表团审议后，提请大会全体会议决定。总理在全国人大闭会期间提出辞职的，由委员长将其辞职请求提请全国人大常委会审议决定。全国人大常委会接受总理辞职请求，应当报请下次全国人大全体代表会议确认。全国人大闭会期间，国务院总理因为出访、生病、逝世、辞职等原因缺位时，由全国人大常委会在副总理中决定代理人选。

三、国务院的职权配置

《宪法》以逐条列举的方式赋予国务院广泛的行政职权。概括地说，国务院行使的职权可以归纳为以下五个方面：

（一）行政立法权

国务院有权根据宪法和法律，制定在全国范围内具有普遍法律效力的规范性文件，即行政法规。国务院各部委有权根据法律和国务院的行政法规、决定和命令，在本部门的权限内，制定行政规章。此外，国务院还接受全国人大及其常委会的授权，制定某些具有法律效力的暂行规定或条例等。在行政管理实践中，往往会遇到许多法律规定之外的新问题，由于缺乏必要的实践依据，全国人大及其常委会制定法律的条件尚不成熟。在此情况下，国务院接受授权，可以制定暂行规定或条例。国务院接受全国人大及其常委会授权所制定的规范性文件，需报请最高国家权力机关备案。

（二）行政提案权

国务院有权就以下事项向全国人大及其常委会提出议案：国民经济和社会发展计划以及计划执行情况；国家预算和预算执行情况；必须由全国人大常委会批准和废除的同外国缔结的条约和重要协定；必须由全国人大或全国人大常委会决定的任免；其他必须由全国人大或者全国人大常委会以法律规定的事项。行政提案权使国务院可以及时充分地向最高国家权力机关反映在行政活动中出现的新情况、新问题，并就此提出建议和意见。

（三）行政领导与管理权

国务院作为最高国家行政机关，统一领导全国各级国家行政机关的工作。国务院主要通过以下途径行使行政领导权力：有权发布决定和命令；有权规定各部委的任务和职责，统一领导各部委的工作，并且领导不属于各部委的全国性行政工作；有权统一领导地方各级国家行政机关的工作，规定中央与省级国家行政机关的职权划分；有权统一领导和管理全国经济、政治、社会、文化、外交、国防等各方面的行政事务。

（四）行政监督权

国务院有权改变或者撤销各部委发布的不适当的命令、指示和规章，有权改变或者撤销地方各级国家行政机关的不适当的决定和命令。根据《中华人民共和国地方各级人民代表大会和地方各级人民政府组织法》（以下简称《地方组织法》），国务院同样有权对地方政府制定的行政措施和行政规章行使监督权，有权改变或者撤销那些违反法律和国务院行政法规的规章，以保证全国各级国家行政机关忠实地贯彻执行宪法、法律和国务院的行政法规。

（五）人事行政权

国务院有权审定行政机构的编制，依照法律规定任免、培训、考核和奖惩行政人员。国务院进行人事任免的范围为：国务院组成部门的副职领导的任免，国务院直属机构、办事机构、部委归口管理的国家局、国务院直属事业单位正职、副职领导的任免。

第二节　地方行政机关

中国当前的地方行政建制是对历史的继承与发展。秦始皇统一中国后，把全国划分为36个郡，推行郡县制，奠定了以中央集权为特征的行政建制。此后，中国的地方行政建制虽历经变动，但其中央集权的特性基本没变。1949年新中国成立以后，行政区划和行政建制经历了多次调整，概括来说可以分为四个阶段：第一阶段，自1949年至1954年，地方政府机关实行大区、省、县、乡四级体制；第二阶段，自1954年至1966年，地方政府机关实行省、县、乡（人民公社）三级体制；第三阶段，自1966年至1976年，行政区划和各级地方政府遭受严重破坏；第四阶段，自“文化大革命”结束至今，地方政府机关实行省、县、乡三级制和省、市、县、乡四级制同时并存的体制。

一、省级政府

当前，我国省级政府分为省、自治区、直辖市、特别行政区4类，全国共有23个省、5个自治区、4个直辖市、2个特别行政区。

（一）省级政府的地位、组成与任期

《宪法》规定，地方各级政府是地方各级国家权力机关的执行机关，它们对本级人民代表大会负责并报告工作。《宪法》同时规定，地方各级政府对上一级国家行政机关负责并报告工作，全国各级地方政府都服从国务院领导。这就是说，地方各级政府机关具有双重从属性质：它们既对选举产生它们的国家权力机关负责并报告工作，又必须服从上级国家行政机

关的领导。省级政府同样具有双重属性，一方面，它们从属于本级人大及其常委会，执行本级人大及其常委会制定的地方性法规和决议；另一方面，它们必须服从国务院的统一指挥与领导，国务院有权向省级政府交办各项行政工作，有权改变或撤销省级政府作出的不适当的决定和命令。

《地方组织法》规定，省、自治区、直辖市的政府分别由省长、副省长，自治区主席、副主席，市长、副市长和秘书长、厅长、局长、委员会主任等组成。正、副省长，正、副自治区主席，正、副市长由省级人民代表大会选举产生。新一届省级政府领导人选举产生后，应当在两个月内由正职领导人提请本级人大常委会任命政府秘书长、厅长、局长、委员会主任，并报国务院备案。在本级人大闭会期间，省长、自治区主席或市长因故不能担任职务时，由本级人大常委会从本级政府副职领导人中决定代理人选，待本级人民代表大会下次会议时再进行补选；在本级人大闭会期间，副省长、副自治区主席、副市长的个别任免由省级人大常委会决定。省级政府的任期与本级人大的任期相同，每届任期 5 年。

《宪法》规定，各级地方政府实行行政首长负责制。省级政府分别由省长、自治区主席、市长主持工作。在实际管理过程中，政府工作中的重大问题均须经有关会议讨论决定。省级政府会议分为全体会议和常务会议。全体会议由省级政府全体成员组成；常务会议分别由省长、副省长，自治区主席、副主席，市长、副市长和秘书长组成。

（二）省级政府的机构与职权

省级政府机构设置与国务院具有一定的类似之处。根据统一领导和分级管理的原则，省级政府参照国务院职能部门的设立情况，根据本行政区域的实际需要，设置与国务院基本相应的行政机构。新中国成立之际，省级政府的行政机构一般为 25 个左右。1957 年，省级政府的行政机构增至 45 个左右。改革开放以来，随着经济建设步伐的加快，省级政府机构也随之不断膨胀。1982 年，省级政府的行政机构猛增至 80 个左右。为此，中共中央、国务院发布通知，严令省级政府机构要压缩到 35～40 个。但此后不久，一些被撤销或合并的机构又以各种形式重新恢复。有的机构因受编制限制不得列入政府系列，转身变成“二级机构”，有的机构虽在名义上转为经济实体，实际则是所谓的“翻牌公司”。到 1985 年，省级政府的行政机构大多增加到 60～70 个。1988 年政府机构改革主要集中于中央层面，对省级政府的触动不大。1993 年政府机构改革后，省、自治区政府的行政机构平均为 55 个，直辖市政府机构控制为 60 个左右。根据 1998 年政府机构改革的部署，2001 年 2 月，省级政府的机构改革基本完成，省级政府机构设置由平均 55 个减少到 40 个。

省级政府所设行政机构的名称不一，比较常见的是厅、局、委等。这些机构中，大多与国务院有关部门对口设立，有些则不完全对口，而是各省根据本行政区域的需要因地制宜设立的，如盐务管理局、乡镇企业局等。根据规定，省级政府的厅、局、委等工作部门的设立、增加或合并，由本级政府报请国务院批准，并报本级人大常委会备案。省级政府的行政机构受本级政府统一领导，并接受国务院主管部门的业务领导或指导。概而言之，省级政府行政机构的管理和归属主要存在两种情况：一是受省级政府领导，同时接受国务院主管部门的业务指导；二是接受省级政府和国务院有关部门的双重领导，如审计局、监察局、公安厅等。在省级行政区域内，还有国务院有关部门设立的分支机构，如民航管理局、中国人民银行分行、铁路局、海关等。这些机构由国务院主管部门实行垂直领导，不列入省级政府的行政序列，但省级政府应当协助它们开展工作，在某些事项上拥有监督及综合协调权。

省级政府的职权，根据《地方组织法》的规定，大体可以归纳为六个方面：(1) 行政执行权。即执行本级人大及其常委会的决议，执行国务院下达的决定和命令，执行国民经济和社会发展计划和财政预算。(2) 行政领导和管理权。即领导所属工作部门和下级政府的工作，全面管理本行政区域内的经济、教育、科学、文化、卫生、体育、环保、城乡建设以及财政、民政、公安、民族、监察、计划生育等各项行政工作。(3) 地方行政立法权与制令权。即根据法律、行政法规和本级人大以及常委会制定的地方性法规，制定行政规章，以及规定行政措施，发布决定和命令。(4) 行政监督权。即有权改变或者撤销所属各工作部门的不适当的命令、指示和下级政府的不适当的决定、命令。(5) 人事行政权。即根据法律的规定，任免、培训、考核和奖惩国家行政机关工作人员。(6) 行政保护权。即保护国家、集体以及公民个人的合法财产和合法权益；保障公民的人身权利、民主权利和其他权利；保障少数民族的权利，帮助少数民族聚居的地方实行区域自治，帮助各少数民族发展政治、经济和文化建设事业；保障宪法和法律赋予的男女平等、同工同酬和婚姻自由等各项权利。

二、市级政府

20 世纪 80 年代以来，为适应经济发展和行政改革的需要，我国建市的标准有所放宽，出现了“撤地建市”“地市合并”“撤县建市”的热潮。1985 年，全国已有 324 个建制市。至 2005 年年底，全国的建制市增加到 661 个，其中，直辖市 4 个、地级市 283 个、县级市 374 个。在城市规模上，按辖区内非农业人口数量，分为特大城市、大城市、中等城市和小城市。人口 100 万以上为特大城市，50 万～100 万为大城市，20 万～50 万为中等城市，20 万以下为小城市。中国当前的城市，在行政级别上分为直辖市、副省级、地级和县级四个层次。

(一) 市级政府的组成

市级政府对本级国家权力机关负责并报告工作，并接受国务院的统一领导。根据《地方组织法》的规定：直辖市、副省级市、地级市政府由市长、副市长和秘书长、厅长、局长、委员会主任等组成。县级市政府由市长、副市长和局长、科长等组成。市级政府每届任期 5 年。市级政府市长、副市长由市人民代表大会选举产生。在市人大闭会期间，副市长的个别任免，由市人大常委会决定。市级政府的其他组成人员的人选，应当在市长、副市长选举产生后的两个月内，根据市长的提名，由市人大常委会决定，并报上一级政府备案。市级政府实行行政首长负责制，市长主持地方政府工作。政府工作中的重大问题需经有关会议讨论，最后由市长决定。政府会议分为全体会议和常务会议，全体会议由市级政府全体成员组成，常务会议由市长、副市长和秘书长组成（县级市政府的常务会议由市长、副市长组成）。

（二）市级政府的机构与职权

市级政府的内设行政机构受本级政府统一领导，并接受上级政府主管部门的业务领导或指导，对于设在本行政区域内而不属于自己管理的国家机关和企事业单位，市级政府应当协助它们进行工作，并且监督它们遵守和执行法律、法规和政策。市级政府因行政级别、城市规模不同，所设行政机构的名称和数量也各不相同。由于城市人口稠密、产业发达、市政建设与管理任务繁重，因此市政府的机构设置一般多于同级其他地方政府的机构设置。一般而言，地级以上市级政府所设机构称为“委”“厅”“局”，县级市政府所设机构称为“局”“委”“科”。市级政府行政机构的设立、增加、减少或者合并，须由本级政府报请上一级政府批准，并报请本级人大常委会备案。

市级政府的职权，根据《地方组织法》规定，与省级政府的职权基本相同，大体可以归纳为六个方面，即行政执行权、行政领导权与管理权、行政制令权、行政监督权、人事行政权和行政保护权。《地方组织法》第60条还规定：“省、自治区、直辖市的人民政府可以根据法律、行政法规和本省、自治区、直辖市的地方性法规，制定规章，报国务院和本级人民代表大会常务委员会备案。设区的市的人民政府可以根据法律、行政法规和本省、自治区的地方性法规，制定规章，报国务院和省、自治区的人民代表大会常务委员会、人民政府以及本级人民代表大会常务委员会备案。”

三、县级政府

（一）县级政府的地位、组成与领导体制

县级政府，是指县、自治县、县级市、市辖区、旗、自治旗政府。县级政府大致可以分为三种类型：一是受地级市、自治州、副省级市的政府直接领导的县级政府。二是受省级政府直接领导的县级政府，如北京、上海等直辖市下辖的区政府、县政府，以及未设地区行署地方的县级政府。三是在省级政府之下派驻地区行署，受地区行署指导的县级政府。

县政府同样具有双重从属性质：一方面，它是县级人大及其常委会的执行机关，对其负责并报告工作；另一方面，它是县级国家行政机关，必须服从上级国家行政机关的领导。那么，当县级人大及其常委会的意志与地级市国家行政机关发布的决定、命令发生冲突时，县级政府应该服从谁的意志呢？目前，我国宪法和有关法律尚没有对此作出明确界定。

根据《地方组织法》的规定：县、自治县、县级市、市辖区的政府分别由县长、副县长，市长、副市长，区长、副区长和局长、委员会主任、科长等组成。县长、副县长，市

长、副市长，区长、副区长均由县级人民代表大会选举产生。在县级人大闭会期间，常委会可以决定副县长、副市长、副区长的个别人选。县级政府的其他组成人员的人选，应当在本级政府领导人员选举产生后的两个月内，根据县长或市长、区长的提名，由本级人大常委会决定，并报上一级政府备案。县级政府每届任期5年。县级政府分别由县长、市长、区长主持本级政府的工作。政府工作中的重大问题需经有关会议讨论，最后由行政首长决定。

（二）县级政府的机构与职权

县级政府设立的工作部门，一般称为“委”“办”或“局”。其设立、增加或者合并，由本级政府报请上一级政府批准，并报请本级人大常委会备案。由于所辖行政区域面积以及经济发展水平不同，县级政府所属工作机构的多寡和名称也不同。

根据《地方组织法》的规定，县级政府的职权共有十项，与省级政府、市级政府基本一样。概括说来，它主要体现为行政执行权、行政领导与管理权、行政制令权、行政监督权、人事行政权和执行保护权六个方面。需要说明的是，县级政府没有行政立法权，无权制定地方性法规或规章。

县级政府在必要的时候，经省级政府批准，可以设立派出机关。县级政府的派出机关主要有街道办事处，在一些偏远地区还设有区公所。

四、乡级政府

（一）乡级政府的组成、机构和职权

乡级政府是指乡、民族乡、镇的政府。乡镇是中国的基层行政建制。其中，乡为广大农村地区的基层行政建制，民族乡为少数民族聚居的农村地区的基层行政建制，镇为非农业人口占有一定比例的小城市型的基层行政建制。乡级政府是乡级人民代表大会的执行机关，是基层国家行政机关。根据《地方组织法》的规定：乡、民族乡政府设乡长1人、副乡长若干人。镇政府设镇长1人、副镇长若干人。民族乡政府的乡长由建立民族乡的少数民族公民担任。乡长、副乡长、镇长、副镇长由乡、镇人民代表大会选举产生。乡政府实行乡长、镇长负责制，乡长、镇长主持本级政府的工作，有权领导和管理乡、镇政府所设职能机构和工作人员，并对政府的各项工作负全面责任。乡、镇政府定期或临时召开乡长、镇长办公会议，讨论、决定本行政区域内的重要问题。会议参加者除正副乡长、正副镇长外，还包括有关工作部门的负责人。乡、民族乡、镇政府每届任期5年。

乡级政府设有分管民政、司法、财政、文教卫生、计划生育、生产建设等方面任务的工作部门。按隶属关系，这些工作部门大体可以分为三类：一是直属办事机构。如乡（镇）政府办公室、民政科（办公室）、司法科（办公室）、农经科（办公室）、文教卫生科（办公室）、计划生育办公室等。二是企事业机构。如农机站、兽医站、水利站、经管站、食品站、文化站、广播站、学校、卫生院等，这些机构原为县政府设在乡镇的机构，现在已经交

由乡镇政府管理。三是双重领导机构。如公安派出所、工商所、税务所、财政所、粮管所、信用社等，它们是县级政府的职能部门设在乡、镇的派出机构，接受县级政府职能部门的领导，同时接受乡镇政府的领导或指导。

乡级政府承担着社会、经济、政治、文化等各个领域的基础性事务工作。根据《地方组织法》的规定，乡、民族乡、镇的政府行使下列职权：（1）行政执行权。执行本级人民代表大会的决议和上级国家行政机关的决定和命令。（2）行政管理权。管理本行政区域内的经济、教育、科学、文化、卫生、体育和财政、公安、税收、计划生育等行政工作。（3）行政保护权。保护国家、集体和个人的合法财产和合法权益，维护社会秩序，保障公民的人身权利、民主权利和其他权利；保障少数民族的权利；保障男女平等、同工同酬和婚姻自由等。

（二）乡级政府指导下的村民委员会

村民委员会是中国农村的一种基层群众自治性组织。《中华人民共和国村民委员会组织法》规定，村民委员会是村民自我管理、自我教育、自我服务的基层群众性自治组织，实行民主选举、民主决策、民主管理、民主监督。村民委员会协助乡（镇）政府开展工作；乡（镇）政府对村民委员会的工作给予指导、支持与帮助，但不得干预依法属于村民自治范围内的事项。村民委员会由主任、副主任和委员共3～7人组成。村民委员会主任、副主任和委员，由村民直接选举产生。任何组织和个人不得指定、委派或者撤换村民委员会成员。村民委员会每届任期3年，届满应当及时进行换届选举。选举村民委员会，由本村有选举权的村民直接提名候选人，候选人名额应当多于应选名额。选举时设立秘密写票处，实行无记名投票、公开选票的办法，选举结果当场公布。

村民委员会的组织体制，使广大农民第一次获得了自由选举“社区领袖”的民主权利，增强了乡村社会的自主性和独立性，实现了乡村自治及其民主化的制度创新。

第三节　特别地方行政机关

除省政府、市政府、县政府等一般地方行政机关外，中国还在一些特别行政区域内设置特别地方行政机关，这些特别地方行政机关包括民族区域自治政府和特别行政区政府两种类型。

一、民族区域自治政府

中国是一个统一的多民族国家，全国共有56个民族。中国实行民族区域自治制度，即在中央政府统一领导下，各少数民族聚居的地方实行区域自治，设立自治机关，行使自治权。《宪法》规定“民族自治地方的自治机关是自治区、自治州、自治县的人民代表大会和人民政府”。民族自治地方的政府，即民族区域自治政府，是民族自治地方权力机关的执行机关，是民族自治地方的行政机关。

（一）民族区域自治政府的设置原则

民族自治地方分为自治区、自治州和自治县三级。自治区与省同级，自治州与地级市同级，自治县与县同级。《宪法》规定，民族乡不是民族自治地方，不设民族自治机关，不行使民族自治权。对应地，民族区域政府也分为三级，即自治区政府、自治州政府和自治县政府。设立民族区域自治政府的基本原则是：

第一，坚持以民族聚居原则为基础。民族区域自治政府是以少数民族聚居区为基础，以少数民族干部为主体而建立起来的。中国各民族区域自治政府的民族组成，大体可以分为四种类型：以一个少数民族聚居区为基础建立的民族区域自治政府，如西藏自治区政府、吉林省延边朝鲜族自治州政府、甘肃省甘南藏族自治州政府、青海省循化撒拉族自治县政府等；以一个人口较多的少数民族聚居区为基础，并包括一个或几个人口较少的其他少数民族聚居区所建立的民族区域自治政府，如新疆维吾尔自治区政府、内蒙古自治区政府等；以两个少数民族聚居区为基础联合建立的民族区域自治政府，如湖北省鄂西土家族苗族自治州政府、湖南省湘西土家族苗族自治州政府、四川阿坝藏族羌族自治州政府、云南贡山独龙族怒族自治县政府等；以三个或三个以上的少数民族聚居区为基础联合建立的民族区域自治政府，如甘肃省积石山保安族东乡族撒拉族自治县政府等。

第二，参酌现实条件和历史情况。《中华人民共和国民族区域自治法》（以下简称《民族区域自治法》）规定：“少数民族聚居的地方，根据当地民族关系、经济发展等条件，并参酌历史情况，可以建立一个或几个少数民族聚居区为基础的自治地方。”中国各民族在历史中形成了“大杂居、小聚居”的居住格局。在少数民族聚居区内的民族成分也不是单一的，有的以一个少数民族聚居为主，有的以几个少数民族聚居为主，有的在一个人口较多的少数民族聚居区内又分布着若干其他少数民族的小聚居区。各少数民族聚居区内的自然条件、经济结构和生产水平也各不相同。在漫长的历史长河中，一些少数民族形成了世代沿袭、相互认可的聚居区域界限和历史文化传统。在建立民族区域自治政府时，需要慎重参酌当地民族关系经济发展和历史传统等情况。

第三，以维护国家统一，促进民族团结、民族平等和各民族共同发展为目标。在中国这样一个多民族国家里，国家统一、民族团结是推进现代化建设的根本保证，也是实现各民族共同发展的根本利益所在。《民族区域自治法》规定：“各民族自治地方都是中华人民共和国不可分离的部分。”“民族自治地方的自治机关必须维护国家的统一，保证宪法和法律在本地方的遵守和执行。”这就是说，各民族区域自治政府只是作为地方政权机关而存在，并不拥有国家所拥有的权力。民族区域自治政府要维护国家统一，促进民族团结、民族平等和各民族的共同发展，禁止对任何民族进行歧视和迫害，禁止破坏民族团结、制造民族分裂。

第四，保障少数民族的自治权利。《宪法》和《民族区域自治法》规定：民族区域自治政府对于本区域范围内的政治、经济、文化等地方性事务，有权根据当地民族的特点、愿望和要求，在不与宪法、法律相抵触、不影响中央政府统一领导的前提下，行使自治权。

（二）民族区域自治政府的地位、组成和机构设置

民族区域自治政府对本级人民代表大会和上一级国家行政机关负责并报告工作。在本级人民代表大会闭会期间，对本级人大常委会负责并报告工作。同时，各民族区域自治政府都是国务院统一领导下的国家行政机关，都服从国务院领导。民族区域自治政府的特殊性表现为：行政首长由实行区域自治的民族公民担任；政府组成人员以及政府所属工作机构中，要尽量配备少数民族的人员，对基本符合条件的少数民族干部应予以优先配备；政府执行行政职权时，要使用当地民族通用的一种或几种语言文字；对于本区域内的政治、经济、文化等地方性事务，有权根据当地民族的特点、愿望和要求，在不与宪法、法律相抵触，不影响中央政府统一领导的前提下，行使自治权。

根据《地方组织法》的规定：自治区、自治州的政府分别由自治区主席、副主席，自治州州长、副州长和秘书长、厅长、局长、委员会主任等组成。自治县政府由县长、副县长和局长、科长、委员会主任等组成。自治区、自治州、自治县的政府的任期与本级人民代表大会相同，即每届任期 5 年。自治区主席、副主席，自治州州长、副州长，自治县县长、副县长由同级人民代表大会选举产生。在同级人大闭会期间，副主席、副州长、副县长的个别任免，由同级人大常委会决定。自治区、自治州、自治县的政府的其他组成人员的人选，应当在主席、副主席，州长、副州长，县长、副县长选举产生后的两个月内，根据行政首长的提名，由同级人大常委会决定，并报上一级政府备案。自治区、自治州、自治县的政府均实行行政首长负责制。

各级民族区域自治政府的机构设置除其民族特点外，与同一级的一般地方政府差不多。由于民族自治地方大多处于边远地区，自然条件较差，经济发展水平相对落后，因此民族区域自治政府的机构设置一般稍少于同级其他地方政府的机构设置。根据《地方组织法》的规定，民族区域自治政府的内设行政机构受本级政府统一领导，并依照法律和行政法规的规定，接受上级政府主管部门的业务领导或指导。民族区域自治政府的行政机构的设立、增加、减少或者合并，须由本级政府报请上一级政府批准，并报请本级人大常委会备案。

二、特别行政区政府

我国《宪法》规定：国家在必要时得设立特别行政区，特别行政区的设立及其制度由全国人民代表大会决定。随着香港、澳门结束殖民统治、重新回归祖国的怀抱，香港特别行政区和澳门特别行政区也先后成立。香港和澳门特别行政区的成立，给我国传统的单一制国家结构形式增添了新的成分。特别行政区成立以后，国家除具有统一的宪法和国旗、国徽、

国籍外，特别行政区还具有自己的基本法（相当于“小宪法”）和区旗、区徽、区籍。特别行政区实行与内地省份不同的政治、经济和文化制度。除外交和国防事务由中央政府管理外，特别行政区享有高度的自治权。特别行政区享有行政管理权、立法权、独立的司法权和终审权，享有独立的地方财政权，实行独立的税收制度，享有独立的外事权。这些权力甚至远远超过了联邦制国家结构形势下的成员国（邦）所拥有的权力。

（一）特别行政区行政长官及其职权

根据《中华人民共和国香港特别行政区基本法》（以下简称《香港特别行政区基本法》）和《中华人民共和国澳门特别行政区基本法》的规定，香港特别行政区行政长官与澳门特别行政区行政长官的地位、资格、产生、任期和职权基本相同。现以香港特别行政区行政长官为例加以说明。

香港特别行政区行政长官是香港特别行政区的首长，代表香港特别行政区。行政长官对中央政府和香港特别行政区负责。行政长官的法律地位是双重的：一方面，行政长官作为特别行政区的首长，是特别行政区的最高地方长官，对中央政府和特别行政区负责；另一方面，行政长官作为政府首长，负责领导特别行政区政府，对特别行政区立法会负责。行政长官由年满四十周岁，在香港通常居住连续满二十年并在外国无居留权的香港特别行政区永久性居民中的中国公民担任。行政长官的产生通常包括提名和任命两道程序。《香港特别行政区基本法》规定：行政长官由当地通过选举或协商产生，由中央人民政府任命。行政长官任期五年，可连任一次。《香港特别行政区基本法》还规定，行政长官必须廉洁奉公、尽忠职守，行政长官就任时应向特别行政区终审法院首席法官申报财产，记录在案。

行政长官有下列情况之一者必须辞职：因严重疾病或其他原因无力履行职务；因两次拒绝签署立法会通过的法案而解散立法会，重选的立法会仍以全体议员三分之二多数通过所争议的原案，而行政长官仍拒绝签署；因立法会拒绝通过财政预算案和其他重要法案而解散立法会，重选的立法会继续拒绝通过所争议的原案。《香港特别行政区基本法》规定：“行政长官短期不能履行职务时，由政务司长、财政司长、律政司长依次临时代理其职务。”

行政长官行使下列职权：（1）领导特别行政区政府。（2）负责执行基本法和依照基本法适用于特别行政区的其他法律。（3）签署立法会通过的法案，公布法律；签署立法会通过的财政预算案，将财政预算、决算报中央政府备案。（4）决定政府政策，发布行政命令。（5）提名并报请中央政府任命各司司长、各局局长、各处处长等主要官员。（6）依照法定程序任免各级法院法官。（7）依照法定程序任免公职人员。（8）执行中央政府就基本法规定的有关事务发出的指令。（9）代表特别行政区政府处理中央授权的对外事务和其他事务。（10）批准向立法会提出有关财政收入或支出动议。（11）根据安全和重大公共利益考虑，决定政府官员或其他负责政府公务的人员是否向立法会作证或提供证据。（12）赦免或减轻刑事罪犯的刑罚。（13）处理请愿、申诉事项。

《香港特别行政区基本法》还就行政长官与立法会的关系作出明确规定。行政长官如认为立法会通过的法案不符合特别行政区的整体利益，可在三个月内将法案发回立法会重议，立法会如以不少于全体议员三分之二多数再次通过原案，行政长官必须在一个月内签署公布或依法解散立法会。行政长官如拒绝签署立法会再次通过的法案或立法会拒绝通过政府提出的财政预算案或其他重要法案，经协商仍不能取得一致意见，行政长官可解散立法会。行政长官在解散立法会前，须征询行政会议的意见。行政长官在其一任任期内只能解散立法会一次。由此可见，行政长官与立法会之间具有一定的制衡关系。

香港特别行政区会议是协助行政长官决策的机构。行政会议的成员由行政长官从行政机关的主要官员、立法会议员和社会人士中委任，其任免由行政长官决定。行政会议成员的任期应不超过委任他的行政长官任期。行政会议由行政长官主持。行政长官在作出重要决策前，须征询行政会议的意见。行政会议的意见对行政长官具有影响力，但不具有约束力。

特别行政区设立廉政公署和审计署，独立工作，廉署专员和审计长对行政长官负责。

（二）特别行政区行政机关及其职权

香港特别行政区与澳门特别行政区行政机关的地位、职权基本相同。现以香港特别行政区为例说明。

《香港特别行政区基本法》规定，香港特别行政区政府是香港特别行政区行政机关，特别行政区政府设政务司、财政司、律政司和各局、处、署。特别行政区政府的主要官员由在香港通常居住连续满十五年并在外国无居留权的香港特别行政区永久性居民中的中国公民担任。香港特别行政区政府行使下列职权：（1）制定并执行政策；（2）管理各项行政事务；（3）办理基本法规定中央政府授权的对外事务；（4）编制并提出财政预算、决算；（5）拟定并提出法案、议案、附属法规；（6）委派官员列席立法会并代表政府发言。《香港特别行政区基本法》规定，香港特别行政区政府必须遵守法律，对香港特别行政区立法会负责，执行立法会通过并已经生效的法律；定期向立法会作施政报告；答复立法会议员的质询；征税和公共开支须经立法会批准。《香港特别行政区基本法》还规定，律政司主管刑事检查工作，不受任何干涉。

小　结

国务院是我国最高国家行政机关。国务院在国家机关中的法律地位是：在与最高国家权力机关的关系上，国务院处于从属和被监督的地位；在与地方各级国家行政机关的关系上，国务院处于国家行政系统的最高地位。从法律地位看，地方各级行政机关具有两重属性：一方面，它们是地方各级国家权力机关的执行机关，对同级国家权力机关负责并报告工作；另一方面，它们接受上级国家行政机关的领导，并服从最高国家行政机关（国务院）的统一领导。香港和澳门回归祖国后，依法设立的特别行政区行政机关的法律地位具有特殊性。

思考与练习

一、单项选择题（每题只有一个正确答案）

1. 国务院是由________组织产生。

A. 全国人大　　B. 中共中央

C. 全国政协　　D. 中央军委

2. 国务院是最高国家________。

A. 权力机关　　B. 行政机关

C. 议事机关　　D. 参政机关

3. 秦朝的郡县制奠定了以________为特征的行政建制。

A. 地方分权　　B. 委员会制

C. 中央集权　　D. 内阁制

4. 我国地方各级政府是________的执行机关。

A. 各级政协　　B. 各级党委

C. 各级法院　　D. 各级国家权力机关

5. 省级政府每届任期________。

A. 3 年　　B. 5 年

C. 4 年　　D. 6 年

6. 中国当前的城市，在行政级别上分为________个层次。

A. 4　　B. 3

C. 5　　D. 2

7. 市级政府对上一级国家行政机关负责并报告工作，并接受________的统一领导。

A. 全国人大　　B. 同级人大

C. 国务院　　D. 全国政协

8. 民族自治地方分为自治区、________和自治县三级。

A. 自治乡　　B. 自治州

C. 自治市　　D. 自治地方

二、多项选择题（每题有两个或两个以上正确答案）

1. 国务院是最高国家行政机关，它________。

A. 由最高国家权力机关产生

B. 由中共中央产生

C. 行使最高国家权力

D. 在国家行政系统中处于最高地位

2. 我国省级政府包括________。

A. 省政府　　B. 特别行政区政府
C. 自治区政府　　D. 直辖市政府

3. 县级政府包括________政府。

A. 自治县　　B. 市辖区
C. 旗　　D. 自治旗

4. 乡级政府行使的职权有________。

A. 行政执行权　　B. 行政管理权
C. 行政保护权　　D. 制定行政规章权

5. 民族自治地方的自治机关是________的人民代表大会和人民政府。

A. 自治区　　B. 自治州
C. 自治县　　D. 自治乡

6. 我国特别行政区享有________。

A. 外交权　　B. 立法权
C. 独立的司法权和终审权　　D. 独立的地方财政权

三、名词解释

1. 国务院　2. 总理负责制　3. 村民委员会　4. 民族区域自治制度

四、简答题

1. 简述国务院与最高国家权力机关的关系。
2. 简述国务院作为最高国家行政机关其地位的具体表现。
3. 简述国务院的职权内容。
4. 简述省级政府职权的主要内容。
5. 简述民族区域自治政府的设置原则。
6. 特别行政区长官行使的主要职权有哪些？

五、论述题

试述国务院的法律地位。

第六章　行政组织的社会心理与管理

教学目的与要求

了解组织管理心理的基本理论；
理解如何有效地激发人的工作动机；
掌握如何建立高绩效的工作团体的理论和方法。

行政组织是由人组成的，因此要研究人的心理与行为，主要是研究人与人之间的各种关系，如交往、沟通、竞争、冲突、指挥、控制、组织和领导等。行政组织的社会心理与管理研究就是要重视对行政组织中人的研究，重视对人的潜能的挖掘和运用。

第一节　组织管理心理及其基本理论

随着现代社会的发展，人们越来越认识到，在影响组织的各种因素中，人的因素是最为重要的，只有充分开发人力资源，挖掘人的潜在能力，发挥人的主动精神，才能创造出最佳的组织效率。因此，做好人的工作，激发人的热情，研究组织管理心理，已经成为现代管理所面临的迫切任务。

一、组织管理心理研究的重要性

组织管理心理研究是心理学尤其是社会心理学应用于管理实践，与管理学相结合的产物。它专门研究在组织中个人与群体的行为活动规律。组织管理心理研究的重要性主要表现为：

第一，适应了现代管理理论的发展趋势。西方管理理论经历了一个从技术崇拜到对人的本质认识的回归的过程。自蒸汽机时代以来，科学技术的巨大进步创造了一个又一个奇迹，实现了无数的人类企盼千年的梦想，从而也造成了人对技术本身的崇拜，技术似乎是万能的。20 世纪初泰勒的管理理论被命名为“科学管理理论”就是这种观念的反映。然而，技术进步在给人类带来巨大物质财富的同时，也出现了一种无视人的精神需要、压抑人性甚至奴役人的所谓“技术专制”的倾向。所以一些关心人类生存状态的有识之士指责西方社会是一种只见物、不见人的单面社会（one dimensional society）。第二次世界大战以后，特别是20世纪60年代以来，关心人，张扬人性，倡导人的本质的回归，已经成为西方一种巨大的社会思潮。这种社会思潮表现在管理理论本身的进步上就是，管理中越来越重视人的因素，突出对人的关怀，强调人性化管理，以人为本。组织管理心理的研究正是这种倾向的一种自觉的和集中的体现。

第二，适应现代管理实践的要求。管理无非是对人、财、物、信息等几大要素的管理。这些要素中，人是唯一能动的要素，是唯一有意识、有目的的要素，因而也是唯一的主体。财须人理，物须人管，信息也是为人所用的。所以管理问题说到底是人在进行管理，是对人的管理，又是为了人而进行管理，人是管理的实质与核心。随着世界范围内科学技术的迅猛发展以及经济、社会的巨大进步，管理实践也发生了质的变化。劳动过程的变化主要体现为进入电子和信息时代后，对脑力劳动的要求越来越高。而随之而来的是劳动者素质的提高，劳动者素质的变化，要求管理方式有所提高。由于计算机网络技术、通信技术等的普遍应用，使得行政组织减少管理层次，拓宽管理幅度，建立扁平式的组织，推行民主化管理正逐步深入，在这种情况下，必须加强组织管理心理的研究。

第三，适应中国国情的需要。中国是世界上人口最多的国家，人力资源相当丰富。要发挥人力资源的作用，必须不断提高人口的素质，开发人力资源，使中国的人力资源成为优秀的人力资源，在这个过程中懂得组织管理心理，利用组织管理心理去搞开发是相当重要的。

二、组织管理心理的基本理论

具体地说组织管理心理的研究内容，就是指在组织管理活动中，人与人之间的各种社会心理现象。其中主要包括个体、群体、组织等心理活动的规律性及各种理论。

（一）个体心理

个体心理主要包括人的个性倾向性和个性心理特征两方面的内容。在管理中，管理者既要尊重每个人的个性，又要千方百计调动人的积极性。如何调动人的积极性，必须考虑人的心理特点，从满足人的需要出发，充分挖掘人的潜能。在这个过程中，动机理论和激励理论无疑是相当重要的。

所谓动机理论主要是指研究一个人在需要、动机、行为和挫折之间关系的理论。因为，组织管理心理理论告诉我们，在组织管理中，最重要的就是对人的管理。要实现对人的管理，首先就在于调动人的积极性，而只有充分满足人的需要，激发人的内在动机，才能使一个人自觉地去努力完成组织的预定目标。每个人的能力有大小，工作水平有高低，在相同情况下，如果一个人的动机受到很大的激励，他就能产生很高的工作积极性，产生比较好的工作绩效，所以研究动机激励问题，是组织管理心理研究的重要组成部分。

（二）群体心理

群体心理主要包括群体心理的基本理论、群体动力和群体中的人际关系等内容。

群体心理的基本理论主要是指群体的结构、群体的功能、群体的行为等。通过对群体心理的基本理论的研究，揭示群体、个体和组织三者之间群体所起的中介作用。群体的力量不仅对组织起着重要的作用，而且对个体也有巨大的影响力，这种影响力可以是正向的、积极的，也可能是反向的、消极的。因此，组织中的管理者掌握这些理论无疑是非常重要的。

群体动力理论就是指在群体中人与人之间相互接触、相互影响、相互作用所形成的一种社会秩序。它主要包括群体规范、群体压力、群体意识和群体凝聚力以及群体中的矛盾、冲突和竞争等内容。通过对这些动力性因素的研究和分析，不仅在于揭示群体的性质，加深对群体的理解，更重要的在于使领导者自觉地运用科学的方法，合理地调动和扶植一切积极因素和建设性力量，以实现组织目标。

（三）组织心理

组织心理主要包括组织心理的基本理论、组织发展与变革等内容。

组织心理的基本理论就是研究在各种组织系统中，组织环境对人们完成组织目标所构成的心理和行为影响。组织心理的基本理论主要在于通过对组织环境的分析和组织结构的设计，为人们提供更适宜的工作环境，以利于组织成员积极性的发挥。组织结构直接决定了组织中正式指挥系统和沟通网络，它不仅影响着信息和其他要素的沟通与利用效率，而且也影响着组织系统中的社会心理气氛。因此，恰当的组织结构，对于有效地实现组织目标，是至关重要的。所以，组织结构设计是否合理，将直接关系到组织事业的成败。而为了使组织结构保持动态的合理性，领导者又必须关注组织发展与组织变革。

有关组织心理的详细内容，请参见行政组织中的领导、行政组织中的决策、行政组织的沟通、组织变革与发展等章内容。

第二节　组织中的个体行为与激励

激励是一个从组织成员内在心理状态到组织成员外部行为、从组织成员个人的工作绩效到整个组织目标实现程度的非常复杂的过程。简单地说，激励大体上是一个需要产生动机、动机支配行为、行为实现目标、目标满足需要的过程。

一、个体行为与激励

（一）个体行为机制

人的行为首先是在一定的刺激下产生内在的愿望与冲动，即产生需要；然后人就会设计目标和方法满足这种需要，即产生动机；接下来是采取实际行动来实现动机，即产生行为；最后行为无论成功与否都会通过反馈来决定和影响下一轮行为，这便构成了人的行为机制的主要内容。任何激励理论都离不开对这一过程某一环节的作用。

1. 需要

需要是指人对改变自身当前存在与发展条件的主观渴望与内在冲动。需要实质上是人因某种心理或生理刺激而产生的心理活动的不平衡状态。需要的作用在于它是人类一切行为的内在基础，如果人类没有任何需要，人类和人类历史也就不复存在了。

2. 动机

动机是指人类行为的内部驱动机制。动机和需要同为内在的心理活动，是非常接近和相似的，但需要本身只是一种内在冲动，并无具体的对象和满足方法，而动机则是需要的进一步延伸，与能够满足需要的具体对象及满足方法不可分割地联系在一起。或者说当人们为满足需要去寻求具体对象、设计具体方法时，需要已不再是需要，而已转化为动机。比如，想吃是需要，想吃什么、想怎样吃就是动机了。动机的作用全在于对行为的支配，具体说主要体现为三个方面：一是发动行为，即在行为发生前动机是推动行为发生的初始动力。二是导向行为，即在行为发生中动机引导和规范行为指向特定目标。三是维持与调整行为，即在行为发生后动机决定着行为是持续下去还是改变或停止。

3. 行为

人的行为指人类的一切活动，分为内部行为（即心理）与外部行为（即行动），外部行为又分为本能性行为与习得性行为。组织行为学的激励理论中研究的主要是外部习得性行为。当动机付诸实际的行动，也就从内在的心理转化为外部行为了。

4. 反馈

行为的目标实现称为成功，成功的体验会导致强化，强化可以决定下一轮行为及行为模式，比如持续、加强等；行为的目标不能实现称为失败，失败的体验会导致挫折，挫折也可以决定下一轮行为的性质及模式，比如中止、转向、调整等。

（二）激励及激励的功能

所谓激励，就是激发和鼓励组织成员的工作动机，使其潜在的工作动机尽可能充分发挥和维持，从而更好地实现组织目标的过程。通俗地说，激励也就是平常人们所说的调动和维持工作积极性。显然，这是一个与现实密切相关的问题，是任何一位管理者都非常关注的一个问题。所有的激励理论，无论其具体内容如何，也都有一个基本假设，即员工都是有能力做好工作的，或者说都有胜任工作的潜能。问题是有时他们缺少做好工作的愿望或内在动力，即缺少工作动机。管理者要做的就是怎样使员工在没有工作动机时产生工作动机，有了工作动机后怎样强化工作动机，有了强化的工作动机后怎样维持工作动机，这就是激励要解决的问题。

激励究竟有没有作用？或者说经过激励的行为与未经激励的行为究竟有没有区别？答案是肯定的，而且因激励的手段及强度的不同而有很大区别。然而无论激励的具体形式如何，激励状态下的行为绩效均大大优于无激励状态下的行为绩效。任何组织管理无非都是对人、财、物、信息四类资源的管理，财力资源和物力资源的管理早已达到精确量化的高水平，信息资源的管理随着计算机技术和通信技术的发展，近年来也达到了相当高的水平，所以在日益激烈的竞争环境下，人力资源的管理就显得越来越重要。而人力资源管理的核心问题正是怎样激励人的内在潜力。具体地说，激励在组织管理中的作用主要表现在：（1）吸引人才，壮大组织力量。（2）发挥人的潜能，提高工作效率。（3）激发人的创造性。

二、激励理论及其应用

根据激励作用的着力点，可以将目前组织行为学中影响较大、应用较广的激励理论分为三类：针对人类行为心理基础与动力的内容—给予型激励理论，针对人类行为过程的过程—比较型激励理论，针对人类行为、结果—反馈型激励理论。

（一）内容—给予型激励理论

1. 马斯洛的需要层次理论

需要层次理论的基本特征是将人类需要理解为一个复杂的、等级式的系统，故称为需要层次理论。马斯洛将需要分为生理需要、安全需要、归属和爱的需要、尊重的需要和自我实现的需要五个自低向高的需要层次。

生理需要是指人类生存所必需的最基本的生理性需要，包括人对食物、水、空气、住房、性等方面的需要。生理需要是满足和维持生命的必要条件，是最低层次的需要，也是其他需要的基础。这类需要必须首先得到满足，否则人类就无法生存，也谈不上其他需要的满足。

安全需要是指人对身体、经济等方面安全可靠、不受威胁的需要，包括对自己及家人的人身安全、生活稳定、职业保障、免除疾病、避开危险、老有所养等的需要。一旦生理需要得到满足后，安全需要就会凸显出来。在安全需要得到满足前，人不会转向更高级的需要。

归属和爱的需要，也称社交的需要，指人对友谊、爱情、隶属关系等的需要，属于人的社会性需要。如果此类需要得不到满足，人会出现精神健康方面的问题。

尊重的需要是指人对理解、尊重、赏识、荣誉的需要。尊重的需要分为内部的方面和外部的方面：内部的方面包括人对环境的适应、胜任工作、自信、自尊等；外部的方面包括一定的地位、威望，合理的评价，他人的信赖与尊重等。尊重的需要若得不到满足，则人会失去自信心，产生自卑感、软弱感、无力感，陷入消极、沮丧。尊重需要若得到满足，则人会自信，产生勇气、成就感和成就欲。所以尊重需要是人有所作为、有所成就的重要激励因素。

自我实现的需要是指人对自我完善、提升自身价值、不受外界干扰、充分发挥自我潜能、“成为其所想成为的人”的需要。这是高层次的需要，应该是以其他需要均已满足为前提的。不过追求自我实现的人，因为全神贯注于高层次需要的满足，反而自觉不自觉地牺牲较低层次的需要。

正确理解马斯洛的需要层次理论应特别注意以下两点：首先是需要的满足是人类行为最基本的原则。需要层次理论认为，人总是有着各种各样的需要的，一种需要满足后，又会出现更高层次的需要。而且较低层次需要的对象往往是比较具体的、物质化的、外在的东西，满足它的途径比较单一，容易得到较充分的满足。较高层次需要的对象不那么具体，属于精神体验的、内在的因素更多一些，满足它的途径比较多，但不大容易得到充分满足。需要层次越高越不容易得到充分满足，至于最高层次的自我实现的需要可能永远不会得到真正、完全的满足。正因为如此，人永远不会彻底满足所有的需要而不再产生新的需要，不断地满足这些需要构成了人类行为的基本动因。其次是需要层次间的动态关系。人的各需要层次不是并列的，也不是静止的，而是存在着动态关系。一方面，各需要层次间存在着递升的关系；另一方面，各需要层次间还存在着成长的关系，即需要层次的变化与个体的成长发育密切相关。

马斯洛的需要层次理论在人类行为规律及其激励研究方面是有着重要贡献的。这主要表现在：一是揭示了需要在人类行为中的根本性作用和层次结构。研究人的需要及其在人类行为中的作用并非始自马斯洛，但如需要层次理论这样深入揭示人类需要内在层次结构，突出强调需要在人类行为中的根本性作用，应该说的确是始自马斯洛的。这一理论大大丰富了行为科学对需要的认识，并使之成为行为科学的重要理论基础。二是探讨了各需要层次间的动态关系。需要层次理论另一个高明之处是深入探讨了不同需要层次间的动态关系。虽然未必准确，但较以往只是研究人有什么需要并将其归结为人类本性的传统理论来说，是大大前进了一步。三是简单实用。需要层次理论虽然是纯粹理论研究的成果，但内容并不高深，道理简单实用，因而不仅在理论界有重要影响，在管理实践中也得到普遍采用。

在管理学界，对需要层次理论的争论非常多，这些大都以批评为主，对需要层次的批评主要集中在两个方面：首先，关于五个层次的划分。许多批评者认为马斯洛关于需要五个层次的划分中假说成分太多，缺乏实证，于是主张增加层次者有之，如马斯洛自己就曾在尊重需要和自我实现需要之间加上求善、求美两个新的层次，使其需要层次发展为七个层次；主张减少层次者也有之，如有人就提出了一种叫作 EGR（Existence Relation Growth）的需要成就三个层次的理论。其次，关于各需要层次间的关系。一般认为，马斯洛对需要层次间的关系理解比较机械和绝对。比如是否所有的人在低级需要层次满足后都会递升到高一层次的需要，有没有人沉溺于低级需要层次而完全没有成就欲？又如是否一定要低层次需要满足后高层次需要才能出现，有没有人为尊严、自由而不惜赴汤蹈火？再如各需要层次间是否相互排斥，有没有鱼与熊掌兼得、名利双收的可能？等等。

需要层次理论对我们的启示是：首先要善于运用有针对性的激励措施，需要层次理论告诉我们，激励措施只有“投其所需”才有激励作用。其次要善于运用多样化的特别是非物质的激励措施。人的需要本来就是多层次的，满足需要的手段当然也就是多种多样的，高层次的需要尤其如此。

2. 赫茨伯格的双因素理论

与马斯洛的需要层次理论主要来自理论研究不同，美国心理学家赫茨伯格于 1959 年提出的双因素理论（激励因素—保健因素理论）始于实地的社会调查。所谓双因素，就是指“激励因素”和“保健因素”。管理中常用的一些手段、常出现的一些事件，如职务、工资、上司、同事之类，都会对员工的工作积极性有一定影响。不过有些因素，如上司、同事、监督等虽然可以引起员工的满意，但影响并不大，其主要作用或者说员工的主要反应是搞得好消除不满意，搞得不好就非常不满意。这类因素就是保健因素。而另一些因素，如工作富有成就、工作成绩得到承认、工作本身重要等，搞得不好就会引起员工的不满，但搞得好一定会使员工非常满意，即起到激励作用。这些因素在这方面远远超过保健因素，属于激励因素。

双因素理论与传统的激励理论有一点很大的不同。传统观念中将员工的反应划分为“满意”与“不满意”这样对立的两极，将能够引起员工反应的因素归结为单一的激励因素，这种因素给予员工，员工就能受到激励，产生满意状态；不给予员工，员工就不能受到激励，产生不满意状态。而在双因素理论看来，这种观念是错误的。事实上，能够引起员工反应的因素应分为能够消除不满意的保健因素和能够引起满意的激励因素两类。那些具体的、物质的、外在的或者说短缺性的因素并不能起到激励作用，至多是消除员工的“不满意状态”，达到一种没有不满意状态，但没有不满意还不是满意，因此这类因素不是激励因素，只能称为保健因素，即只能防病治病而不能使人强壮。要想让员工达到满意状态，即受到激励，还必须在消除不满意的基础上再给予那些非物质的、内在的或者说成就性的因素。这类因素才能真正起到激励作用，才可以成为激励因素。

赫茨伯格的双因素理论实际上是在马斯洛的需要层次理论基础上发展起来的。双因素理论不仅继承了需要层次理论力图找到能够引起工作积极性的因素并将其给予员工以提高员工工作效率这一思路，而且其保健因素大体相当于低层次需要，激励因素大体相当于高层次需要，更为明确地彻底否定了泰勒以来认为金钱万能的“经济人”理论。在双因素理论看来，金钱不仅不是万能的，甚至根本不是激励因素。这一方面是管理理论上的进步，另一方面也反映了时代的进步。

对双因素理论也存在一些争论，对它的批评主要有：一是调查对象不具有代表性。赫茨伯格的调查虽然规模不小，但调查对象主要是有生活保障的“白领阶层”，因而并不能反映普通员工的情况。保健因素对“白领阶层”不起激励作用，不能说对普通员工也就不起作用。二是没有考虑心理防御机制。人有自我保护的本能，很可能在别人面前表现得更“高尚”、更有事业心、更有成就欲。

双因素理论给我们的启示是：要更多考虑人的社会性、情感性、心理性需要，充分重视人的成就欲与事业心在调动工作积极性中的作用。特别是随着人民物质生活条件的改善和文化素质的普遍提高，这点将越来越重要。要尽可能防止激励因素向保健因素的转化所导致的激励成本上升和激励手段减少。

（二）过程—比较型激励理论

1. 弗洛姆的期望理论

弗洛姆于 1964 年在《工作与激励》一书中提出了期望理论。按照需要层次理论的理解，行为、动机、需要三者是密切相关的。人们的工作行为取决于工作动机，而工作动机又取决于需要的结构。如果一个人同时有多种需要，那第一位的需要，即优势需要，将成为决定性的支配力量。

但现实生活中我们会发现，实际情况远比这要复杂。那就是决定人们行为的力量绝不仅仅是动机，一定还有别的因素。正是这些因素决定了有的动机转化为行为，而有的动机没有转化为行为。那么这些因素是什么呢？其实仔细分析一下就会发现，人们放弃动机的原因是估计自己做某件事成功的可能性不大、概率太低，或者说估计到自己的实际能力与自己所要达到的实际目标之间存在着一定的差距。这种行为主体对自己实际能力与目标之间的差距的估计称为“期望概率”。而行为主体对目标价值的估计称为“目标价值”。这正是弗洛姆期望理论要告诉我们的，人们工作积极性的强弱取决于人们工作动机的强弱，人们工作动机的强弱取决于对他们工作动机的激励力量的大小，而激励力量的大小则取决于目标价值与期望概率的乘积。

期望理论的内容可以表达为下述公式：

工作动机 = 激励力量 = 目标价值 × 期望概率

正确理解期望理论的关键在于正确理解公式中“目标价值”与“期望概率”及其相互关系。

目标价值，顾名思义当然是指目标的重要性，目标越重要价值越高。显然，目标价值与激励力量是正比关系。但必须注意，在期望理论中，目标价值并不是目标本身的客观价值，而是行为主体对目标重要性的评价。目标本身的客观实际价值只有一个，但不同主体对它的评价则是各不相同的，或者说相同的目标对不同的主体可能有不同的目标价值。

期望概率，顾名思义是目标实现可能性的大小。不过这种概率也不是客观的概率，而是主体对自己实际能力与目标之间差距的一种主观估计，或者说是一种主观概率，也称“期望值”。期望概率或期望值是弗洛姆理论的核心概念，故称期望理论。

激励力量取决于目标价值与期望概率的乘积。期望理论告诉我们，激励力量的大小既不是单纯取决于目标价值的大小，也不是单纯取决于成功可能性的大小，而是取决于目标价值与期望概率的乘积，即取决于目标价值与期望概率的综合作用。

期望理论是非常具有启发意义的。它启示我们：首先要正确认识目标价值。目标在激励中实际起作用的价值不是管理者心目中的价值，也不是激励目标的客观价值，而是行为主体的主观感受价值，因此不要只从管理者的角度认定或根据客观指标以及某种社会上的一般看法与标准来确定目标价值，而要从激励对象的角度来考虑问题。其次要重视目标难度设计。期望概率，特别是主观概率的引入不仅很好地解释了一些曾经难以理解的现象，更主要的是丰富了激励手段。它告诉我们，不仅是设置目标能起到激励作用，设置好目标的难度也能起到激励作用，而这并不需要更多的资金投入。最后要注意目标价值与期望概率两个激励因素的配合使用。目标价值与期望概率的巧妙配合可以出现乘积效应，使激励效果大大地扩大。

但是期望理论在理论上和实践中也还存在着一定问题。一是理性的人的前提是否具有普遍性。期望理论中是将人假设为时刻都能冷静计算，将自己的利益最大化的理性人，而现实中并不是每个人处理每一件事时都能像拍卖场上的竞价者那么冷静地计算能力与目标之间的关系的。人总有非理性的一面，一时冲动、感情用事的事经常发生。二是期望概率比较难把握。期望概率原则上应在 0 和 1 之间，但若等于 0 即被激励者毫无希望，其与目标价值的乘积也为 0，再高的目标价值也无任何激励作用；若等于 1 则期望概率没起作用，不能说是聪明的管理者，但究竟设定为多少通常是很难把握的。三是没有考虑负目标价值的影响。期望理论只考虑了奖励性的正目标价值，完全没有考虑惩罚、剥夺之类负目标价值也会影响工作动机，而实际上任何管理实践都离不开奖惩并用、恩威并施。

2. 亚当斯的公平理论

美国心理学家亚当斯于 1956 年提出了一种专门研究利益分配的合理性，以及这种合理性对工作积极性的影响的理论，称为公平理论。公平理论认为，每个人都有追求公平的倾向，而是否公平则是被激励者从自己得到的报酬与自己所作的贡献进行的比较中得出的。如果有客观标准，则被激励者会以客观标准来比较；如果没有客观标准，则被激励者就会与类似的情况相比较，如与他人、与自己的过去相比较等。

传统的激励理论总是认为人们的工作积极性与他们所得到的报酬的高低是直接的正相关关系，即得到的报酬越多则工作积极性越高，得到的报酬越少则工作积极性越低。公平理论则认为，人们的工作积极性不仅取决于其所得到的报酬的绝对值，而且取决于其所得到报酬的相对值。为了了解这个相对报酬，人们就会进行比较，如果比较的结果是自己的收支比与他人的收支比不相等，自己现在的收支比与过去的收支比不相等，便产生心理的不平衡，从而产生追求公平的动机。公平可以通过下述方式得到：（1）自我安慰与观望，即改变自己对收支比的知觉，自己安慰自己。如我自己是否多心了？是否有误会？将来还有机会等。在这种心态支配下人们多半会采取等一等、看一看的消极观望行为。（2）转换比较对象，即换一个与自己收支比大体相当的比较对象以求得心理平衡，即比上固然不足，但比下还有余呢。（3）影响比较对象，即设法降低比较对象的比值。要做到这点有两个办法，要么降低比较对象所得到的报酬，要么提高比较对象的付出。（4）改变自己，即设法提高自己的比值。（5）摆脱目前的分配关系。不公平感最后的解决办法就是跳槽，找一个待遇更好的、心情更舒畅的地方。

当然，不同的人因个性、价值观念、知觉、不公平感的程度等的不同会有不同的反应。但总的说来，不公平感肯定会对人的工作积极性有伤害，对工作都是不利的，都是管理者不愿意看到的结果。

公平理论存在的主要问题是：（1）可操作性比较差。虽然公平理论是从操作层面上研究公平问题的，但本身可操作性并不强，它本身并没有说明如何实现公平。（2）完全将不公平感当作消极因素。不公平感既是一种主观感觉与内心体验，但也有一定的客观原因。所以研究不公平感产生有助于管理的合理化。

（三）结果—反馈型激励理论

结果—反馈型激励理论是将激励的作用点定位于行为的目标或结果对下一步工作积极性的影响上。比较有代表性的有洛克的目标理论和杜拉德挫折理论。

1. 洛克的目标理论

埃德温·洛克是美国马里兰大学的心理学教授，于1968年提出了目标设置理论，简称目标理论。洛克与同事经过大量的实验室研究和现场调查发现，无论采取何种激励手段，都离不开目标设置，各种激励因素多半也都有一定的目标，因此研究激励问题最根本的就是高度重视目标设置并尽可能设置合适的目标。那么怎么才能知道目标是否合适呢？洛克认为可以从以下三个方面去研究：（1）目标的具体性，即目标能够精确观察和测量的程度；（2）目标的难度，即目标实现的难易程度；（3）目标的可接受性，即目标被员工的认可程度。

此外，影响目标激励作用大小的还有一些其他因素。如达到目标后的奖励是否及时有效，是否存在竞争对手，管理者是否提供达到目标的相应指导、帮助和条件等。

推行目标理论的主要困难是：（1）目标难度的确定比较困难，设置目标难度时，“既不能太难，也不能太容易”，这个分寸在实际工作中很难把握。（2）目标量化的困难。一般来说，越是具体的工作、“有形”的工作，确定明确的量化目标越容易；而那些不具体的、“无形”的工作，则确定明确的量化目标比较困难。（3）目标公平合理比较困难。目标理论的目标设置考虑组织成员个人因素较多，但实际上目标设置问题上还存在很多工作以外、个人以外的问题。如目标的难度认同就会受到社会比较的影响。这使得确定目标难，确定让员工认可的目标更难。

2. 杜拉德的挫折理论

前述各种激励理论基本上都是从正面鼓励、支持组织成员。实际上，负面的、失败的体验，同样也可以起到激励作用，甚至是正面激励无法替代的作用。美国心理学家杜拉德等人的挫折理论对此进行了专门研究。

在组织行为学中，所谓挫折，是指人的动机因受到主客观条件的限制与干扰，不能完全转化或完全不能转化为相应的行为，从而无法实现预定目标时的情绪状态和内心体验。理解挫折概念要特别注意两点：一是挫折与失败的区别。失败是一种客观事实，挫折则是一种主观感受。失败可能导致挫折体验，挫折是对失败的体验，但两者并不是一回事。一个简单的道理是，对同一个失败事实，不同的人会有不同的挫折感。二是并非所有的失败都能导致挫折。首先是主体必须认为目标很重要，如果主体认为目标无所谓，那么失败就不一定能导致挫折感。其次是主体必须认为目标能达成，如果主体认为根本没有成功的希望，只是试一试而已，那失败也不会导致太强的挫折感。再次是主体必须已经付出了相当的努力。如果本来没有付出多大的努力，那么即使失败，主体的挫折感也不会太强烈。最后是现实中目标的实现确有一定困难。如果没有困难，没有失败，有付出就一定有收获，当然也不会有挫折感。

人体验到挫折后在心理与行为上会出现一些相应的反应。这些反应有些是积极的，如愈挫愈勇等；有些反应则可能是消极的，如失望、放弃等。其中，心理方面的消极反应主要是出现一些消极情绪，主要有愤怒、焦虑、沮丧、无所谓等。

人经历挫折后经常出现的行为方面的消极反应主要有：（1）攻击，这是最常见的，也是最激烈的行为反应；（2）防卫，是指人受挫折时为了保全名誉、尊严等，自觉不自觉地采取的一些自我保护行为；（3）替代，即用彼事的成功替代此事的失败，从而获得宽慰与平衡。

挫折的普遍存在要求管理者重视挫折与管理的关系：（1）注意挫折教育。挫折教育是善意地告诉人们：一要正确认识挫折。人人都渴望成功，惧怕失败，这种心情是可以理解的。但应该认识到成功与失败并非完全对立，而是不可分割的，有成功就有失败，失败其实是成功的必要代价。二要学会分析挫折原因。不要纠缠于失败本身，失败有时已经是既成事实，关键是找出原因，引以为戒，下不为例。三是要锻炼对挫折的心理承受能力。挫折是心理体验，承受能力如何非常重要。（2）学会关心与宽容。很多人觉得工作中和生活中很累，这有时并不是工作和生活本身的沉重，更多的是心情压抑、心理负担沉重。所以，在管理中，管理者应该是开明、厚道的管理者，学会关心和宽容部下，让他们有一个比较宽松的组织环境。（3）避免挫折。管理者应该善意地帮助人们避免无谓的挫折，好的管理者不仅要提出目标，还应该特别注意：一是尽可能不要给下属提出跨度太大甚至根本无法实现的目标，如确需提出，则应将目标进行适当的分解。二是要尽可能为下属顺利达成目标而考虑、提供和创造实现目标的必要的客观条件。三是要为下属顺利达成目标提供必要的经验、方法等方面的帮助和指导。（4）心理宣泄与心理治疗。任何组织都是由人组成的，所以组织管理者虽不一定都成为心理学家，但应懂一点心理学、行为科学。作为管理者，在条件许可的前提下，组织可以设置必要的宣泄渠道，提供可能的心理咨询与治疗。

第三节 组织中的群体行为与群体凝聚力

一、群体及其功能

（一）群体与群体的发展阶段

1. 群体的定义

群体是指介于组织和个人之间的，通过一定的社会互动关系而集合起来的，进行共同活动的人们的集合体。如果我们将组织理解为一个人际关系系统的话，那么个体就是构成这个系统的要素，而群体则是介于组织系统与个体要素之间的子系统。

一般来说，构成群体至少应有如下特征：（1）有一定数量的人。（2）有稳定、持续的社会互动关系。（3）心理上有归属感。

认识群体至少应划清四种界限：（1）群体不是个体，个体是一个人，群体是一些人。（2）群体不是组织。组织具有自己独立而完整的目标，群体目标则只是组织整体目标的分解，不具有独立的意义。（3）群体不是群众。群众是指某种偶然的聚集，群体具有稳定性、持续性。（4）群体不是社会分类。社会分类是社会学研究者根据研究的需要而划分的，同类社会成员本身并没有归属感，群体成员则因共同的目标及稳定、持续的社会互动关系等而产生一定的归属感。

不同类型的群体，其行为特征也是不同的。所以，在群体的理论研究和管理实践中常常要区分群体的类型。研究角度不同、划分标准不同，自然会有不同的分类：（1）规模分类。一般可以根据人数的多少将群体分为 10 人以下的小型群体、10 ~ 20 人的中型群体和 20 人以上的大型群体。（2）关系分类。按群体成员彼此关系的亲密程度与依赖程度可分为合作群体、协调群体和协作群体。（3）成因分类。根据群体形成的原因可以分为正式群体与非正式群体。（4）功能分类。根据群体作用的性质可以分为工作群体与社会群体。（5）时效分类。根据群体存在时间的长短可以分为永久性群体与临时性群体。（6）参考样本群体。参考样本群体也称理想化群体，其作用主要不是完成任务，而是提供一个比较的标准或一种模仿的规范。

群体类型如此复杂，这就要求管理者学会从不同角度看问题：一是对不同类型的群体要有不同的管理方法。不同类型的群体其目标、功能、关系绩效标准等都是不同的，管理方法自然不能以不变应万变。二是对不同类型的群体的成员要有不同的评价标准。现实生活中每个人都会同时存在于多个群体之中，扮演不同角色，因而人是多面的，看人也就不能只看某一方面。

2. 群体的发展阶段

影响群体行为的因素除群体类型外，还有群体所处的发展阶段。处在不同阶段的群体的内部关系、作用性质等都会有显著的区别。一般可以将群体发展依次分为形成、磨合、成长和成熟等不同阶段。在不同阶段，群体的工作中心不同，管理方法也不同。

第一，形成阶段。群体建立之初，其基本的工作任务应在于确定方向、目标以及实现目标的方法，使群体成员之间相互熟悉，相互接纳，明确关系，消除陌生感，初步形成群体成员之间的相互信任、相互依赖。因此，群体形成阶段管理工作的重点主要是确定目标和实现目标的工作计划；明确群体内部的责权关系，分工设岗；创造群体成员相互熟悉和接近的机会；初步建立基本的规章制度和信息沟通网络。

第二，磨合阶段。随着工作的逐步展开，成员间的接触日益频繁，群体内部会出现大量成员间工作关系、人际关系方面的问题。因此，群体磨合阶段管理工作的重点主要是进一步补充、细化和明确各种规章制度，严格规范各岗位的责权关系；鼓励合理化建议；完善沟通网络，鼓励和提倡将矛盾摆到桌面上来，反对回避矛盾，反对放任自流；适当调整机构和人员。

第三，成长阶段。经过磨合期后，群体内部的工作关系、人际关系逐步协调，合作意识得到强化，制度基本健全、合理，内耗大幅度降低，群体进入成长壮大阶段。在成长阶段，管理工作的重点集中到了工作任务上，要注意充分发挥成员的潜力和群体的整体优势；特别重视效率和决策优化；进一步完善沟通网络，特别注意沟通网络中的反馈系统，加强沟通，特别是上下级的沟通；注意研究成员的需要结构，建立合理的激励机制。

第四，成熟阶段。经过成长阶段，群体的各项规章制度已经基本完善，每个成员已经找到了合乎自己能力和兴趣的位置，成员的相互配合日益熟练，群体已经进入成熟阶段。在成熟阶段，管理工作的重点主要是形成并稳定群体的工作方式与风格；注意成员高层次需要的满足和成员个人的成长；强化评估机制；寻求新的兴奋点。

这里需要说明的两点是：首先，上述群体发展阶段是简化、典型化的，在群体发展的实际过程中，上述阶段是不可能截然分开的，而是相互交叉、相互重叠的，所以很难明确界定某一群体当前究竟处于哪一阶段。其次，在实际群体发展过程中，一个群体的发展阶段并不总是严格依上述次序递进的。它有可能滞留在某一阶段上不继续发展，如人际关系过于紧张、复杂可能使群体长期陷于解决这方面的矛盾的局面而难以进入下一阶段。它也有可能从后一发展阶段退回到以前的发展阶段，如已经进入成长阶段、成熟阶段的群体会因成员的重大冲突或调整、工作任务与协作关系的重大改变而重新进行磨合。

（二）群体的功能

群体之所以产生和存在，是因为它所具有的特殊社会功能。群体的主要功能如下：

第一，完成组织所赋予的任务。群体的功能主要是完成组织上分配下来的任务和执行所规定的职责。一个庞大的组织要想有效地实现其目标，必须通过群体间合理分工和密切合作，把任务逐层分配给较小的单位、部门去执行。群体对组织来说，主要就是承担、执行和完成组织所分配的任务，以保证组织目标的实现。

第二，满足群体成员的需求。群体对个人的主要功能是满足其心理的需要，而这也正体现了个人加入群体的动机。群体成员的需求是多种多样的，其中有的可以通过工作得到满足，而有的则需要以群体内人际的相互作用、相互依存、相互交流而得到满足。例如，个体通过加入一个群体可减少独处时的不安全感，免于孤独、恐惧，会感到自己更有力量，从而满足心理上的完全需要；通过加入一个被别人认为是很重要的群体以得到别人承认，满足其尊重的需要；群体能使其成员觉得自己活得很有价值，从而满足自我实现的需要；群体还可以满足其成员的社会需要。对许多人来说，这种工作中的人际相互作用是他们满足情感需要的基本途径。另外，只有在群体活动中，个体才能实现其权力需要。

第三，把个体力量汇合成新的力量。群体的功能之一是使个体有机地组合成为一种新的力量。例如，在同一工种、同一研究领域中组成的群体，其成员在群体内由于彼此相互影响、相互促进，从而提高群体成员的工作水平。同时，群体还由于能把不同工种、不同行业、不同学科的人组合起来，可以完成个人力量或单一工种、单一学科的力量所无法完成的任务。

二、群体意识与管理

人们在群体中相互作用、相互影响，就产生了群体意识，群体意识对个人的行为产生一定的影响，不同的群体可能产生不同的群体意识。典型的群体意识表现在参加群体的成员的“我们”的情感上，也就是用“我们”的共同意识在心理上区别于其他群体成员。

（一）群体意识的主要内容

群体意识是群体成员所共有的信仰、价值与规范。群体中的每个成员将遵守群体规范、维护群体利益作为自己的责任。群体意识对个体的行为有潜移默化的改造作用，其形成的基础是群体成员的共同目标和利益、群体成员间的感情和友爱以及群体成员在共同活动中的相互影响和相互作用，它主要包括以下几个方面的内容：

第一，群体的归属意识。这是个体自觉地归属于所参加群体的一种情感。有了这种情感，个体就会以这个群体规范为准则而活动，自觉地维护这个群体的利益，并与群体内的其他成员在情感上产生共鸣，表现出相同的情感、一致的行为以及所属群体的特点和准则。例如，一个大学生在社会上表明自己的身份时，总是说我是某个学校的，到了学校，则说自己是某个系的，到了系里，又说自己是某个班的。这种表现身份的意识，就是一种归属意识。对于群体的归属意识，由于群体的凝聚力大小不同，其表现程度也就不同。群体的凝聚力越高，其成员的归属意识就越强烈，并以自己是这个群体的成员而自豪。所以，先进群体成员的归属意识比落后群体成员的归属意识要强烈。

第二，群体的认同意识。由于群体中的成员有着共同的目的，有着共同的利益，同属于一个群体，于是对群体外部的一些重大事件和原则，都自觉保持一致的看法和情感，自觉地使群体成员的意见统一起来。一般来讲，群体中会发生两种情况的认同意识：一种是由于群体内人际关系密切，群体对个人的吸引力大，在群体中能实现个人的价值，使各种需要得到满足，于是成员会主动地与群体发生认同，这种认同是自觉的；另一种认同是被动性的，是在群体的压力之下，为避免被群体抛弃或受到冷遇而产生的从众行为。后一种认同是模仿他人，受到他人暗示的影响而产生的，尤其是在外界情况不明、是非标准模糊不清，又缺乏必要的信息时，个体与群体的认同会更加容易。

第三，群体的促进意识。在现实生活中我们常常可以看到，个人单独不敢表现的行为，在群体中则敢于表现，一个人单独时不能做到的事情，在群体中却做到了。这是由于归属意识和认同意识使个体把群体看作强大的后盾，在群体中无形地看到了一种力量的支持，从而鼓舞了个人的信心和勇气，唤醒了个人的内在潜力。特别是当群体成员表现出与群体规范一致的行为，做群体期待的事情时，就会受到群体的赞扬，从而使个体感到其行为受到群体的支持，这会强化个体的行为。一个群体能否对其成员产生促进作用，要受个人一定条件的制约。这些条件表现为：（1）群体成员必须服从本群体的规则，为群体的利益服务，而不能成为群体的越轨分子；（2）个体对群体的认同，并希望得到群体的保护和支持，群体成为个人利益的维护者。如果缺乏这两个条件，这种作用就不会发生，有时反而会产生阻碍作用，使个人在群体中降低活动效率。

（二）群体意识与群体规范

从以上对群体意识内容的分析可以看出，在组织管理中要产生良好的群体意识，群体规范起着相当重要的作用。群体规范是产生群体意识的基础，而群体意识又会强化群体规范，这两者有着密切的关联。群体规范是指群体所确定的行为标准。群体规范主要有风俗、文化、语言、舆论、公约、时尚等行为规范及各种不同的价值标准。群体规范可能是群体内部正式规定的，但大部分是在群体中自发形成的，并且能够为群体每个成员所公认，并潜移默化地影响到个人的行为及人格的发展。

一致性是群体存在的重要条件，这种一致性具体表现为群体成员在行为、情绪和态度上的统一。群体成员在相互作用的互动行为中，彼此接近、相互趋同，在模仿、暗示、从众、服从等心理因素的影响下，形成了群体规范。群体规范一旦形成，就会反过来对群体发生作用。这种影响具有以下特点：存在的广泛性；作用的持久性；对成员行为影响的深入性和直接性。

概括说来，群体规范的基本作用主要有：一是维系群体整体性的作用。群体的存在形式是它的整体性，这种整体性主要是通过群体规范来确立和维护的。“没有规矩，不成方圆”，群体规范是群体成员行为、感情和认知一致性标准的集中体现，是群体赖以存在的基本规则。可以说没有群体就没有群体规范，而没有群体规范，群体也就不复存在。二是认知的标准化作用。群体规范规定了成员遵守的认识与评价标准，有助于形成共同的看法和意见。三是行为的定向性作用。这种作用主要体现在：划定了成员活动的范围，制定了成员活动的基本规则。四是惰性作用，这是群体规范消极的一面。规范是对行为的一种约束，它在保持组织的稳定和一致的同时，也把人们的行为限制在一个中等水平上，使人们习惯于在规定的范围内思考、活动，不利于人们的积极性和创造性的发挥。

三、群体凝聚力

（一）群体凝聚力及其形成

群体凝聚力是指群体对成员的吸引程度和群体成员之间关系的紧密程度。群体凝聚力是一个中性概念，是对群体成员关系的客观表达。影响群体凝聚力强弱的因素是很多的，大体可以来自群体与个体两方面。

影响群体凝聚力的群体方面的因素主要有：（1）目标的设置。群体目标设置公平、合理，能够代表群体成员共同利益的需要，则容易形成比较强的群体凝聚力；反之则比较弱。（2）工作的性质。如果工作任务程序性比较强，必须依赖群体成员的互助合作才能完成，则容易形成较强的凝聚力；反之，则群体凝聚力通常较弱。（3）群体面临的客观环境。群体面临的环境越是复杂多变，压力、威胁、不确定性越大，群体凝聚力就越强。（4）以往的成就和地位。群体以往的成就越大，荣誉越多，在组织中的地位越高，位置越重要，群体凝聚力就越强。（5）人际关系与沟通。人际关系越融洽，沟通状况越好，群体凝聚力就越强；反之则弱。（6）群体的管理。群体管理者提倡团结，鼓励合作，奖惩公平，分工合理，注重沟通，凝聚力就较强；反之则弱。

影响群体凝聚力个体方面的因素主要有：（1）成员的个性和品质。群体成员个性开朗、宽容，品质高尚，兴趣相投，则群体对其凝聚力较强。群体成员个性偏执，心胸狭隘，妒忌猜疑，缺乏共同兴趣，则群体对其凝聚力越弱。（2）成员在群体中的地位。越是处于群体中心位置，被其他成员接纳程度越高的群体成员，则群体对其凝聚力越强。越是处于群体边缘的群体成员，群体对其凝聚力越差。（3）成员对群体的依赖性。对群体依赖性较强的个体，群体对其凝聚力较强。而那些独立性与自主意识较强的个体，群体对其凝聚力较弱。

影响群体凝聚力的因素是非常复杂的，所以一旦出现群体凝聚力方面的问题，也绝不是谈谈心、做做思想工作、发扬点风格、姿态高一点就都能解决得了的，必须仔细、深入分析问题，找出根本解决措施。

（二）群体凝聚力的作用

群体凝聚力是维系群体的力量，是群体存在和发展的基础，当然会对群体行为有直接而重要的影响。

第一，群体凝聚力与工作绩效的关系。两者之间有着密切的关系。但值得注意的是，得到群体凝聚力强化的群体行为如果与组织目标是一致的，那么群体凝聚力可以提高群体的工作绩效；如果得到群体凝聚力强化的群体行为与整个组织目标是不一致的，甚至是相反的，那么群体凝聚力不仅不能提高工作绩效，反而会降低群体的工作绩效。

第二，群体凝聚力与员工满意度的关系。一般来说，群体凝聚力会提高满意程度，但满意程度高最终对整个群体的工作究竟是好事还是坏事也要具体情况具体分析。因为满意程度高可以令群体成员对群体忠心耿耿，尽职尽责；但也可能使群体成员安于现状，维护既得利益，产生惰性，拒绝改革。

第三，群体凝聚力与员工个人成长。群体凝聚力对于个人的成长而言也是一件利弊参半的事情。从有利于员工成长的一面来说，凝聚力强的群体使人产生安全感，在遇到困难的时候容易得到他人的支持和帮助；从不利于员工成长的一面来说，凝聚力强的群体中的员工有时会有较强的依赖性，缺少独立性和创造性。

小　结

行政组织的社会心理与管理研究就是要重视对行政组织中人的研究，重视对人的潜能的挖掘和运用。组织管理心理的研究内容，就是指在组织管理活动中，人与人之间的各种社会心理现象，其中主要包括个体、群体、组织等心理活动的规律性及其各种理论。激励是一个从组织成员内在心理状态到组织成员外部行为，从组织成员个人的工作绩效到整个组织目标实现程度的非常复杂的过程。激励大体上是一个需要产生动机、动机支配行为、行为实现目标、目标满足需要的过程。群体是指介于组织和个人之间的，通过一定的社会互动关系而集合起来的，进行共同活动的人们的集合体。如果我们将组织理解为一个人际关系系统的话，那么个体就是构成这个系统的要素，而群体则是介于组织系统与个体要素之间的子系统。这个子系统的功能、意识和凝聚力对加强组织管理起着很重要的作用。

思考与练习

一、单项选择题（每题只有一个正确答案）

1. 在影响组织的各种因素中，________的因素是最为重要的。

A. 人　　B. 财

C. 物　　D. 信息

2. 个体心理主要包括个性倾向性和________两方面的内容。

A. 人的能力　　B. 气质

C. 性格　　D. 个性心理特征

3. 人的行为首先是在一定的刺激下产生内在的愿望与冲动，即产生________。

A. 动机　　B. 行为

C. 需要　　D. 价值观

4. 在马斯洛的需要层次中，最高层次的需要是________。

A. 安全的需要　　B. 自我实现的需要

C. 归属的需要　　D. 尊重的需要

5. 赫茨伯格的双因素包括保健因素和________。

A. 激励因素　　B. 期望因素

C. 激发因素　　D. 奖励因素

6. 期望理论中的激励力量取决于目标价值和________的综合作用。

A. 期望概率　　B. 公平

C. 个性倾向　　D. 努力程度

7. 根据群体的成因分类，可把群体分为正式群体和________。

A. 合作群体　　B. 社会群体

C. 非正式群体　　D. 协作群体

8. 群体凝聚力是一个________的概念。

A. 褒义　　B. 贬义

C. 中性　　D. 创造性

二、多项选择题（每题有两个或两个以上正确答案）

1. 组织管理心理主要由________组成。

A. 个体心理　　B. 群体心理

C. 组织心理　　D. 需要心理

2. 人的行为机制主要包括________。

A. 需要　　B. 动机

C. 行为　　D. 反馈

3. 下列因素中属于赫茨伯格的激励因素的有________。

A. 同事　　B. 监督

C. 工作富有成就　　D. 工作本身的重要性

4. 推行目标激励理论的主要困难是________。

A. 目标难度的确定　　B. 目标量化

C. 目标质的规定　　D. 目标的公平、合理

5. 人经历挫折后在行为方面的消极反应主要有________。

A. 焦虑　　B. 防卫

C. 替代　　D. 攻击

6. 群体发展大致经历的阶段有________。

A. 形成阶段　　B. 磨合阶段

C. 成长阶段　　D. 成熟阶段

7. 群体意识主要包括________。

A. 群体归属意识　　B. 群体认同意识

C. 群体促进意识　　D. 群体抵触意识

8. 影响群体凝聚力的主要因素有________。

A. 目标的设置　　B. 成员的个性

C. 成员在群体中的地位　　D. 工作的性质

三、名词解释

1. 人的需要　2. 激励　3. 群体　4. 群体归属意识

5. 群体凝聚力　6. 群体规范

四、简答题

1. 组织管理心理研究的重要性主要体现在哪些方面?

2. 简述群体心理包括的主要内容。

3. 马斯洛需要层次理论的主要贡献表现在哪些方面?

4. 简述双因素理论对我们的启示。

5. 简述期望理论在实践应用中存在的主要问题。

6. 简述公平理论存在的主要问题。

7. 管理者应如何重视挫折与管理的关系?

8. 简述群体功能的主要内容。

9. 简述群体意识包括的主要内容。

10. 简述群体凝聚力的主要作用。

五、论述题

1. 谈谈你对马斯洛需要层次理论的理解。

2. 论述群体发展阶段的特征及管理手段。

第七章　行政组织中的领导

教学目的与要求

了解领导有效性理论的基本内容；
理解领导力提升的主要途径；
掌握领导的含义与特点。

在行政组织中，不同的领导行为与领导作风，会造成组织不同的社会心理气氛，从而影响到成员的工作积极性和组织目标的实现。在迅速变化的今天及未来的组织中，领导的作用是绝对不容忽视的。从组织行为角度来探讨领导、领导力是很重要的，通过这种研究可以提高领导工作的适应性、科学性和有效性，最大限度地调动组织成员的积极性。

第一节　领导及其权力基础

一、领导的含义与特点

（一）领导的含义

对于领导的含义，到目前为止，没有一个统一的定义。目前几种有代表性的观点，具体表述的侧重点又有不同，如认为领导是一种行为，领导是一种艺术，领导是一种活动过程，或领导是一种能力，但从各种定义中可以发现存在着共同之处，即领导是指引和影响个人、群体或组织在一定条件下实现目标的行动过程。

与领导这一概念相近的概念有两种：第一种是通常所说的领导者、领导人、领袖；第二种是领导行为，即领导过程、领导活动、领导工作。领导行为是领导人的行为，因而在日常生活与管理活动中这两种概念一般是不必区别的。但对领导科学而言，它们则是两个不同的研究领域。前者主要包括领导素质、领导能力、领导心理等方面的研究，后者主要包括领导作风、领导行为模型、领导决策等方面的研究。

领导者是指在组织中处于指挥与决策位置，承担相应责任，行使相应权力，履行相应义务的角色。

领导行为是指领导者的，符合领导角色规范的，指挥、引导组织及组织成员实现组织目标的行为过程。

（二）行政组织领导的特点

行政组织领导，就是指行政组织中的领导者依法运用国家公共权力，通过决策、指挥、组织、协调、监督、控制等方式，引导和影响所属成员达成公共目标的活动过程。

行政组织领导具有如下特点：（1）时代性。行政组织领导是一个历史范畴，其领导的内容、方式、方法是随着时代的变迁而变化的，不同的历史时期、不同的社会制度都会给行政组织领导以一定的时代印记。（2）权威性。行政组织领导是依法运用国家公共权力对社会公共事务进行管理与领导的活动，它是国家法律的一种运用和体现，法律的权威性和严肃性决定了行政组织领导的权威性。（3）综合性。公共管理是对整个国家社会公共事务的管理。它的涉及面广，涉及的内容复杂，因此，行政组织领导不是单一性质的领导，它是一种综合性的领导与管理，它具有政治领导、经济领导、文化领导和业务技术领导等综合领导的特点。（4）执行性。政治是国家意志的体现，行政是国家意志的执行。行政管理从总体上讲就是在执行国家的意志，行政管理的执行性即行政组织领导是以执行国家的法律法规和上级机关的决定与命令为天职的。

二、行政组织领导的基本职能

领导职能就是领导的职责范围与作用方式。各级各类的领导都有其职责范围，从行政管理的基本要求来看，行政组织领导的基本职能主要包括：

第一，决策职能。决策是领导者最基本的职责。作为组织活动的领路人，领导者最根本的任务就是要为组织制定出正确无误和高质量的决策。因为，领导者既是决策问题的发现者和决策目标的确定者，也是决策方案的最后拍板者，决策活动几乎贯穿于领导活动的各个环节，无论是高层领导者，还是基层领导者，领导活动的最终成效主要取决于决策的正确与否和决策质量的高低，因此，决策是领导活动的核心，是领导能力的一种综合体现。

第二，组织职能。组织就是将人群合理有效地组合起来，以实现组织目标的活动过程。领导的组织职能内容主要包括：（1）设计合理的组织结构，即根据组织工作和任务的需要设计组织机构，使机构之间、部门之间能够协调配合并有效运转，使组织内部各个部门的职责、权限明确一致，使各部门的职能和作用能够充分有效地发挥，使组织内部的人、财、物能够得到合理的搭配和运用，真正做到人尽其才、物尽其用。（2）恰当配备和安排人员。通过工作分析和职位分析，制定岗位责任制，制定目标责任制，使内部人才结构合理，人才优势互补，以形成合理并具有成长性的人才队伍，充分发挥人力资源的作用。（3）建立严格的规章制度。组织机构的有序运转，必须依靠严格的规章制度来保证。大量事实表明，有效的领导必须规定严格的纪律，必须有严格的规章制度，对于违反组织规章制度的人，该批评的就批评，该处分的就一定要处分。严格的规章制度是保证组织效能发挥的有效手段与途径。

第三，用人职能。"为政之本，在于选贤。"用人是领导者的另一大职能。在领导活动的过程中，领导者要能够不断地发现人才、不断地培养人才，并且能够正确、合理地使用人才，这是领导职责的基本要求，也是领导能力的一种体现。从古到今，大凡有作为的领导，首先是能够"识人善任"的领导。"识人善任"的内容主要包括：（1）坚持德才兼备的用人标准；（2）任人唯贤，唯才是举；（3）人事结合，量才使用；（4）用人所长，避人所短；（5）放眼未来，培养人才。

第四，协调职能。协调就是领导者通过及时调整各种关系，使各项工作、各个部门、各种人员之间能够和谐地配合，以顺利地完成组织任务，达成既定目标的活动。在管理过程中，由于种种原因，经常会出现人与人之间、人与部门之间、部门与部门之间的矛盾和冲突，这些状况的存在都会影响到全局工作的顺利进行，这就需要领导者加以协调。协调的目的就在于使各个方面的工作能够有机地配合起来，以取得更好的整体效益。

第五，监督职能。监督就是检查督导，就是根据组织规定的目标和任务经常地检查下级工作执行情况，及时查明产生偏差的原因并纠正偏差，以便于改正错误，总结经验教训，不断改进并提高工作水平和效率。任何管理活动，都离不开监督，没有必要的监督，就不能保证组织成员严格按照上级的决策和指令办事，就不能控制工作的秩序和进程。因此，监督是保证组织各项计划顺利完成的一个重要手段，是防止组织成员违反组织规定、玩忽职守行为发生的一种武器，也是领导者发挥领导作用的一种方式。

第六，教育职能。思想教育对于每一个领导者来说都是一项重要职责。思想教育能够统一大家的认识、统一大家的思想，使组织成员能够正确理解组织的意图，能够自觉克服远离组织目标的思想行为，能够将个人目标与组织目标有机结合起来，使组织成员既能够处处以大局为重，又能够多少兼顾个人利益，能够积极主动地为组织贡献自己的才华和力量。同时，积极恰当的思想教育，还有利于调动组织成员的工作积极性，提高工作效率。

三、领导的权力基础

一个组织的存在，在某种意义上说依赖于其权力的存在，而权力掌握在一定的领导者手中，那么领导者的权力如何而来，它的基础是什么，这是研究组织领导必须面对的一个问题。美国学者西蒙认为构成权力的基础有四个要素：一是信任的权威；二是认同的权威；三是制裁的权威；四是合法的权威。另一位美国学者弗伦奇提出了权力的六项基础：一是强制的权力；二是报酬的权力；三是合法的权力；四是榜样的权力；五是专家的权力；六是信息的权力。从国外学者对权力基础的分析我们可以看出，权力是一种过程，这种过程仅在拥有权力的人与受权力影响的人相互作用时存在。因此，从某种意义上讲权力是一种影响力，我们在探讨权力基础时，必须对领导影响力有一个全面的认识。

（一）领导影响力的作用

领导影响力就是领导者在领导过程中，有效改变和影响他人心理和行为的一种能力或力量。任何领导活动多是在领导者与被领导者的相互作用中进行的。领导工作的本质就是人与人之间的一种互动关系。在领导过程中，领导者如果不能有效地影响或改变被领导者的心理或行为，那他就很难实现领导的功能，组织目标也就无法实现。因此，领导影响力在领导过程中发挥着重要的作用，具体表现在：

第一，领导影响力是整个领导活动得以顺利进行的前提条件。领导者虽然掌握着一定的权力，但领导者并不能恃权无恐，因为领导并非完全是一种强权意志。被领导者是有思想、有感情的人，领导效果如何，或者说权力运用的效果如何，只能以被领导者的"接受""承认"的程度来衡量。强制领导行为最终会导致组织成员的反抗。因此，权力的运用，要让大家心悦诚服，志愿随从，只有这样才能真正发挥领导的作用。

第二，领导影响力影响着组织群体的凝聚力与团结。如果领导者具有良好的影响力，就能够增强组织成员对组织的认同感、信赖感，就可以使组织成员自觉自愿地支持组织的工作，就可以增强组织的凝聚力；相反，如果领导者在组织成员中缺乏影响力，就会降低领导的威望，影响领导者在组织成员中的形象，使组织缺少凝聚力。

第三，领导影响力可以改变和影响组织成员的行为。领导影响力的一个重要基础就是领导者个人的品德修养和人格魅力。领导影响力实质上是一个领导者综合素质的反映，是一个领导者自身魅力的体现。一个品德高尚、有魅力的领导者，他的言行会对组织成员起到一种感召的作用、榜样的作用。通过这种感召和榜样的作用，就可以潜移默化地影响每一个组织成员的行为，使组织成员的行为能够顺应和符合组织管理和组织发展的需要。

（二）领导影响力的构成要素

构成领导影响力（或者说权力）的基础有两大方面：一是权力性影响力；二是非权力性影响力。

权力性影响力又称为强制性影响力，它主要源于法律、职位、习惯和武力等。权力性影响力对人的影响具有强迫性、不可抗拒性，它是通过外推力的方式发挥作用。在这种方式作用下，权力性影响力对人的心理和行为的激励是有限的。构成权力性影响力的因素主要有：(1) 法律。合法权力是由国家法律、法令和主管部门的决议、决定、命令所直接规定了的，它对接受权力者而言，具有不可抗拒的约束力。因为职位权力及权力的大小，都是由有关的法律法规作了明确规定的，法律的权威性和强制性，使得合法权力具有明显的强制性。(2) 职位。职位就是领导者所占据的工作岗位。领导者的权力首先来自于职位权力，也就是说，只要处在某一领导职位上，就自然而然拥有这样的影响力和权力，而且职位越高，权力就越大，其影响力也就越大。这种影响力是职位赋予领导者的一种权力性影响力，与领导者个人的基本素质关系不大。(3) 习惯。社会发展的历史积淀，使得人们在社会生活中对领导者形成了一种观念：认为领导者不同于一般的普通人，他们有权力，权力可以迫使人服从。这些观念逐渐形成某种社会观念，使人们自觉服从领导，认为服从领导是一种习惯，是一种被领导者的天职。这种长期形成的观念和习惯，无形中给领导者增加了一些影响力。所以，只要是一个领导者，也就自然而然地获得了这种权力性影响力。(4) 暴力。暴力是一种能强制使人服从的力量，拥有这种力量，就可以直接指挥和命令他人服从，就可以强制他人服从。例如，军事政变的首领，就可以依靠手中的武力来统治某一地域，强迫大家服从；作为行政组织的领导者，虽然手中不直接掌握武力，但其有强大的国家政权作为强有力的后盾。

与权力性影响力相反的另一种影响力是非权力性影响力，非权力性影响力也称非强制性影响力，它主要来源于领导者个人的人格魅力，来源于领导者与被领导者之间的相互感召和相互信赖。构成非权力性影响力的因素主要有：(1) 品格因素。领导者品格主要包括领导者个人的品性、人格。领导者的品格反映和体现在领导者的一言一行中。优秀的品格会给领导者带来巨大的影响力，会使人产生敬慕感，会对人产生感召力。领导者要十分注意自己的品格修养，优良的品格不仅是担任领导职务的素质要求，也是领导权力基础的重要组成部分。(2) 才能因素。领导者的才干、能力也是领导影响力的一个重要组成部分。一个有才干的领导者不仅会给本部门、本单位带来效益，而且还会使被领导者对他产生敬佩和信任。这种敬佩和信任就是一种心理磁力，它会吸引被领导者自觉地接受和服从领导。(3) 知识因素。一个人拥有知识也就拥有了最宝贵的财富。知识本身就是一种力量，而且是科学赋予的力量。一个人由于他在知识的某个领域或者某一方面具有特殊才能或者专长，便会对他人产生影响力，这种影响力可以称为专长权力。拥有这种影响力的领导者不仅可以取得良好的工作效果，而且由于拥有这种专长权，使他在行使权力的过程中，具有某种优势。(4) 情感因素。人与人之间一旦建立了良好的情感关系，便产生了亲切感，而有了这种亲切感，相互之间就增强了影响力和吸引力。一个领导者如果能够与下属搞好关系，产生这种情感因素，他的威信就高，影响力就大；反之，则不具备应有的影响力。

第二节　领导有效性理论

领导问题如此重要，历来关于领导的研究可以说是不可胜数，这些研究大体可以分为领导心理方面的研究和领导行为方面的研究，这两方面的研究也就构成了若干种领导有效性理论。

一、领导素质理论

领导心理方面的研究主要体现为领导素质理论的研究。所谓领导素质理论也称“完人理论”或“特质理论”，是专门探讨究竟什么是理想的领导者应具备的基本条件的理论。学者对领导者心理特质进行研究，试图找出领导者与非领导者特质上的区别。例如，有的研究者认为，只要测定好的领导者和差的领导者的特质，比较其差别，就可以找到问题的答案。1940 年，曾有人列出了 20 份不同的性格表，认为表上所列的性格就是领导者的特征，而后又有不少人提出个人才智、工作能力、自信心、决断能力、客观性、主动性、可靠性、干劲、善于理解人、体贴人以及感情的稳定性、追求成功的强烈欲望、同他人合作的能力、个人品德的高度完善性，甚至身高、体貌等，都能决定领导的成败。还有人认为领导特质是与生俱来的，先天不具备这些特质者就无法当领导。

研究者在现实生活中也找到了一些依据。例如，一般领导者在社交性、坚持性、创造性、协调性、处理问题的能力等方面都超过了普通人，此外其性格特征有别于普通人。但是，持反对意见的人认为，很多领导者并无上述天赋的个性特质，并且很多有上述特质的人也并未成为领导者，不同的研究所得出的结论往往不一致，而且常常出现相互矛盾的情况。

事实上，领导行为只能发生于特定情境下的领导者和被领导者之间，而绝不可能仅仅取决于领导者个人及其特征。

二、领导行为理论

正是由于领导素质理论研究中存在上述这些问题，在组织行为学及领导学中，这方面的研究自 20 世纪 40 年代已经开始受到冷落，其地位已经逐步让位于从领导行为的角度研究领导问题了。从 20 世纪 30 年代末至 60 年代先后出现了几种有一定影响的领导行为理论。

（一）领导作风类型理论

美国心理学家勒温早在 1939 年就开始进行有关领导作风类型的研究。他以权力定位为基础，将领导者的作风分为专制、民主和放任三种类型。

作风专制的领导者将权力定位于领导者个人，实行高度集权，亲自决定所有的政策和活动，根据领导者个人对群体成员工作绩效的看法进行褒贬与奖惩，群体成员完全被动地进行工作；作风民主的领导者将权力定位于整个群体，由群体成员讨论一致通过或者根据多数原则进行决策，管理中注意发挥群体成员的积极性、主动性和创造性，顾及群体成员的需要和愿望，根据群体成员工作的实际情况进行褒贬和奖惩，群体成员有机会自己决定自己的分工、进程和方法；作风放任的领导者将权力定位于群体成员个人，实行高度分权，管理者在管理中只以旁观者的姿态出现，不对成员进行褒贬与奖惩，群体成员在无政府状态中完全独立地进行工作。

勒温之后，美国和日本学者对领导作风类型理论进行了许多理论与实验研究。多数成果不断验证和支持了勒温关于民主型领导作风是最佳领导作风的观点，但也有不少研究提出了自己的观点。

（二）领导行为四分图

出于对领导素质理论研究的不满，美国俄亥俄州立大学的一批学者从1945年开始了对领导行为的系统研究。他们收集了大量下属对领导行为特征的描述并对这些描述进行分类。他们发现，数以千计的领导行为特征可以分为两类（如图7－1所示）：一类是关心，即领导对人的重视和关心，如关心下属的需要，听取并尊重下属的意见，信任下属，注重与下属的关系等，简单地说属于重视人、重视人际关系的领导行为，称为“关心人”。另一类是结构，即领导对组织的重视和关心，如建立明确的组织结构和制度，规定组织成员的工作职责，制订和执行组织工作程序和计划，布置和检查工作进度与成效，有严格的管理手段，等等。简单地说属于重视事、重视组织的领导行为，称为“重组织”。

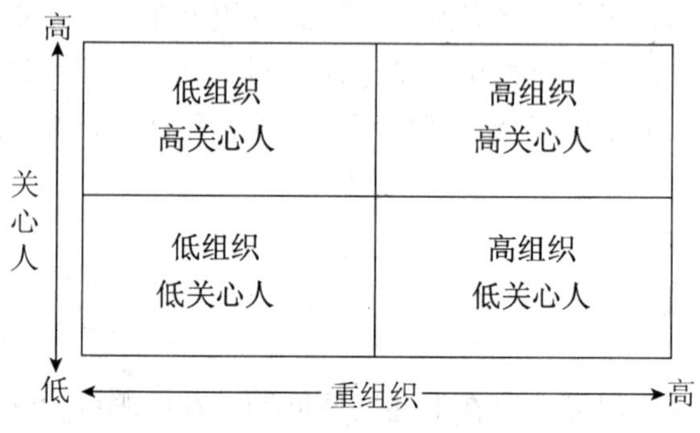

图7－1　领导行为特征描述

领导行为特征描述研究结果表明，“关心人”和“重组织”是两个不同的、相互独立的维度，但这两个维度在实际中并不一定是相互排斥、非此即彼的。有的领导者可以表现得只居其一，如更关心人或者更重组织，也有的领导者可以表现得两个维度上都很高或都很低。也就是说实际的领导行为是两个维度的组合，这可以表达为一种领导行为的四分图或者说有四类领导行为，即低组织低关心人、高组织低关心人、高组织高关心人、低组织高关心人。

大量研究表明，在这四种领导行为中，两个维度上都高的领导者常常比某一个维度低或两个维度都低的另外三种领导者更能使下属取得高工作绩效和高满意度。

（三）管理方格理论

美国得克萨斯大学的布莱克和默顿在俄亥俄州立大学和密执安大学研究的基础上于1964年提出了管理方格理论。

管理方格理论仍然沿用了两个维度：一个是对人的关心，另一个是对生产的关心。但不再像此前的四分图中那样，在每一个维度上只划分性质不同的高与低两种类型并由此形成4种领导类型，而是在每一个维度上分别划分由低至高的9个等级或程度（如图7－2所示）。这些数字不表示具体数量，而是代表9种程度，即从1至9表示从低到高的9种程度。每一个维度上的各个关心程度都分别与另一维度上的各个关心程度两两配合，形成81种不同领导类型。他们二人从中选出 5 种最有代表性的领导类型来说明自己的理论。

在上述 5 种典型领导类型中，9.9 型人际关系协调好，士气旺盛，工作效率高，成员利益与组织目标结合好，因此也被称为最佳类型。

管理方格理论并不是简单地用于将领导划分为不同类型，而是用于评价和训练管理人员的一种理论模型。领导素质理论强调的是领导应该有什么，多用于领导者的选拔；而领导行为理论更多的是强调领导应该怎样做，多用于领导者的培训。也正是因此，领导行为理论比领导素质理论具有更强的应用价值。

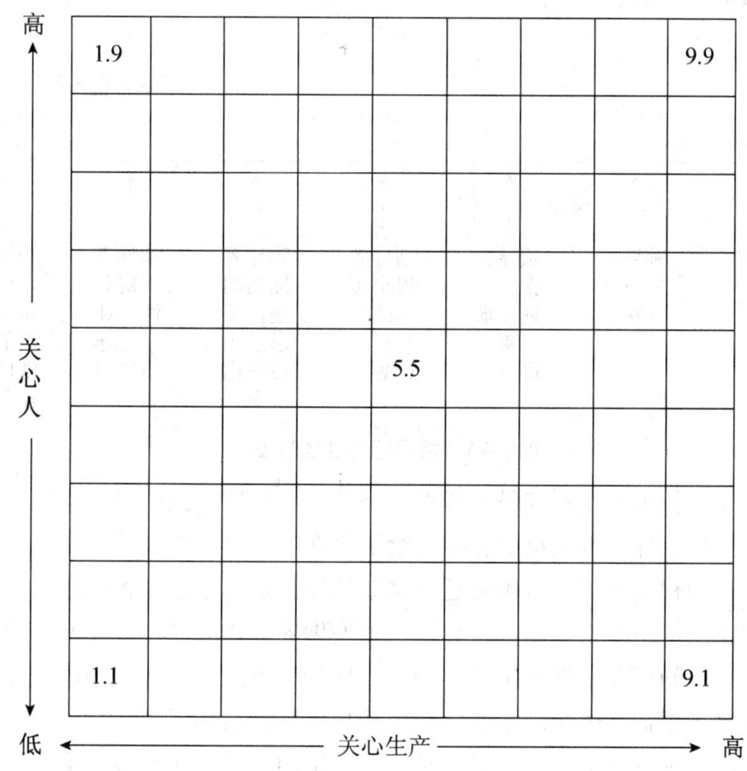

图 7－2　管理方格理论

1.1 型，也称贫乏的管理。对人、对生产的关心程度都维持在最低水平上。

9.1 型，也称权威与服从的管理。高度重视生产，但对人的关心程度很低。

5.5 型，也称组织人管理。在完成必需的生产和对人的适度关心之间维持适当的平衡。

1.9 型，也称乡村俱乐部管理。高度重视人际关系和满足个人需要，但对生产的关心仅维持在最低水平上。

9.9 型，也称协作管理。既高度关心生产，也高度关心人。

（四）领导行为连续带理论

坦南鲍姆和施密特是较早对领导作风理论中倡导的“民主作风”、领导行为四分图理论中倡导的“高组织高关心”之类最佳领导假设发出不同声音的学者。在研究中他们发现，组织中的领导者常常无法确定什么是最佳决策，也不知道究竟应该由自己来直接决策还是授权下属来决策。有鉴于此，他们于 1958 年提出了“领导行为连续带理论”（如图 7－3 所示）。这一理论将领导作风类型理论和领导行为四分图理论结合起来。

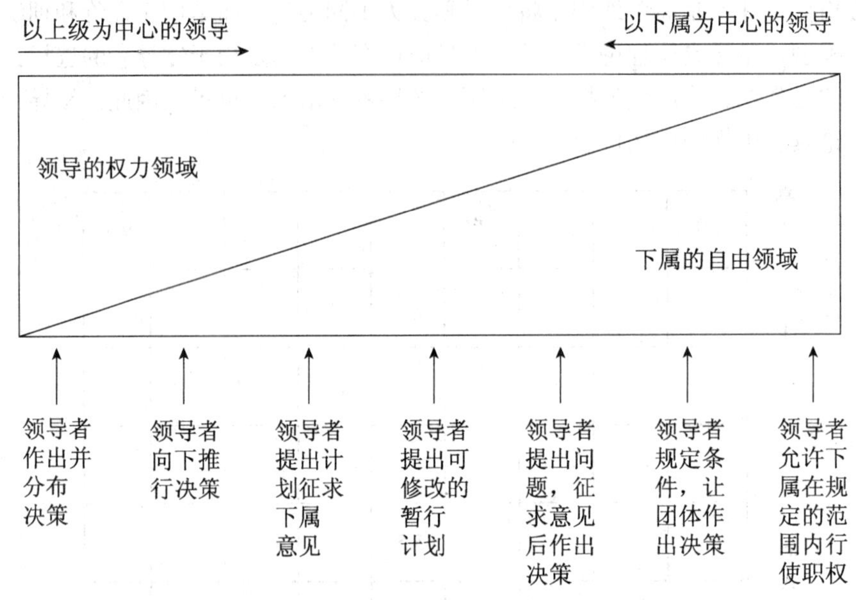

图 7－3　领导行为连续带理论

他们认为，领导行为有专制和民主两种类型。专制型领导强调对工作的领导，并用权力去影响下级。民主型领导注重人员的领导，给下级在工作上以相当的自由。一名领导者在实际工作中运用职权的程度越高，就越接近专制型领导；运用职权的程度越低，就越接近民主型领导。如此就出现了一个由专制型领导到民主型领导的连续带，即在典型的专制型领导和典型的民主型领导之间存在着许多过渡类型的领导行为方式。这些领导行为方式本身无所谓优劣，领导者应善于根据具体情况从连续带中选择一种合适的形式。

领导行为连续带理论认为领导方式不是一种固定的模式，而要根据不同情况采取不同方式，这实际上是将情境理论因素也作为决定领导方式的重要因素，并且已经有了根据实际情况权衡利弊、灵活应变的思想，已经具备了后来所称“权变理论”的雏形，是领导行为研究中一个很大的进步。

三、领导权变理论

随着研究的深入和实践的发展，人们越来越清楚地认识到，要找到一种适合于任何组织、任何性质的工作和任务，任何对象固定的领导特质和领导行为方式，都是不现实的。没有什么一成不变的、普遍适用的“最好的”领导理论和方法。领导行为效果的好坏，不仅取决于领导者本人的素质和能力，而且还取决于诸多客观因素，如被领导者的特点、领导环境等，它们是诸多因素相互作用、相互影响的过程。没有一种“最好”的领导行为，一切要以时间、地点、条件为转移，这便是权变理论的实质。

（一）费德勒模型

20 世纪 60 年代陆续出现了多种权变理论。首先对权变理论作出理论评价的是心理学家费德勒。费德勒于 1962 年提出了“有效领导者的权变模型”，通常也称为“费德勒模型”。这种模型将领导者素质研究和领导行为研究有机结合起来，并将其与情境分类联系起来研究领导绩效。费德勒认为，群体绩效如何，与领导者的风格、特定的情境以及其领导风格和情境之间的匹配关系有关。因此，他提出领导效果的好坏取决于以下三种情境因素：

第一，领导者与被领导者的关系。这是指领导者为被领导者所接受的程度，即信任、忠诚、喜爱和愿意追随的程度以及领导者对下属的吸引力。当领导者与被领导者之间关系融洽，领导者信赖下属，下属也给予支持和保持忠诚时，领导的影响控制程度就高；反之，则给领导者造成很不适宜的环境。

第二，任务的结构。任务的结构是指任务的明确程度和下属对这些任务的负责程度。如果这些任务明确，常规性、例行性程度高，而且下属责任心强，则领导环境就好。

第三，职位权力。这是与领导者职位相关的正式职权以及各方面的支持程度。与领导职位相关的法定权力越大，所控制的奖惩范围越大，则领导者对下属人员控制越强，群体成员遵从指导的程度越高，领导环境越好。

费德勒指出，如果上述三个因素都具备，是最有利的环境；如果都不具备，则是最不利的环境。根据这三个因素，费德勒把领导者所处的环境从最有利到最不利共分为 8 种类型。费德勒对 1 200 个团体进行了抽样调查，得出了以下结论，如表 7－1 所示。

表 7－1　费德勒领导类型与情境变量之间的关系

对领导的有利性	情境类型	领导者与被领导者的关系	任务结构	职位权力	有效领导类型
有　利	1	良　好	有结构	强	任务导向型
	2	良　好	有结构	弱	任务导向型
	3	良　好	无结构	强	任务导向型
中间状态	4	良　好	无结构	弱	人际关系型
	5	不　良	有结构	强	人际关系型
	6	不　良	有结构	弱	无资料
	7	不　良	无结构	强	无资料
不　利	8	不　良	无结构	弱	任务导向型

（二）领导生命周期理论

领导生命周期理论是俄亥俄州立大学心理学家卡曼首先提出来的。卡曼认为，对有效的领导行为，要把工作行为、关系行为和被领导者的成熟程度结合起来考虑，生命周期理论便是反映工作行为、关系行为和成熟程度之间的曲线关系的（如图 7－4 所示）。所谓成熟程度，是指一个职工的技术业务、对工作的理解、自我控制能力等。每个人都有一个从不成熟到逐步成熟的发展过程。在一个企业组织中，职工成熟程度的平均水平同样也有它的发展过程：由不成熟—初步成熟—比较成熟—成熟。与此相适应，领导行为也应该按照高工作低关系—高工作高关系—高关系低工作—低工作低关系的顺序逐渐推进。领导者要根据下属不同年龄、不同的成就感、不同的责任心和不同的能力条件，采取不同的领导行为。

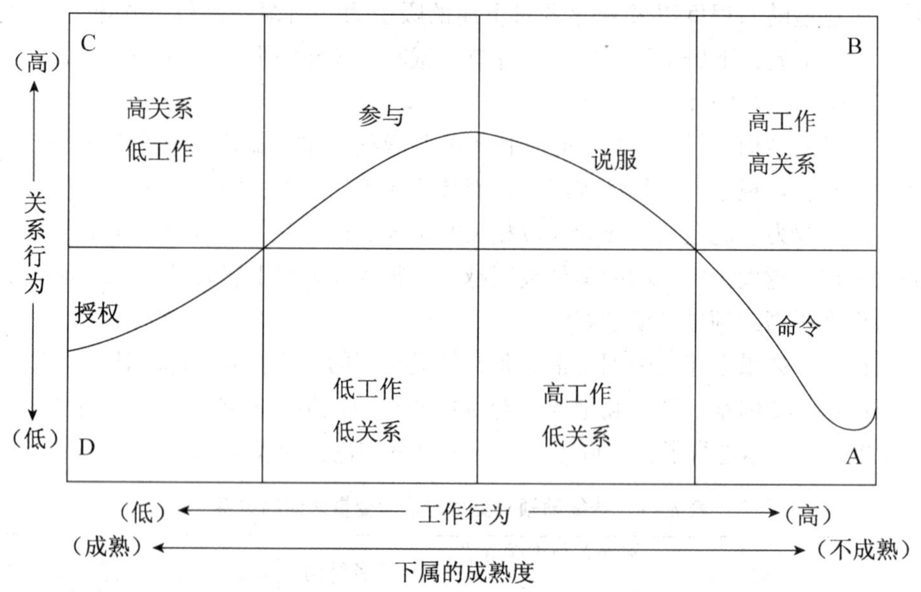

图 7－4　领导生命周期理论

图中曲线表示有效领导行为。曲线表明，当被领导者处于不成熟状态时，采用高工作低关系的命令式最为有效；当被领导者进入初步成熟阶段时，采取高工作高关系的说服式效果较好；当被领导者进入比较成熟的阶段时，领导者的任务行为要减少、放松，而关系行为要加强，即采取参与式效果最好；当被领导者的成熟程度达到相当高的阶段时，领导者采取授权式效果最好，但这种领导方式并不意味着撒手不管、放弃领导，而是以信任、授权的方式来工作。这是因为被领导者已经成熟，不需要领导者过多地给予工作上的指导与干预，他们能充分发挥自己的才能和主动精神去完成工作。

四、领导理论的发展

对领导的研究在近年来又掀起了新一轮的高潮，研究文章与著述不断涌现，这反映了在新的经济环境条件下，领导的作用不断凸显，特别是领导在应对环境变化和领导组织变革中的作用日趋明显，各界需要对领导进行更深入、更专业的认识。

（一）超凡领导理论

超凡领导理论是由豪斯提出的。豪斯认为，具有超凡魅力的领导者拥有极大的影响力，具有强烈的自信心、强大的支配力以及对于信念和道德的坚定性，他往往使下属认为跟随他是正确的。豪斯还指出，具有超凡魅力的领导者能够提出一个富有想象力的、更远大的目标，从而赢得追随者的支持。这样的领导者给人一个成功而又能胜任的形象，他的榜样表达了他所坚持的价值观，使追随者确认能实现他所期望的目标。

越来越多的研究表明，具有超凡领导才能的领导者与下属的高绩效和高满意度之间有着显著的相关性。为具有超凡魅力的领导者工作的员工会因此而受到激励并付出更多的努力，而且因为他们喜爱自己的领导，又表现出很高的满意度。超凡领导理论是比较新的理论，而且，具有超凡魅力的领导对于员工的高绩效、高满意度并不总是奏效，领导者的超常自信有可能会导致许多问题。因此，这一理论还有待完善。

（二）领导交易理论

领导交易理论认为，交易型领导者向下属提出问题，表明他们需要做什么，有什么要求和条件，不注重下属参与决策，着重帮助下属树立信心。只要下属能付出必要的努力，一定能达到组织和个人的目标。交易型领导者通过明确角色和任务要求来指导和激励下属向着既定的目标前进。交易型领导者主要是给下属布置任务，指明途径和方法，采取一些与下属努力相交换的奖励措施，并不着力于发挥下属的积极性和主动性。交易型领导者一般有以下特点：

第一，权变奖励。交易型领导者认为良好的绩效才是奖励的前提，他们也承认下属的成就，但是下属要获得奖励，就要看下属是否努力以及努力的程度如何，他受到的奖励要与他所付出的努力互相交换。

第二，主动管理。交易型领导者把管理的重点放在监督上，他们监督下属的行为。如果发现下属有不符合规范和标准的行为，他们会指导和帮助下属改正。一般情况下，他们对下属的工作和活动不进行干预，只有在下属没有达到目标时他们才插手。

第三，自由放任。交易型领导者容易不负责任和回避决策，他们认为目标、人物、条件和途径都已给予下属，具体实施靠下属的努力实现，只要检查结果达到标准即可。

交易型领导者没有充分发挥领导者的职能，也没有通过领导者的魅力展现来激励被领导者实现目标。

第三节　领导力的提升

分析领导特点，研究领导有效性的各种理论，最终目的是提高行政组织中领导者的领导力。在现代社会中，竞争非常激烈，挑战与机会并存，领导者是否具备比较高的领导力，关系到组织的生存与发展。为了提高领导力，领导者要具备良好的素养，要从多种途径努力，提高自己的素养。

一、领导者要具备良好的素养

领导者要具备较高的领导力，首先必须具备良好的领导素养。从这个意义上说，良好的领导素养是提高领导力的基础。

（一）领导素养的主要内容

通常意义上讲，领导素养主要包括政治素养、道德素养、能力素养、知识素养和心理素养。

1. 政治素养

政治素养是指人作为一个政治角色对政治，特别是对自己所承担的政治义务和所享受的政治权利的理解、把握、反映和见诸行动等情况的总和，是人在政治关系和政治生活中培养出来或必须具备的个体特质，是高度政治化的结果。对于领导者来说，政治素养是第一位的，因为政治素养从根本上决定领导的性质和方向，是领导素养中的核心和灵魂。

2. 道德素养

道德素养是指一定群体或组织乃至整个社会在一定时期调节人与人之间相互关系的价值标准和价值判断、道德规范和道德要求内化为心灵内容后形成的整个精神内涵，是充满价值内容和主观取向的领导精神素养。它主要包括伦理知识、伦理造诣、道德规范内化程度、约束取向、价值维度、慎独程度、情操、气节、风格、境界、作风、勇气、正气、责任感、法纪信守等领导素养因素，反映着领导者对他人以及个人对社会的认识和态度。其内容主要包括以下几个方面：（1）事业心和使命感；（2）进取心；（3）胸怀宽阔；（4）公正；（5）自身廉洁。

3. 能力素养

能力是指人在其心理生理要素的基础上，经过后天的培养、教育和努力，在实践过程中逐步形成的认识世界与改造世界的才能、本领和技能。领导能力是由领导者在社会中特殊的职责所决定的，是指领导者有效地实施领导，完成组织目标所必须具备的知识、才能条件的总和。能力素养是一种横贯于所有领导素养的多方面、多种类的领导素养，是所有领导素养在联系或作用于现实时产生的作用力集合而成的个体特质，是领导者开展工作的必备条件，是提高领导绩效的决定性因素，是领导者素养体系的主体内容。当代领导能力素养主要包括：（1）政治能力；（2）科学决策能力；（3）选才用人能力；（4）计划规划能力；（5）组织协调能力；（6）沟通与人际交往能力；（7）控制与自控能力；（8）应变与解决复杂矛盾的能力；（9）开拓与创新能力；（10）学习能力。

4. 知识素养

知识是与实践密切联系的概念，是人们在改造世界的实践中获得的认识与经验的总和。具体来说，领导的知识素养主要包括：（1）宽广的知识面；（2）熟悉现代管理知识；（3）一般的科学知识；（4）本职专业知识；（5）丰富的社会实践知识。

5. 心理素养

领导者必须具有健康的心理素养，它主要包括：（1）乐观的情绪；（2）坚强的意志；（3）广泛的兴趣；（4）开朗的性格。

（二）领导素养提高的途径

领导素养的提高，特别依赖于领导实践，但又不完全取决于领导实践，也就是说要结合领导实践才能达到提高领导素养的目标。这个过程，既要靠领导者自觉努力，也要靠领导组织和相关机构共同努力，是领导者主观因素和客观条件交互作用的过程。具体来说，提高领导者素养的基本途径有三条：

1. 教育

教育是最普通的领导素养提高途径，领导者的全面发展或者全面提高领导素养都要依靠教育。教育共有六种基本方式：（1）系统、正规的学校教育；（2）有组织的社会教育，也就是权威的社会教化；（3）自由的社会熏陶，即自然发生的教育性影响；（4）有期待的家庭教育；（5）有意识的自我教育；（6）补充性的大众化教育，也就是培训，是在一定教育素养基础上进行的培育能力的训练。对领导者的教育，要充分动用社会各种资源，充分发挥教育者和教育手段的作用，全面、立体地提高领导素养。

2. 实践锻炼

领导者亲身参加社会实践，是素养培养和提高的最关键环节。领导活动不是抽象的理论研究，而是实实在在地解决具体问题，这种解决具体问题的能力只有在领导活动的实践中才能得到锻炼和提高。古人云："纸上得来终觉浅，绝知此事要躬行。"毛泽东也曾指出："读书是学习，使用也是学习，而且是更重要的学习。从战争学习战争——这是我们的主要方法。"这都是在强调亲身参加实践的重要性。领导者参加实践活动的途径多种多样：深入基层调查研究，以提高观察分析能力；承担各种不同的任务，如主持会议、组织起草和修改文件、解决下属纠纷等，以提高判断能力、分析问题和解决问题能力，口头或文字表达能力等；实施日常管理工作，进行决策、组织、指挥等管理活动，以提高综合管理和灵活应变能力等。

3. 修持

修持是公认的各种德才标准内化、德才水平提高的修炼过程，是在自我要求、自我推动、高度自律的状态下进行的品格锻炼、精神锤炼和才干提高的综合性过程。这是一种内向和内省的方法，完全依靠人的自觉性，依靠原来就具有的一定程度的领导素养，而后才有可能提高。在这里，特别需要指出的就是，领导者应具有一种勇于批评和自我批评的精神。领导者只有将自己置于公众和舆论的监督之下，善于了解和接受来自外界的批评和意见，善于自我批评，努力自省、自讼，做到有则改之，无则加勉，才能不断认识自己，克服自身的缺陷，发扬自身优点，提高自身素养。

二、领导者要掌握高超的领导艺术

领导艺术更强调个性化和灵活性，领导艺术是科学理论与领导实践相结合的产物。它是领导者解决问题、处理问题的熟练程度、工作水平和创造能力的反映。所谓领导艺术，是指领导者在领导活动过程中，自觉地运用领导学理论和管理学理论，熟练有效地完成领导任务的技巧、方法和手段的总和。领导艺术是以领导者的素质为基础的，是领导者品德、智力、能力、性格和经验等因素的综合反映。在领导工作中，领导者要想具备高超的领导艺术，一是要了解领导艺术的特点，二是要掌握领导艺术的主要内容。

（一）领导艺术的特点

领导艺术是非规范性和非模式化的技巧，领导者在实际工作中要运用好这一技巧，必须了解领导艺术的如下特性：（1）随机性。领导艺术是非规范性和非模式化的，它表现在领导活动和领导过程中，这就决定了它在领导活动中的运用，必然是因人、因事、因时、因地而异的。这就要求领导者在处理问题时，必须根据不同的具体情况，迅速地作出判断，采取灵活多变的手段和技巧去解决问题，随机应变，以提高领导效能。（2）创造性。领导艺术能够体现领导者生机勃勃的创造力，尤其是在一些特殊的事件中，领导者是否敢于打破常规，突破思维定式，成功地使问题得到圆满解决，这最能体现领导者特有的风格、新颖的构思和与众不同的创造力。（3）多样性。领导艺术是领导者品德、智力、能力、性格、经验等因素的综合反映，因此，这就决定了领导者在运用领导艺术解决问题时，必然呈现出多样性。它表现为：不同的领导者在处理相同事件中，可能会采取不同的领导艺术和方法；同一种领导艺术由不同的领导者运用，可能会产生不同的领导效果；同一领导者采用不同的领导艺术也会产生不同的领导效果。（4）科学性。尽管领导艺术具有以上三种特点，但这并不意味着领导艺术的运用可以随心所欲、毫无规律。领导艺术是科学理论与领导实践相结合的产物，因此它必然是符合和反映事物发展的客观规律，具有一定科学性的领导艺术。

（二）领导艺术的主要内容

领导艺术的内容是非常丰富的，特别是它包含了非规范化、非量化的一些巧妙技巧，因此要概括领导艺术的全面内容是比较困难的，这里仅列举一些常见的领导艺术，这些对提高领导者的领导艺术水平能够起到一些借鉴作用。

1. “弹钢琴”艺术

关于“弹钢琴”艺术，毛泽东曾经作过通俗的解释：“弹钢琴要十个指头都动作，不能有的动，有的不动。但是，十个指头都同时按下去，那也不成调子。要产生好的音乐，十个指头的动作要有节奏，要互相配合。”[①] 首先，“弹钢琴”艺术要求领导者善于处理好中心工作与其他工作的关系，既要抓住主要矛盾，全力解决主要矛盾，又要兼顾其他方面的工作，防治工作中的片面性和绝对化。其次，“弹钢琴”艺术要求领导者注意组织内部各要素之间的有机联系，善于做好协调平衡工作，使各要素之间形成相互联系、相互配合的良好格局。领导者运用好“弹钢琴”艺术，就能正确地处理好全局与局部、主要矛盾和次要矛盾的关系，做到突出重点，兼顾一般，从而使工作井然有序、忙而不乱地顺利进行。

2. 擅长用人艺术

“知人善任”是领导者的主要职责之一，要履行好这一职责，就必须掌握知人善任的领导艺术。从某种意义上说，用人成功与否是领导活动成败的关键。因此，领导者在用人过程中应坚持以下用人原则：

第一，扬长避短原则。一方面“金无足赤，人无完人”，看准人的长处加以利用，是合理用人的真谛所在。唐太宗《帝范・审官》中的一段话，“智者取其谋，愚者取其力，勇者取其威，怯者取其慎”，便生动地说明了这一道理。另一方面，避人之短不是说不看或看不到人的短处，而是说在用人时不要老盯着人的短处，要想方设法在限制其短处起作用的同时尽量弥补其短处，从而促使其长处得到正确而充分的发挥。

第二，量才任职，职能相称原则。做到这一点的前提是首先对各种职位的具体要求、任务和职责等，有一个明确、详细的规定，为量才任职设立一个客观的标准和依据。其次正确鉴别人才的类型、特点、层次，并按能力的大小分别安排相应的职位，如发现职能不对应者，应果断调整，该升的升，该降的降。最后要做到职、责、权三位一体，互相统一，使人才在其位，有其权，负其责，尽其能。

第三，诚信不疑原则。既然根据人才的特点把其放到了合适的位置上，就应该对其给予充分的信任，让其大胆地开展工作，创造业绩。心理学研究证明，每个人都有自尊心，当他的自尊心受到尊重时，他的才智将能够得到充分的发挥。尊重和信任是使用人的前提，如果领导者既要使用一个人，而又不充分信任他，就会使下级在工作中缩手缩脚，并导致下级产生离心倾向。同时，信任下级也是领导者自信的表现。

第四，明责授权原则。明责授权就是明确责任，并根据其所担负的责任授予其相应的权力，从而使每一个层次的人员都能有其职、尽其责、使其智、成其事。首先，领导者在授权时应考虑单位或组织的规模，授权范围应视领导者能够弄清问题并作出正确决策的范围而

---

① 毛泽东选集：第4卷.2版.北京：人民出版社，1991：1442.

定。其次，要看单位或组织业务活动的性质，专业性越强越应授予更大的权力。

第五，用养并重原则。即领导者不仅要用才，更要爱才、护才、养才，以避免人才的浪费与搁置。这就需要建立一套完整、配套的人才保护培养制度，这一制度应主要包括鉴别系统、监督系统、服务系统、使用系统、培训系统和保障系统，以解决人才的后顾之忧，为其不断成长与成熟创造条件。同时，在用才、养才的过程中，要注重对潜在人才的培养与开发，使人才辈出而不会后继乏人。

3. 运用时间艺术

在现代社会中时间的价值越来越被人们所认识，“时间就是金钱，效率就是生命”已经成为人们的共识。领导者所肩负的任务是繁重的，有的甚至可以说是日理万机。时间对于领导者来说已经不仅仅是个人的问题，往往直接影响到事业的成败。所谓“机不可失，时不再来”就是这个道理。在日常生活中我们不难发现，有些领导者整日忙忙碌碌，却收效甚微，政绩平平。其重要原因之一可能就是不懂得合理地运用时间，缺乏良好的运用时间的艺术。因此，如何正确地运用好时间，以最少的时间获得最大的效益，也就成为领导者必须掌握的技巧。

第一，领导者要科学地安排好时间。在时间安排上，要根据工作任务和近期目标，按照事情的轻重缓急科学地制订时间计划，合理地安排时间。美国管理学家艾伦·莱金提出了一项时间的计划方法。即领导者应该把每天需要处理的事务全部列出来，然后按照轻重缓急分为A、B、C三类。A类最为重要、最紧急，是必须立即办理的事情；B类次之；C类再次之。这样分类，领导者既能把主要精力放在A类事务的处理上，又不会遗漏B类和C类的事务。

第二，要善于节约时间。在时间的控制上，要尽可能地防止时间的浪费。这就要求领导者在处理领导事务时，应该考虑三个能不能的问题：（1）能不能取消它？（2）能不能与其他工作合并？（3）能不能采用更简单的方法代替它？要做到的不应该办的坚决不办，能合并的及时合并，能简便的尽量简便。美国的《今日世界》杂志曾经列举了领导者节约时间的十条秘诀：一是处理公务时一定要从重要的事情做起，程序不能颠倒；二是用大部分时间去处理最难办的事情；三是把一部分工作交给秘书去做；四是少写信，若能用电话解决的就用电话，一定要写的就尽量写便条；五是减少会议；六是拟好安排工作的时间表；七是分析自己利用时间的情况；八是减少不必要的报告文件；九是把传阅文件减少到最低限度；十是尽量利用空隙时间看文件。在现代社会，领导者任何随便浪费时间的行为都是不可原谅的。

三、21世纪做好领导的准则

21世纪是个非常时期，非常的时期需要非常的领导素质和高超的领导艺术。领导学的研究者们都非常关注这个问题，对领导者提出了各种各样的要求和建议，形成了一些具有共性的准则。作为行政组织领导者，认真尝试去遵守这些准则，会对工作有一定的帮助。

第一，胸有全球化战略。全球化已经成为一个不可逆转的趋势。21 世纪领导工作面临的挑战主要是高新技术的快速发展，它将促进全人类走向全球化和多极世界。在全球化进程中，各国之间的联系空前紧密，相互之间的依存度也日益增加。这就要求领导者既要懂科学，又要有远见，善于抓战略和善于学习。而要做到这些，必须胸有全球化战略。

第二，在工作中善于保持平衡。这里的“平衡”，主旨是不仅要具有应付变化、适应变化的平衡艺术，而且更要有求变防变的意识，且具备在千变万化中求得平衡的艺术，以便使组织按照正确的方向前进。

第三，建立学习型组织。在现代社会，衡量成功组织的尺度是创新能力，而组织创新能力来源于不断的学习。建立学习型组织，既是时代的需要，也是组织领导能使自身的领导艺术得以发挥的根本保证。因为通过组织学习，可以使组织成员提高素质，并在此基础上促使其认识到自己在组织中是富有挑战性价值的一名主人翁成员，而作为主人翁就不会处处被动地依赖组织，被动地听从领导的指挥，而是从主观意识上配合领导，主动为维护团体的利益去遵守共同的权威规则，从而促使组织目标的实现。

第四，以人为本，善待下属。这是一条非常重要的准则，也是搞好上下级关系的根本原则。要做到这一点，领导者要注意以下几个方面的问题：（1）真正关心员工，理解并尽量满足他们的合理需求；（2）尊重员工，给他们在工作中实现自我价值的机会；（3）善于分权、授权，相信员工的能力；（4）奖惩要及时，真正实现奖优罚劣；（5）一视同仁，不要对员工存有不必要的人为主观偏见；（6）善于倾听下属的呼声，并做到及时反馈；（7）敢于为下属承担工作责任，使下属敢于发挥自己的聪明才智，施展潜能；（8）善于沟通，作风民主。

小　结

从组织行为角度来探讨领导、领导力是很重要的，通过这种研究以提高领导工作的适应性、科学性和有效性，最大限度地调动组织成员的积极性。行政组织领导，是行政组织中的领导者依法运用国家公共权力，通过决策、指挥、组织、协调、监督、控制等方式，引导和影响所属成员达成公共目标的活动过程。领导职能就是领导的职责范围与作用方式，各级各类的领导都有其职责范围。一个组织的存在，在某种意义上说依赖于其权力的存在，而权力掌握在一定的领导者手中，那么领导者的权力如何而来，它的基础是什么，这是研究组织领导必须面对的一个问题。历来关于领导的研究可以说是不可胜数，这些研究大体可以分为领导心理方面的研究和领导行为方面的研究，这两方面的研究也就构成了若干种领导有效性理论。分析领导特点，研究领导有效性的各种理论，最终目的是提高行政组织中领导者的领导力。在现代社会中，竞争非常激烈，挑战与机会并存，领导者是否具备比较高的领导力，关系到组织的生存与发展。为了提高领导力，领导者首先要具备较高的领导素养，其次要掌握高超的领导艺术，最后要掌握 21 世纪领导者做好领导工作需遵循的几条准则。

思考与练习

一、单项选择题（每题只有一个正确答案）

1. ________是领导者的最基本职责。

A. 执行　　B. 管理

C. 决策　　D. 协调

2. 从某种意义上讲权力是一种________。

A. 决断力　　B. 凝聚力

C. 执行力　　D. 影响力

3. 领导影响力的一个重要基础是领导者个人的品德修养和________。

A. 人格魅力　　B. 个人形象

C. 个人履历　　D. 个性特征

4. 领导心理方面的研究主要体现为________的研究。

A. 领导行为理论　　B. 领导素质理论

C. 权变理论　　D. 交易理论

5. 管理方格理论有代表性的领导类型有________。

A. 5 种　　B. 4 种

C. 3 种　　D. 6 种

二、多项选择题（每题有两个或两个以上正确答案）

1. 行政组织领导的特点是________。

A. 时代性　　B. 权威性

C. 综合性　　D. 执行性

2. 美国学者西蒙认为构成权力的基础有________。

A. 信仰的权威　　B. 认同的权威

C. 制裁的权威　　D. 合法的权威

3. 权力性影响力主要源于________。

A. 法律　　B. 品格

C. 职位　　D. 情感

4. 非权力性影响力主要源于________。

A. 才能因素　　B. 品格因素

C. 情感因素　　D. 武力因素

5. 勒温将领导者的作风分为三种类型：________。

A. 专制　　B. 民主

C. 放任　　D. 独裁

6. 费德勒提出的情境因素有________。

A. 关系结构　　B. 领导者与被领导者的关系

C. 任务的结构　　D. 职位权力

三、名词解释

1. 领导　2. 行政组织领导　3. 领导影响力　4. 权力性影响力　5. 非权力性影响力

四、简答题

1. 简述行政组织领导的特点。
2. 简述行政组织领导的基本职能。
3. 领导影响力的作用具体表现在哪些方面?
4. 简述领导素质理论的主要内容。
5. 简述领导方格理论的主要内容。
6. 简述领导生命周期理论的主要内容。
7. 简述领导者心理素养的主要内容。
8. 简述领导艺术的特点。
9. 领导者在用人过程中应坚持的原则主要有哪些?

五、论述题

1. 试分析领导素养的主要内容。
2. 结合实际论述如何提高领导者的素养。
3. 论述领导艺术的主要内容。
4. 论述 21 世纪做好领导的准则。

第八章　行政组织中的决策

教学目的与要求

了解组织决策基本理论的主要内容；
理解组织决策的基本内容；
掌握组织决策改善的主要内容。

决策活动是人类改造自然和社会的实践活动的重要组成部分，在行政组织运转过程中，很多问题的解决都离不开决策。在现代社会，随着政治现代化过程中公民参与的增多，民主、宽容精神的弘扬，管理科学的不断演进，行政组织决策理论研究逐渐发展起来，在组织管理中决策的地位也日显重要。

第一节　行政组织决策概述

一般来说，行政组织管理活动蕴含着组织领导、沟通、协调、控制、决策、人事任免等多种功能。在所有这些功能中，行政组织决策是最重要的、具有主导性的一项功能。从一定意义上说，行政组织决策是行政组织活动的先导，一切行政管理过程和行政行为都离不开行政组织决策。行政组织决策正确与否，直接关系到行政管理目标能否实现；行政组织决策水平如何，会影响到行政管理活动是否有生机和活力。

一、行政组织决策的特征和类型

（一）行政组织决策的特征

行政组织决策是指行政组织系统为履行行政管理职能，就面临所要解决的行政问题而制定和选择活动方案，作出各种决定的过程。行政组织决策是管理决策的一种，它除了具有一般决策所共有的特点外，还有其自身的一些明显的特征，这些特征主要有：

第一，行政组织决策主体的特殊性。行政组织决策的主体是具有行使国家行政权力的行政组织。也就是说，只有法律授权的行政组织才有权进行行政组织决策，而其他组织作出的决策，都不属于行政组织决策范畴，如企业决策、社会团体决策等。

第二，行政组织决策内容的特殊性。行政组织决策的内容及对象是国家或社会的行政事务，它是以行政组织的名义，代表行政组织和公民，从全局立场和观点出发，来处理涉及社会公共生活各领域的行政事务，其决策目的不是为了营利或谋取私利，而是为了谋求社会的公共利益；而企业的决策目的，是从企业的利益出发，谋取企业最大的经济利益；而个人决策的目的完全是为了个人自己的利益；行政组织决策的目的是为了社会的共同利益。

第三，行政组织决策依据的特殊性。行政组织决策与其他决策的一个重要区别还在于行政组织决策的制定及其实施都必须以国家的有关法律法规为依据。在我国，各级行政组织在进行行政决策的过程中，必须根据法定的决策权限和决策范围来制定和实施决策，必须考虑本机关、本部门的法律地位和资格，既不能越权决策，更不能违法决策。依法决策的目的，一是为了保证各级行政组织独立行使行政决策的权力，保证行政决策的法律效力和权威性；二是为了防止公共权力和决策权的滥用。

第四，行政组织决策作用方式的特殊性。行政组织决策是以公共权力为后盾，通过行政的方式作用于社会，作用于公民。行政组织决策对社会具有强制力的作用。既定的行政组织决策，不仅对行政组织内部成员，而且对各级行政组织管辖范围内的一切有关的企业、事业等社会团体，都具有约束力，任何组织、任何个人都必须按照行政组织决策规定的要求来行事。

第五，行政组织决策后果的特殊性。行政组织决策的后果及影响一般比较重大，它会影响到社会的共同利益和公民的直接利益。如人口政策、物价政策、税收政策等，几乎与我们每个人的生活息息相关，几乎牵涉与影响到每一个家庭和社会其他组织。

（二）行政组织决策的类型

社会问题是复杂多样的，行政组织决策的过程也是错综复杂的，因而行政组织决策的模式和种类也是多种多样的。一般而言，常见的行政组织决策的类型主要有以下几种：

1. 经验决策和科学决策

根据决策主体决策方式的不同，可分为经验决策和科学决策。

经验决策是指决策主体根据经验所作出的决策。即决策者在决策过程中，对决策对象的认识、对决策目标的断定都是凭借主观经验和逻辑思维能力来进行判定的。这种决策的优点在于，决策过程比较简单、迅速，往往能够做到当机立断；但它的缺点也是非常明显的，由于决策信息不够充分，没有进行科学的分析与论证，所以如果经验不足，就会导致决策的失误。当然，在某些特定的环境或条件下，经验决策是可以采用的，我们不能完全否认其作用，丰富的经验对决策是有一定的参考价值的。

科学决策就是指决策者依据一定的科学方法或技术而进行的决策。即决策者在决策的过程中对决策对象的认识、对决策特点及规律的研究、对决策目标的选择、对决策方案的确定等，都是建立在科学论证的基础上。科学决策的方法，有助于降低决策失误率，保证决策的正确性，适应现代社会发展的需要和要求。采用科学决策的模式，需要有信息、体制、人员素质、技术设备等方面的条件支持，否则就不可能做到真正的科学决策。

2. 战略决策和战术决策

根据决策目标所涉及的规模和影响程度的不同，可分为战略决策和战术决策。

战略决策是指那些具有全局性的和方向性的重大决策。这种决策一般说来其影响比较深远，涉及的范围比较广泛，具有方向性、原则性和宏观性。这种决策一般由高层组织作出。如确定国家经济建设中的战略重点、宏观的经济政策、财政金融政策、税收政策、社会发展长远规划等。战略决策处理的问题比较重大、复杂，对社会发展影响较大。

战术决策是指那些局部性的、短期的和比较具体的决策。战术决策是战略决策的延续和具体化，它主要服务于战略目标的实现。如为贯彻战略发展方针中的某项工作而进行的一些具体安排等。战术决策处理的问题一般比较简单、具体，大都采取定量分析的技术方式来处理，它是由基层行政组织结合本地的实际情况来制定的。

3. 程序性决策和非程序性决策

根据决策内容的具体情况，可分为程序性决策和非程序性决策。

程序性决策是指那些常见的、定型的和重复性的决策。这种决策的内容较为确定，有一定的常规可循，一般属于日常的工作范围，因而也称例行性决策。

非程序性决策是指新出现的、非常见的和无常规可循的决策。这种决策往往具有开创性和革新性。非程序性决策在决策中虽然所占的比例较少，但从其重要性来看，这种决策往往决定着行政组织的战略方向，对行政组织的成败影响非常大。

4. 确定型决策、风险型决策和不确定型决策

根据决策所具有的条件的可靠程度的不同，可分为确定型决策、风险型决策和不确定型决策。

确定型决策是指决策的环境、条件确定，决策的后果也可以确定的一种决策。这种决策由于各种因素和条件都比较明确，每一种决策方案的结果也比较清楚，所以只要比较各个方案的优劣就可以了。

风险型决策是指决策的环境、条件可以确定，但不能完全控制，每一环境和条件下决策的后果虽然可以预测，有一定的把握，但仍需要冒一定的风险。

不确定型决策是指决策的环境、条件等因素都不能确定，决策后果也无法预测和确定的决策。这就如同赌博一样，不仅需要冒一定的风险，而且还要靠决策者的运气。不确定型决策的难度大、风险也大，不确定的因素非常复杂，既有人为的因素，也有自然的因素等，但这种决策所带来的效果也往往是出人意料的。

二、行政组织决策的程序与方法

（一）行政组织决策的程序

行政组织决策的程序是指行政组织在决策过程中所必须经过和遵循的工作次序和工作步骤。按照科学的决策程序进行决策，能够帮助行政组织认识和掌握决策过程中的客观规律，提高决策的正确性和有效性。行政组织决策的基本程序为：

1. 发现问题，确定目标

发现问题是行政组织进行决策的起点，任何决策都是从发现问题开始的。在行政组织决策时，只有发现问题，才能据此寻找解决问题的办法和途径，最终解决问题。所谓问题，就是现有现象和应有现象之间的差距。问题是进行改革的先导，是决策的前提。因此，要改善行政组织管理的现状，就要善于发现问题、寻找问题，认清问题的实质，弄清产生问题的主要原因和次要原因，直接原因和间接原因，以及各种原因之间的相互关系，只有这样，才能为解决问题奠定基础，为行政组织科学决策提供客观依据。

发现问题是第一步，发现问题后，就要确定解决问题所应达到的结果和目的，这些结果和目的就是决策的目标。一般来说，正确的目标应该具备以下三个基本条件：（1）定量化。即目标尽可能做到量化，可以计算出其最终的成果。（2）有一定的时间限制。即要限定目标实现的时间。明确的时间限定，是检查和监督目标是否按期完成的一个依据。（3）要明确责任。即要明确负责或承担这一任务实现的人或机构的责任，以便于监督其能尽职尽责地完成任务，实现目标。

2. 调查研究，拟订方案

目标确定后，就要为实现目标寻找和设计出最佳的途径和办法。这便进入了行政组织决策的第二个阶段。在这个阶段，主要是做好两个方面的工作：一是要进行周密的调查研究。即围绕问题和目标搜集资料，对有利条件和不利条件，现实状况和未来变化等各种因素进行全面、细致的调查，彻底弄清楚各因素之间的相互关系，通过对各种资料的分析、筛选、归纳、综合及整理，为决策方案的拟订提供最完整、最准确、最具体的资料信息和依据。二是在调查研究的基础上，拟订若干个备选方案。拟订方案是一项十分重要并且十分复杂的工作过程，拟订方案时应注意以下几个问题：（1）方案本身要有可行性。也就是拟订的决策方案要符合客观的人力、物力和财力的要求，不能超越客观实际情况，凭人的主观臆想解决问题。（2）方案要有多样性。即在初步拟订决策方案的过程中，要多拟订几份方案，至少要拟订两个以上的方案，使方案的最后选择能够留有余地。（3）方案要有完备性。即在决策方案的制订中，既要有总体方案，也要有某一方面或某一阶段的具体方案；既要有战略方案，也要有战术方案，这样就可以在具体实施过程中堵塞各种漏洞，确保方案的完整性。（4）方案要有突破性。即拟订的方案要能够抓住问题的实质，抓住问题的关键，也就是要能够抓住主要矛盾，主要矛盾解决了，其他的问题就可以迎刃而解。（5）方案要尽可能定量化。即拟订的方案要有全面、具体的数据，要有明确的数据分析。定量化的东西有助于决策层和决策者对各种方案进行比较分析和选择。总之，在拟订方案的过程中，要解放思想，集思广益，敢于标新立异，虚心听取各方面不同的意见和建议。这样，就能够为制订出一个正确、科学的决策方案打好基础。

3. 分析评估，方案选优

各种备选方案拟订好以后，就进入了决策的第三个阶段，这一阶段的工作就是对每一个备选方案进行全面的综合分析，权衡比较，然后从中选出一个比较满意的方案；或者在吸取各个方案长处的基础上，综合出一个新方案。总之，最后选择出来的决策方案应该是能够用最短时间、最小代价、最好的效果实现决策目标的那一个决策方案。

如何进行决策方案的选择，一般来说，在决策方案的选择和优化过程中，应该坚持这样几条原则：（1）方案的选择要以目标为准绳。即方案的分析评估与选择都要建立在实现“满意目标”的基础上，而那些远离目标的方案或不利于实现目标的方案，应该排除在外。（2）方案的选择要坚持整体利益的原则。在方案选择时，要局部利益服从全局利益。衡量方案的优劣，要从整体利益和长远利益出发，分析其利弊得失。（3）方案的选择要符合客观实际情况。在方案选择中，要一切从实际出发，因地制宜、因时制宜，符合人力、物力、财力的要求，充分考虑各方面的承受能力。（4）方案的选择要坚持民主集中制的原则。行政组织的决策权掌握在行政部门及其领导者的手中，因此在决策过程中主观意志起一定的作用。但是，在现今异常多变、竞争激烈的信息社会，单凭领导者主观意志很难保证决策的准确无误。因此，在决策方案的选择上，要广泛地吸取专家和群众的意见和建议，以保证决策方案的优化和正确。

选择方案是决策过程中最为关键的一步，在方案选择中，要采取科学的方法。常用的方法主要有以下几种：（1）筛选法。即根据一定的标准，一次次地筛选、淘汰，最后选择出一个比较满意的方案。（2）分类法。即将全部的备选方案，按性能分成几大类，一类一类地进行对比，比较其优劣，从中选出最好的决策方案。（3）排队法。即将所有的备选方案，按照一定的标准进行评分，以得分的多少进行选择和评优。

4. 局部试点，完善决策

方案确定以后，就进入了决策的最后一个阶段。但是，最后择定的方案，不能马上大规模地付诸实施，还必须对其进行局部试点，以验证和检验其实施的可靠性。如果发现问题，就可以及时加以修改和完善。特别是一些重大的行政决策方案，由于其影响大，所以必须经过一段时间的试点后，才可以全面推行和实施。

（二）行政组织决策的方法

行政组织的决策依据是客观的资料和信息，而资料和信息的获得途径，一是靠调查研究，二是要科学预测。所以，行政组织决策的方法为：

1. 调查研究的方法

调查研究是行政组织决策科学化的基础。毛泽东曾经指出：没有调查，就没有发言权。因此，充分的调查研究是进行科学决策的一个前提条件。常用的调查研究方法主要有以下几种：（1）系统化调查。即在调查的过程中全面了解决策问题的各个方面、各个要素，以及各要素之间的相互关系，详细地了解和掌握有关数据资料，在对各个要素和各种统计资料整理和分析的基础上，分析每一事物在整个决策过程中的地位和作用，以此作为决策的依据和参考。（2）定量化调查。就是对事物的数量关系的分析，用数学关系的模式把所调查的问题及问题的各个方面、各个要素在空间、时间等方面的变化程度、变化的趋势、未来的结果等表示出来，使决策者能够把握事物的数量关系，从而掌握决策的可靠的依据。（3）程序化调查。就是把调查研究分为几个有机的组成部分或相互关联的几个步骤，并根据决策所需的资料和信息特征，有步骤地进行调查，为决策提供有价值的数据和资料。除此之外，还有普遍调查、抽样调查、民意测验等，但无论采取什么样的方法，都必须深入实际，详细了解情况，占有大量的第一手资料；要具体问题具体分析，把亲自调查和听取汇报结合起来；在调查过程中还要讲求调查研究的方法和艺术。

2. 科学预测的方法

预测就是在研究分析事物过去和现状的基础上，找出其内在规律，然后根据其发展趋向，推测事物未来发展状况的方法。科学预测是科学决策的基础和依据，科学预测有助于增强行政组织决策的准确性和自觉性。常见的预测方法主要有：（1）经验推断预测法。所谓经验推断预测法是指行政组织依靠经验和逻辑推理的方法进行预测，如专家会议法、特尔菲法、主观概率法等。其中最著名的就是特尔菲法，它是专家预测法的一种发展，就是用匿名的方式通过几个轮回的函询，征求专家的意见，反复进行几次，使结论的可能性越来越大的一种预测方法。这种方法具有以下特点：一是匿名性。通过匿名的方式征求意见，就可以消除人们一些心理因素的影响，并可以参考前一轮预测结果，修改自己的意见，这样做可以消除人们的损害自尊和自身威望的顾虑。二是反复反馈和沟通情况。在匿名情况下，预测领导小组对每一轮意见都要进行统计，做出反馈材料，给每一个专家提供下一轮的预测参考，这样就可以达到相互启发的目的。三是预测结果的统计性。对预测结果进行统计，作出定量分析，最后得出一个可能性最大的结论。（2）头脑风暴法。就是邀请一定数量的专家开会，进行积极的、有创造性的思维活动。要求与会者对一定范围内的问题，敞开思想，畅所欲言，主持人要保持清醒的头脑，讲话要有启发性。使用头脑风暴法，需要注意这样几个问题：一是限制会议的内容，就某一两个问题进行讨论，如果问题太多、太杂，讨论效果就不会太好，甚至跑题；二是鼓励与会人员独立思考，畅所欲言，各抒己见；三是不能反驳别人的意见，不要相互批评，不能下结论；四是可以补充和发展别人的意见，也可以修改自己的意见。（3）数学模型法。即用数学分析的方法，推测事物未来的发展趋势。行政组织决策中的一些问题存在着数量关系，可以用数学分析的方法，进行定量化的决策，以求出最佳方案。如人口政策，要不要计划生育，这可以根据人口总数量和人口出生率推算出来，推算的结果，就可以作为政府制定人口政策的重要依据。（4）模拟试验法。行政组织决策中的许多问题是相当复杂的，尤其是定性分析式的决策，如农村改革、城市经济体制改革等，都缺乏先例，没有经验可以借鉴，不能用相似的原理进行决策，这样就要采取试验、试点的方法，先进行局部的试验，边试验边总结，边总结边完善，以避免决策失误所带来的不必要的损失和浪费，直到最后确定出一个最优的决策方案。

三、现代行政组织决策体制

行政组织决策体制就是指进行行政组织决策的体系，它是用制度形式固定了的承担行政组织决策任务的机构、人员设置、职权划分和运行关系的模式。现代行政组织决策体制是行政组织决策职能实现的组织和制度保证，完善的行政组织决策体制有助于领导者集中精力考虑全局问题，克服官僚主义；有助于形成功能齐全、运转灵便、富有实效的决策群体结构，发挥集体的智慧和作用；有助于采取现代化的决策方法和手段进行决策；有助于保证人民群众参政议政的民主权利。

行政组织决策体制，是一个功能齐全的组织体系，它是以决策的中枢系统为核心，以参谋咨询系统和情报信息系统为辅助的相互配合、相互衔接、彼此协调的决策体制。

（一）行政组织决策的中枢系统

中枢系统也称为行政组织决策中心或政府首脑机关，它是由各级行政组织领导者构成，在各级行政组织中拥有最高行政决策权，并在组织决策中起核心作用和主体作用的组织系统。它在行政组织决策体制中处于统帅和支配地位。决策中枢系统的主要任务是：（1）确定决策问题和决策的目标体系。行政组织决策是以社会的行政事务为其决策对象的，涉及社会行政利益和每一个公民的利益。因此，必须充分了解客观实际情况，并在调查研究的基础上确定所要解决的问题及其目标。（2）选定“满意”的决策方案。决策目标确定以后，中枢系统就要组织各方力量来拟订决策方案。在拟订决策方案过程中，中枢系统要放手发动群众，让各方面的人士献计献策，并充分发挥咨询机构和专家学者的意见和建议。在充分分析、研究论证的基础上，选出一个比较满意的决策方案。（3）指挥局部试点，反馈完善决策。中枢系统最后确定的方案，还要在实施中加以论证，并根据实施中反馈的情况，对决策方案进行修正和完善。尤其是一些战略性的决策，一定要经过局部的试点或模拟，才可进入全面的实施，以避免因考虑不周全或某些地方有漏洞而造成决策的失误。所以，指导试点，追踪决策，修正和完善决策也是中枢系统的一项必要任务。

（二）参谋咨询系统

参谋咨询系统是由多学科的专家、学者组成的，采用官方或者非官方的形式专门从事智力开发，协助中枢系统进行决策的辅助性组织，如美国的兰德咨询公司、英国的伦敦战略研究中心、我国的国务院政策研究中心以及各类专业研究机构（如国家经济研究中心、中国科学院的科技情报研究所等）和专家顾问委员会等。

参谋咨询系统的主要任务是：（1）协助决策者发现问题，分析问题。决策离不开预测，咨询系统通过调查研究以及对事物未来发展趋势的研究、分析和预测，为决策者提供充分的数据资料和参考，并向决策者提供一些合理化建议，帮助决策者合理确定决策的目标。（2）为决策者提供解决问题的方案、途径和方法。即在决策方案择定前，为决策者提供经过定性和定量分析以及可行性分析的若干方案；在每一个方案中详细说明和提出解决问题的主要途径及具体方式、方法等，同时，还要为决策者提出其他机构的评估意见，以便决策者能够收到兼听则明的效果。

（三）情报信息系统

情报信息系统是由专职人员、专门设备、有关运转程序和制度组成的专门从事信息的收集、加工、传递、贮存等信息服务性工作的综合机构。情报信息系统的主要任务就是对组织管理过程中的各种信息进行科学管理，为行政组织决策中枢系统和参谋系统提供优质的信息服务。我国现有的决策信息系统主要指信息情报部门、统计部门、档案部门、图书资料部门、咨询监督反馈部门、数据库和各办公厅室的综合信息处理部门。

第二节 组织决策的基本理论

一、组织决策理论的产生和发展

自从有了人类的社会活动，政治性决策便已存在。远古时期奴隶、战俘的分配，部落间战争与和平的选择，政治领袖的兴废等社会管理活动，都涉及决策问题。但是，在传统政治环境下，由于政府行为局限于税收、社会安全、社会管理、军事等狭小的范围内，政府所面对的基本上是简单而确定的决策问题，决策者也主要依靠经验进行定性的分析，他们甚至用掷钱币和占卜，或依据“先王”的圣言等非理性的方式进行决策。此外，传统社会科学发展局限于哲学、伦理学和神学的领域，政治行为研究局限于为统治者长治久安提供政治伦理规则，论证政治传统、社会等级秩序的合理性等；自然科学则在传统生产方式和意识形态的支配下，局限于天文气象、农业等方面的研究。总之，在传统政治文明中，虽然行政组织决策现象受到重视，并且出现了一些经典性的研究著作，但仅仅局限于案例的收集和分析，局限于为统治者提供决策的依据，而没有科学的、系统的决策理论。

决策理论的科学研究，是在工业革命以后，随着管理科学的发展而发展起来的，当时国家管理职能的扩张、社会科学研究规范的突破，其中主要是行为主义的兴起、结构功能方法的运用和逻辑实证论从哲学领域向社会科学其他领域的扩张，以及传统的政治、行政二分法的被超越，使得从动态的、行为的角度研究行政组织运行规律的方法，逐渐代替了静态的制度分析方法。在自然科学领域，新的研究方法的运用和研究领域的开拓，如运筹学、控制论和系统论的发展，对社会科学的理论研究也有极大影响。现代管理学中的决策学派正是在这种背景下产生和发展起来的。

最早把决策作为行政组织的主要功能进行研究的，是美国行政学家古力克。1937 年，他在《组织理论》一文中，提出了决策是行政的主要功能的观点，并进行了论述。1938 年，美国管理学家巴纳德在《经理人员的职能》一书中也提出决策概念，还提出了与决策密切相关的“动机”“沟通”“目标”及“组织关系”等概念，并对它们的关系进行了比较充分的论述。1940 年斯坦恩在《行为科学的一个研究途径》一文中，专门论述了决策问题，对决策进行了深入、系统的研究。西蒙在巴纳德的研究基础上，发展了他的决策概念。在 1944 年发表的《决策与行政组织》一文，特别是 1947 年出版的《行政行为——行政组织中决策过程的研究》一书中，他系统论证了管理决策的概念体系，从而创立了现代管理科学的决策理论学派。西蒙对决策理论的贡献主要表现在三个方面：（1）突出决策在管理中的地位和作用，从决策的角度分析管理行为；（2）对决策原理提出了很多新见解，其中突出的是以“满意标准”代替亚当·斯密以来古典经济学家的“最优标准”，提出目标冲突、创新时机等问题；（3）强调在决策中运用定量的方法、计算机技术等新的科学方法，又重视心理因素、人际关系等社会因素在决策中的作用。

决策理论研究的另一次突破是 20 世纪 50 年代以来在政治学研究中实现的。第二次世界大战以后发达资本主义国家经济的迅速发展，以及它所引发的一系列社会效应，使经济发展、社会问题与政府行为的关系问题突出地表现出来。在美国，一方面经济迅速发展，科技领域新成果层出不穷，国家实力和人民生活水平有了极大的提高；另一方面社会问题严重，吸毒、犯罪、性解放、黑人问题等社会病困扰着美国社会。同时，美国的国内外政策又屡遭挫折，尤其是对外政策，侵略朝鲜、越南，干预中东等政策，都陷入了困境；战后几届政府所许诺的改革不见成效。在这种情况下，政府能力问题便被提了出来：为什么政府总是无能的？哪些因素导致政府无能？政府还能不能够重现能力？怎样提升政府能力？特别是在政治学界，开始批判政治制度和规范研究中的政治哲学取向，提倡研究政府决策行为，提出学者参与政府决策，逐渐形成了政治学研究中的政策科学取向。

二、组织决策的理论模型

组织决策作为组织决策者在特定环境中的权力运用过程，究竟具有什么样的特征？管理学家在研究决策理论的过程中，根据自己的逻辑思路、假设，构造了各种决策过程的理论模型。这些模型，或者寻求对现实过程的客观描述，或者力图建立一个合理的理论模型，以此作为改进决策过程的依据。模型构造和分析，构成了决策理论的一个基本特色。

（一）理性决策模型

理性决策模型是诺贝尔经济学奖获得者、美国行政学家西蒙首创的一个分析模型。作为决策理论研究的开创者，西蒙的概念体系的一个核心部分，便是把“过程”的观念引入决策研究之中。西蒙认为一个理性的决策过程包括四个主要阶段：找出决策的理由；找到可能的行动方案；在各个行动方案之间进行选择；对已进行的抉择进行评价。

具体来说，西蒙把决策过程的第一阶段——探查环境，寻找达成决策要求的条件，称为“情报活动”；第二阶段——创制、分析可能采取的行动方案，称为“设计活动”；第三阶段——从可以利用的行动方案中选出一个可行的、合理的方案，作为行动的准则，称为“抉择活动”；第四阶段——对过去的抉择进行评价，称为“审查活动”。

西蒙指出，一般来说，“情报活动”先于“设计活动”，“设计活动”又先于“抉择活动”，所以可以构造一个基本的过程序列：“情报活动—设计活动—抉择活动—审查活动”。但是，阶段循环比这种循环序列要复杂得多，决策的每一个特定阶段，其本身就是一个复杂的决策过程。例如，设计活动可能需要新的情报活动，而任何阶段中的问题又会产生出若干次要问题，这些次要问题又有各自的情报、设计和抉择的阶段。也就是大的循环圈中包含小的循环圈，小的循环圈包含更小的循环圈。然而，随着组织决策过程的展开，总的情报设计、抉择活动还是能够分辨出来的。

他还指出，决策结果的执行活动，仍然可以看作政策制定活动的构成部分，执行过程是政策实现它的社会功能的必要条件，执行活动本身不过是更详尽的、细节性的决策活动，使执行政策和制定政策的活动很难加以区分。

（二）系统分析模型——政策为系统的产出

系统分析模型是美国政治学家伊斯顿提出来的一个决策分析模型。他针对传统政治学单纯地从制度的静态分析进行研究所存在的问题，提出动态的、研究政府运行过程的政治系统论。他认为，政治系统指相对关联的结构与过程所形成的团体，其功能在于为某一个社会提供权威性的价值分配。作为一个系统，它为了适应外在环境所产生的环境压力，必须随时采取对应措施；作为必要的决策，以环境中所产生的影响政治系统稳定的压力为投入；环境则指被界定的政治系统的界线之外的任何条件或情境；政治系统的产出是系统的、权威性的价值分配，以及这些分配所构成的公共政策。

系统分析模型把公共政策描绘为政治系统的一种产出。系统概念的内涵，为社会中一套可认明的制度与活动，其功能在于将需求转换成权威的决定，这个决定需要获取全社会的支持。同时，系统的概念也意味着：系统的要素是相互关联的，可以不断地反映环境的压力，因为系统为了生存不得不适应环境的各种变迁。总之，伊斯顿的系统分析模型，从一个动态的视角，生动地描述了涉及政治决策过程的各种因素，即系统、环境、需求与支持的投入、转换过程，产出的政策，反馈等，并且描述了这些因素在整个政治运行过程的位置，为科学地认识政治过程提供了一套有效的概念工具。但这仅仅是一个初步的模型，有许多问题尚没有得到正面的回答。

（三）渐进决策模型

渐进决策模型是由美国政治经济学家林德布洛姆提出来的。他认为，政策的制定只是根据过去的经验，经由渐进变迁的过程，而达成共同一致的政策。政策制定过程一般都是以现行政策作为一个基本方案，与其他的新方案相互比较后，作出哪些现行政策应修改，或应增加哪些新政策的决策。这里所说的所有其他方案，都是对现行政策所作的小规模的或大规模的调整，或者两者综合进行。因此，决策者并不调查与评估全面的政策方案，只着重于那些与现存的政策具有渐进差异的政策方案；他们只考虑有限的几个政策方案，而不是涉及所有逻辑上可能的方案；对每个政策方案也只评估几个很可能产生的并且很重要的后果。

决策者在决策过程中仅作边际性的调整，问题的解决在于边际的比较、决策抉择与边际，并不全盘考虑每一项计划或每一个方案。林德布洛姆认为，政府决策的全过程为渐进调整过程的根本原因在于：（1）社会由不同的阶层，甚至不同的种族所组成，不同的团体，各有不同的目标和政策要求，因此，在多元的社会环境之下，政府为了维持社会的稳定，获取政策支持，通常希望保持现行的计划，而不愿意从事全面性的政策改革，因为它虽然可能促进特殊的社会目标，但相对地也要付出可观的代价。（2）之所以运用渐进调整的策略，还是政治上的权宜之计。通常在政策过程中，争论中的项目，若只限于增删预算，或修正现行计划，决策者较容易达成协议；反之，在重大政策变更之际，决定引起极大损益的政策之时，容易引起决策者之间的冲突。既然每年通过的新计划或政策，会引起严重的政治紧张，则过去成功的政策，在未来几年将会维持下去，除非发生大幅度的政府改组。可见渐进决策在化解冲突、维持稳定和维护政治系统方面，居于不可或缺的地位。（3）政党与政治领袖对于基本国策的看法是一致的，当他们在竞选或争取选票以及其他争取公民支持的时候，仅对每项政策提出渐进的修改而已。这是资本主义国家，也是社会主义国家的事实。所以，林德布洛姆的渐进决策模型既是作为策略提出，又是对政治现实的描述。（4）转轨的困难。现行计划可能已经投入巨额的资本，因而排除了任何根本上的变革。这些投资有的是经费、建筑物，或其他现款的项目；有的是心理性向、行政惯例，或组织结构，因此，实际的决策情况，并非审慎地考虑全部的行政方案，而是只检讨不致造成自然、经济、组织与行政失调的方案而已。（5）技术上的困难。决策者并没有足够的时间、智慧或经费，用以调整所有的政策方案。虽然科学技术充分发展，人们对自然和社会发展仍未具有充分的预测能力，以了解每一项政策方案的将来后果。何况，决策者处在那么多不同的政治、社会、经济和文化价值交互作用的情境下，实在无法预估每一项政策方案的成本与利益。

林德布洛姆的渐进思想，作为一种有影响的观点，确实为我们提供了许多有价值的观念。但它也有许多的困难。在一个处于稳定水平的社会里，这个模型的效度相当高；反之，在急速变迁的社会里，渐进变迁便不能满足各种社会主体勃发的新需求。另外，渐进决策模型一味地企图化解冲突，维护现状，对于社会改革则显然无能为力，反映了一种消极、保守的倾向。

（四）团体决策模型

团体决策模型是美国政治学家杜鲁门提出的一个决策分析模型。他的观点集中反映在1971年出版的《政府过程》中。

团体决策模型的基本命题是：团体间的交互影响为政治活动的中心事实。一般而言，具有共同利益的个人，均正式或非正式地结合成某一个团体，以便向政府提出他们的需求，这种利益团体的存在，乃是政治生活的主要特征之一。所谓利益团体，指具有共同态度的团体，向社会中的其他团体提出主张，其目的在于建立、维持与增进共同态度所蕴含的行为模式。当利益团体向政府任何机关提出这个主张时，它就是政治性的团体了。个人在政治上如要有其重要的地位，就必须代表团体利益而行为，因此，团体便成为个人与政府间的重要桥梁。政府决策过程实际上是团体间争取影响政策的过程，在这种影响之下，政策便成为各种团体之间竞争后所造成的均衡。这种均衡取决于各个利益团体的相互影响力，一旦这种影响力的格局发生变化，政策便可能随之改变。

团体影响力的大小取决于以下诸因素：成员的多少、财富的多少、组织能力的强弱、领导能力的高低、与决策者接近或远离以及团体内部的凝聚力等。

杜鲁门指出，在团体影响的政治运行机制中，政治系统的主要任务应该是建立团体之间的竞争规则，安排妥协与平衡利益，制定政策用以规定妥协的方式，执行妥协以解决团体间的冲突。

这些模型在一定意义上为我们理解决策过程理论提供了有效的手段。但是，这些模型所依据的基本上局限于西方发达资本主义国家政治运行的实践，尤其是美国政府的决策模式，他们理论的普遍性因此受到影响。而且，他们都只从一个特定的视角，抽取某些因素来建构分析模型，对于复杂的、动态的决策过程，进行了抽象和简单的处理，无法科学地、客观地反映组织决策过程的全部奥秘。

第三节　组织决策的改善

改善组织决策、提高组织决策质量是组织决策的最高目标。而组织决策的科学化、民主化和法制化是我国政治体制改革及社会主义民主政治建设的一个基本任务和目标，也是我国社会主义市场经济发展的内在要求。因此，研究如何加快我国行政组织决策科学化、民主化和法制化的步伐，具有重要的理论与现实意义。

一、组织决策的科学化

所谓组织决策的科学化是指决策者及其他参与者充分利用现代科学技术知识及方法特别是行政决策的理论和方法，并采用科学、合理的决策程序进行决策。实现决策科学化的要求是建立完善的决策系统，提高决策参与人员的素质，按照科学决策的原则进行决策。

（一）建立健全组织决策系统

现代化的组织决策系统是由以决断子系统为核心，以信息、参谋、监控子系统为支持而组成的有机整体。建立健全决策系统，应做到以下几点：首先要合理设置各子系统。在决策运行中，各子系统承担不同的功能，发挥不同的作用，若设置不健全，必然会有一些工作没有相应的机构承担，决策功能相互脱节，造成决策质量下降。而系统机构的重复设置，又会引起工作上的摩擦、扯皮和责任不清，增加决断子系统协调的工作量，分散决策者的精力。因此，决策系统的设置应该贯彻精简、统一、效能的原则，合理地设置机构，确定各机构人员的资格和能力要求。其次要充实参谋咨询机构和信息工作机构。充实、完善的信息机构，灵敏、畅通的信息网络，可避免信息的片面性和短缺，使决断子系统和参谋子系统能获得更准确、更全面的信息。多一些参谋机构的存在，是为了对同一个决策问题能有不同的参谋机构提出不同的见解，设计出更多的备选方案。这些见解、备选方案相互竞争、相互补充，为决策者从中对比选出一个最佳方案或者博采众长形成一个综合性方案提供有利条件。

（二）遵循科学决策的原则

科学决策原则是决策过程中一些固有的运行规律的概括和反映，是决策科学化的一个重要条件。这些原则主要有：（1）信息原则。科学的决策必须进行调查研究，收集、传递、整理和应用准确、可靠、全面的信息，并对信息进行正确的分析判断。决策实际上就是信息的收集、加工和转换的过程。只有在充分掌握可靠信息的基础上，决策者才能做到胸有成竹，决心大、点子多。（2）预测原则。决策是针对现实来规划未来和影响长远的行动。有效的决策离不开为决策者提供决策对象可能发展的方向和趋势。没有运用未来学和预测学研究的理论和方法，在预测未来及其后果的基础上进行的决策是盲目的决策，往往会铸成大错或失败。（3）程序原则。不同问题的具体决策分析步骤不尽相同，而其基本的程序是一致的。决策程序有其合理性和科学性，是决策过程所必须遵循的。（4）可行性原则。决策是为了付诸行动并解决问题，力求切实可行。一个决策问题的解决方案，要考虑经济、技术、政治和社会心理等各方面的因素。（5）民主集中制原则。决策者要充分发扬民主，营造自由、平等的讨论气氛，调动决策参与者的积极性和创造性，共同参与决策活动；要善于集中和依靠集体的智慧和力量进行决策；要广泛听取专家、学者和有实际经验的人的意见，走群众路线，集思广益，避免个人认识上的倾向性和片面性。

（三）提高决策者和参与者的素质

决策人员的素质高低决定了决策的水平，提高决策人员的素质是决策系统改进的重要内容之一：(1) 要加强决策者集体的班子建设。从班子成员的年龄、知识、能力和性格等方面入手，合理配备决策班子，提高决策者的整体素质。(2) 提高参谋咨询人员的业务素质。要充实咨询部门的力量，并考虑人员学科知识的搭配问题；加强对咨询人员的教育培训，使他们成为具备现代决策理论素养、有比较宽的知识面、掌握现代决策方法和技术的高级人才；要大胆吸收、借鉴国外尤其是西方国家的成熟的决策理论、方法和技术，特别是一整套的定性、定量和创造性思维的方法和技术，取长补短。(3) 提高信息工作人员的素质。要对信息工作人员进行思想政治和科学文化知识、信息管理技术的培训，加强培养他们对信息工作的热忱和敏感性，对决策问题认识越深，紧迫感和责任感就越强，对信息的捕捉和吸附能力就越大，就能对决策提供更有效、及时对路的信息。

二、组织决策的民主化

所谓决策民主化是指必须保障广大人民群众和各种社会团体以及决策研究组织能够充分参与组织决策的过程，在决策中反映广大人民群众的根本利益和要求，并在决策系统及其运行中，形成民主的体制、程序及气氛。决策民主化是决策目标民主化和决策过程民主化的统一。

第一，把民主机制引入决策系统，营造良好的决策氛围。决策活动并不是单纯的抉择行为，而是由信息情报活动、决策方案设计活动和抉择活动等多个相互关联的环节所构成的完整过程。因此，必须营造一个宽松的环境，形成平等、民主、协商的气氛，鼓励人人畅所欲言。决策者一定要发扬民主作风，正确处理民主与集中的关系；必须依靠集体决策，坚持一切重大问题经过集体讨论、民主协商、集体论证，集体作出决定，群策群力才能增强决策的可行性、正确性。

第二，重视发挥参谋咨询人员在决策中的作用。加强专家学者在决策中的地位和作用，这既是在高层次上民主化的体现，也是实现决策科学化的重要保证。(1) 保证参谋机构的相对独立性。决策者要允许和欢迎咨询人员唱对台戏，鼓励他们相对独立地进行科学研究，充分挖掘政策问题的各个方面的因素，促使研究结论的客观性和多样化，形成多个不同的方案。(2) 在咨询机构内形成民主气氛，鼓励不同观点的自由讨论，既要有对决策者的顺向思维，也要有对决策者的逆向思维，鼓励思想交锋。提倡对决策者负责和对事业负责的一致性，在重大问题上敢于向决策者表达不同的意见。(3) 参谋咨询人员要准确定位。他们与决策者的关系是“谋”与“断”的关系。咨询人员主要帮助决策者筹划方案，不能越俎代庖，代替决策。

第三，提高政治生活透明度，实现决策目标的民主化。政治生活透明就是政务公开、政治民主，这包括：(1) 建立重大问题的通报制度。例如：一个时期内的经济形势、即将出台的重大改革措施、重大项目的立项及进展状况、物价指数以及人民实际收入等事关人民群众切身利益的情况，应通过各种渠道直接向社会通报；对于各种热点问题，党政机关应该与社会公众直接对话交流，听取社会的意见和呼声，体察民情，尊重民意，获得决策的直接依据。(2) 强化对决策的新闻舆论监督。政务公开即办事制度、程序和结果的三公开，是实施新闻监督的基础。新闻传媒要为民立言，敢于监督。各级党政机关要支持监督，特别是允许对重大决策的原因、过程和效果进行报道，还要允许对重大决策的失误进行曝光。(3) 增强社会公众参与决策的意识水平。实现行政决策民主化，并非人人直接参与决策，不是人人都来参加每个具体决策问题的直接决定。我国国情决定了行政决策只能是经常地由人民委托一部分德才兼备的人作出决策，大部分人是通过各种途径间接参与决策，把自己的利益要求、愿望通过信息、新闻途径传递到决策系统，影响决策，而他们能否参得进、议得上，有效行使法律赋予的民主权利，与他们的参与意识和参与水平直接相关。为此，各级党政机关要广泛开展决策民主教育，不断提高社会公众的政治觉悟、科学技术和文化知识水平，提高公众对决策民主化的重大意义和实现途径的认识，提升公众参加组织管理活动的积极性，提高决策的民主化程度。

三、组织决策的法制化

所谓决策法制化是指通过宪法和法律来规定和约束决策主体的行为、决策体制和决策过程，特别是通过法律来保障广大人民群众参与组织决策的民主权利，并使组织领导者的决策权力受到法律和人民群众的有效监督。决策法制化是我国实现“依法治国”战略方针的一个重要方面，也是实现决策科学化和民主化的重要保证。

第一，理顺决策主体关系，完善决策规则。特别是要理顺同级政权机关的中国共产党组织、人民代表大会（以下简称人大）与政府这三个决策主体之间的关系。理顺这三者的权限、范围的原则是，既要保证党组织对决策工作的领导，又要保证人大的最高决策权，以及保证和发挥政府在决策中的独立地位和作用。具体措施有：(1) 党政分开。党的政治责任决定了其主张代表着国家和人民的意志；党的路线、方针、政策是行政组织行动的方向和准则，其领导方式直接影响着行政组织的管理方式。因此，党组织要从过去集中国家一切权力的领导方式中跳出来，在保证大政方针领导的同时，不包揽、代替政府决策，充分发挥政府的行政决策作用。政府要在贯彻党的主张、意图的前提下，作出执行党的决策的具体执行性政策。(2) 理顺党委对决策的领导权与人大最高决策权的关系。党委和人大是领导和被领导的关系，人大在决策时，要充分体现党的方针、政策，把党的意图与人民的意愿统一起来并上升为国家意志，团结和组织人民，为实现党的目标、任务而努力。党的各级委员会要支持人大充分行使决策权，要为人大提供政情民意，改善人大的决策环境，提高人大的决策水平。(3) 处理好人大与政府的相互关系。要按照我国宪法和《地方组织法》的规定，明确人大及其常委会与政府的职权范围，各司其职，各自决策；政府要自觉接受人大对政府重大决策方案的审议与实施监督。（4）人大在监督政府决策时，应切实加强与政府的联系，了解政府的实际工作情况，促使政府决策的合法性、合理性与可行性。

第二，决策程序法制化。决策程序法制化，就是将决策过程中最重要的步骤、程序以法律规范的形式确立下来，旨在防止少数决策者草率行事、滥用职权，或有意把一些方案不经过审议而出台的行为。决策过程中应加以规范的程序有：（1）调查程序。在决策前，决策系统应针对决策问题进行广泛调查和研究，了解问题性质；了解和分析现有的法律、法规和政策规定；进行实地调查，听取有关部门的情况反映，收集相应材料。（2）方案设计程序。在通过调查和研究界定问题性质之后，提出决策目标，起草决策方案。这个阶段是决策中最重要的实质性阶段。要明确确立咨询制度，规定不经专家学者咨询的决策方案不出台。决策草案也要设计多个以便对比选优。草案的内容应包括解决决策问题的指导思想、决策目标、实施范围和时限、实施手段等内容。（3）可行性论证程序。建立可行性研究报告制度，规定重大决策必须经过可行性论证。不同政策问题应进行不同内容的可行性研究。（4）社会交流程序。社会交流程序就是决策系统在决策权过程中都要与社会公众进行双向信息交流，吸收社会代表参政议政，建立决策系统与社会群体之间良好的互动关系，使决策目标、方案能广泛地集中民智，充分地反映民意。（5）决策合法化程序。决策合法化是一个优化决策、对决策行为实施法制监督的过程。任何一项决策如果背离现行的政治法律结构，势必导致社会宏观管理与控制的无序与失调。通过决策合法化主体对决策方案的审查、批准、通过、签署和颁布过程，使决策方案得以修正、丰富、补充，从而增强其科学性与权威性。

第三，充分发挥决策监控子系统的作用。在我国当前法制建设尚不健全的情况下，决策监控系统的作用十分重要。可以考虑从以下两个方面强化监控作用：（1）发挥内外两大监控体系的作用。由于各部门之间业务活动联系密切，相互比较了解，内部监控作用是比较有效的。但由于上下级之间的隶属关系，内部监控很难避免自我封闭，因此需要外部监控体系发挥有益的补充作用。外部监控方式多样，有社会公众的来信来访、控告申诉、批评建议，代表的参政议政和新闻监督等。外部监控既是对决策者、执行者的工作监督，也是对他们伦理道德的监督，可有效地制止决策者、执行者利用职权侵犯国家和人民利益的行为。（2）依法保护监控子系统成员的权利，既要保护他们批评、监督政务的权利，也要保护他们不要因为监督政务而受到打击、报复。

总之，科学化、民主化与法制化是现代决策的三个相互联系、密切配合的方面，民主化是现代化行政决策的基础，科学化是现代化行政决策的主导，而法制化则是现代化行政决策的保证。

小　结

行政组织决策是管理决策的一种，行政组织决策有着自身的一些明显的特征。社会问题是复杂多样的，行政组织决策的过程也是错综复杂的，因而行政组织决策的模式和种类也是多种多样的。行政组织在决策过程中必须遵循科学的决策程序，按照科学的决策程序进行决策，能够提高决策的正确性和有效性。行政组织决策体制是进行行政组织决策的体系，现代行政组织决策体制是行政组织决策职能实现的组织和制度保证。管理学家在研究决策理论的过程中，构造了各种决策过程的理论模型，以此作为改进决策过程的依据。组织决策的科学化、民主化和法制化是我国政治体制改革及社会主义民主政治建设的一个基本任务和目标，也是我国社会主义市场经济发展的内在要求。

思考与练习

一、单项选择题（每题只有一个正确答案）

1. 行政组织决策的目的是实现________。

A. 集体利益　　B. 个人利益

C. 社会的共同利益　　D. 组织利益

2. 行政组织决策是以________为后盾。

A. 权力　　B. 组织

C. 权利　　D. 行政权力

3. 风险型决策的决策后果________。

A. 可以确定，没有风险　　B. 不可以确定

C. 有些可以确定　　D. 可以预测，需要冒一定风险

4. ________是行政组织进行决策的起点。

A. 发现问题　　B. 确定目标

C. 调查研究　　D. 拟订方案

5. ________是行政组织决策科学化的基础。

A. 科学预测　　B. 调查研究

C. 拟订方案　　D. 局部试点

6. ________是行政组织决策的中心。

A. 参谋咨询系统　　B. 情报信息系统

C. 中枢系统　　D. 分析系统

7. ________是决策过程中最为关键的一步。

A. 选择方案　　B. 科学预测

C. 调查研究　　D. 收集情报

8. 在决策理论研究领域，杜鲁门提出了________。

A. 渐进决策模型　　B. 团体决策模型

C. 理性决策模型　　D. 系统分析模型

二、多项选择题（每题有两个或两个以上正确答案）

1. 行政组织决策的特征主要是________。

   A. 主体的特殊性　　B. 程序的特殊性

   C. 决策内容的特殊性　　D. 决策依据的特殊性

2. 根据决策所具有的条件的可靠程度不同，决策可分为________。

   A. 确定型决策　　B. 风险型决策

   C. 不确定型决策　　D. 经验决策

3. 正确的决策目标应该具备的条件是________。

   A. 定量化　　B. 没有时间限制

   C. 有一定的时间限制　　D. 明确责任

4. 常用的调查研究方法主要有________。

   A. 定性化调查　　B. 定量化调查

   C. 系统化调查　　D. 程序化调查

5. 西蒙的决策过程包括________。

   A. 情报活动阶段　　B. 设计活动阶段

   C. 抉择活动阶段　　D. 审查活动阶段

6. 科学决策原则主要包括________。

   A. 预测原则　　B. 程序原则

   C. 可行性原则　　D. 信息原则

7. 现代行政组织决策体制包括________。

   A. 中枢系统　　B. 政府首脑机关

   C. 参谋咨询系统　　D. 情报信息系统

8. 实现决策程序法制化，应该规范的程序有________。

   A. 调查程序　　B. 方案设计程序

   C. 可行性论证程序　　D. 社会交流程序

三、名词解释

1. 行政组织决策　　2. 风险型决策　　3. 不确定型决策

4. 行政组织决策程序　　5. 参谋咨询系统　　6. 组织决策科学化

7. 程序性决策　　8. 科学决策　　9. 行政组织决策体制

四、简答题

1. 简述行政组织决策的特征。
2. 简述常见的行政组织决策的主要类型。
3. 拟订方案时应注意哪些问题？
4. 决策方案选择和优化时，应坚持的原则主要有哪些？
5. 组织决策的理论模型的主要创始人是哪几位？

五、论述题

1. 试分析如何实现组织决策的科学化。
2. 试分析如何实现组织决策的民主化。
3. 试分析如何实现组织决策的法制化。

第九章　行政组织中的冲突管理

教学目的与要求

了解冲突的分析模式；
理解冲突的性质与功能；
掌握引起冲突的主要因素和冲突管理的方法。

行政组织中存在着各种层次的工作交往和人际交往，人群之间存在着相互依赖的关系，这种关系既可能导致合作，也可能导致意见分歧、争论、对抗甚至是冲突。因此在行政组织管理中，必须探讨冲突产生的根源，寻找解决冲突的方法，进行有效的冲突管理，从而协调人际关系，提高组织效能和效率。

第一节　冲突的性质与功能

一、冲突的性质

（一）什么是冲突

冲突是指两个或两个以上的社会单元之间，由于目标、各自的特点和利益的不同，所产生的对立态度或行为。这一定义包含三个要点：（1）冲突可能发生于个人之间，也可能发生于群体之间；（2）冲突是在目标和利益不一致的情况下发生的，如果目标和利益完全一致，则不可能发生冲突；（3）冲突是一种动态的相互作用过程，只有单方面的态度或行为，即使十分激烈和极端，也构不成冲突。

冲突一般表现为对抗和目标受挫，这两种情况会同时发生。对抗在态度方面表现为冲突双方的相互憎恶、敌视和否定性判断，在行为方面表现为语言攻击、破坏活动甚至人身侵犯。目标受挫是结局性的表现，由于双方都把阻止对方实现目标看成自己的成功，所以冲突的结果往往是各自目标都受挫。冲突属于高对抗性行为。

（二）冲突的特性

冲突在日常组织管理中具有一定的特性，认清这些特性对化解冲突、提高组织管理水平有一定的帮助。冲突的主要特性有：

第一，客观性。冲突的客观性是指冲突客观存在于组织管理中，是不可避免的一种组织现象。任何组织都存在冲突，只是冲突的程度和性质有所区别。

第二，主观性。冲突的主观性是指冲突归根结底都是人与人之间的冲突，人们产生冲突的原因和处理冲突的方式不可避免要受其主观认知的影响。

第三，程度性。冲突具有程度高低的差异，这就是冲突的程度性。在组织中冲突的程度有三种情况：一是低度冲突；二是适度冲突；三是高度冲突。

二、冲突的功能

传统的观点认为，冲突意味着分歧和对抗，必然给组织造成不和，破坏良好的关系，影响组织目标的实现，极端的情况还会威胁组织的生存，因而所有的冲突都是破坏性的。这种观点提供了一种简单的方法来对待冲突，就是必须避免和减少冲突。现代观点认为，冲突对组织有些属于破坏性的，也有一些则是建设性的，冲突本身并无所谓好坏，正常、健康的组织行为不在于没有冲突，或一味地消灭所有的冲突苗头，而在于巧妙得当地处理冲突，并把冲突维持在一个最佳水平上。任何冲突都可能导致消极的或积极的后果，实际上结果如何，要看领导者的处理水平。

（一）冲突的积极功能

积极冲突对组织成员心理的影响是：使坚强者从幻觉中清醒，从陶醉中震惊，从不能战胜对方中看到自己的弱点所在，发愤图强。对人际关系的影响是："不打不成交"，使人加强对对方的注意，一旦发现对方具有的力量、智慧等令人敬畏的品质，就会增强相互之间的吸引力；团体间的冲突促进各团体内成员一致对外，抑制内部冲突，增强凝聚力。对组织成员工作动机的影响是：使成员发现与对方之间的不平衡，激起竞争、优胜、取得平衡的工作动机，振奋创新精神，发挥创造力。对工作协调的影响是：使人注意到以前没有注意到的不协调，发现对方的存在价值和需要，采取有利于各方的政策，加以协调，使有利于组织的各项工作均得以开展。对组织效率的影响是：反映出认识的不正确、方案的不完善，要求人全面地考虑问题，使决策更为周密。对组织生存发展的影响是：冲突本身是利益分配不平衡的表现，它迫使人通过互相妥协、让步和互相制约、监督，调节利益关系，使各方面在可能的条件下均得到满足，维持内部的相对平衡，使组织在新的基础上获得发展。

（二）冲突的消极功能

消极冲突对组织成员的心理影响是：带来损害，引起紧张、焦虑，使人消沉痛苦；对人际关系的影响是：导致人与人之间的排斥、对立、威胁、攻击，使组织涣散，削弱凝聚力。对工作动机的影响是：使成员情绪消极，心不在焉，不愿服从与之冲突的领导的指挥，不愿与相冲突的同事配合，破坏团结、愉快的心理气氛，减弱工作动机。对工作协调的影响是：导致人与人之间、团体与团体之间的互不配合，相互封锁，相互拆台，破坏组织的协调统一和工作效率。对组织效率的影响是：互相扯皮，互相攻击，转移对工作的注意力，政出多门，降低决策和工作效率，相互间争夺人、财、物，造成积压、浪费。对组织生存发展的影响是：冲突达到一定程度后，双方互不关心对方的整体利益，有可能使组织在内乱中濒临解体。

第二节　冲突的成因

组织中的冲突是多种多样的，冲突的内容也各不相同，所以产生冲突的原因也是多种多样的，有些原因是表层的，有些却是深层的。因此，分析冲突的成因首先要区分冲突的类型，在此基础上找出形成冲突的因素。

一、冲突分析

冲突分析是管理冲突的基础，在组织管理中只有对冲突分析得当，才能有效地处理。在组织行为学中，对冲突的分析主要有以下几种代表观点。

（一）冲突类型分析

根据冲突的内容不同，可以把冲突分为六类：（1）工作冲突。当人群和部门之间在工作上相互依赖或密切相关而出现职责分歧和工作矛盾时，就可能产生工作冲突。（2）目标冲突。当员工、部门和组织所希望获得的终极状态互不相容时，就会产生目标冲突。（3）利益冲突。组织和部门在分配资源、奖金和福利时可能出现分配不公平或者人们认为不公平的情况，这时极易产生利益冲突。（4）权力冲突。当组织出现机构调整、职位空缺或者权责不明时，就可能产生权力冲突。（5）认知冲突。当主体的某些认知（建议、意见和想法等）与他人或组织的认知产生矛盾时，会产生认知冲突。（6）情感冲突。当主体在情感或情绪上无法与他人或组织相一致时，会产生情感冲突。

根据组织内发生冲突的方向，可以把冲突分为三类：（1）纵向冲突，发生于上下级之间。（2）横向冲突，发生于同级部门之间。（3）直线/职能冲突，主要是发生在任务单位与职能部门间的冲突，焦点常在资源分配上或职能部门干预任务系统的决策方面。

（二）冲突根源分析

人类的交往多种多样，因而冲突的根源也是多种多样的。比斯诺在1988年出版的《论冲突管理》一书中，把各种冲突根源归结为五种类型：（1）生物社会型根源。许多学者把挫折和攻击作为冲突的根源。这种观点认为，挫折往往会引发攻击，而攻击会引起冲突。挫折也是由期盼比实际进步更快增长这样一种倾向所引起的，这就是所谓的“连锁反应”，也是在作出让步时，冲突反而激化的原因，这种倾向常见于国际性冲突之中。（2）个性和交往型根源。这主要包括：心理失调；人际技巧缺乏或不足；人们之间的相互激励、竞争，交往方式的差异；彼此关系中的不公平现象。（3）结构型根源。许多冲突源于组织或社会的结构之中。权力、地位和等级的不平等是许多冲突形式的根本动力。公民权利、妇女权利、土著居民权利等运动都是由社会结构性的冲突根源所引起的。（4）文化和观念形态型根源。政治信仰、社会信念、宗教信仰和文化观念的不同往往会导致激烈的冲突。冲突也产生于具有不同价值体系的人们中间。（5）复合型根源。在许多情况下，各种冲突根源复合性地发挥作用，换言之，它们相互作用而产生复杂的争端。

（三）冲突过程分析

冲突是一个动态过程，这个过程大致经历五个阶段：（1）潜伏阶段。潜伏阶段是冲突的萌芽期，主体对冲突的存在还没有觉醒。在这个阶段，冲突产生的温床已经存在，随着环境的变化，潜伏的冲突可能会消失，也可能被激化。产生冲突的条件具备时，冲突过程就开始了。（2）认知阶段。在这个阶段，一方或双方对冲突已经体验到紧张或焦虑，此时冲突问题已经明朗化了，已经感觉到冲突的存在，但是这时还没有意识到冲突的重要性，冲突还没有造成实际的伤害。在这一过程中，双方将决定冲突是什么性质，这一点很重要，因为定义冲突的方式极大地影响到冲突的可能解决办法。如果这时及时采取措施，可以将可能爆发的冲突缓和下来。（3）行为意向阶段。行为意向是指介于一个人的认知和外显行为之间，采取某种特定行为的决策阶段。在这个阶段，冲突已经给一方或双方造成了情绪上的影响。不同的对象对冲突的感觉是不同的，这与当事人的个性、价值观等因素有关。之所以把这一阶段作为独立阶段划分出来，是因为行为意向导致行为。很多冲突不断升级，主要原因是由于一方对另一方进行了错误的理解。（4）行为阶段。冲突表面化，表现为行为已阻止对方实现目标，此时，冲突已经到了非解决不可的地步，对冲突作出的行为表现，方式可能是多种多样的。（5）产生结果阶段。冲突的处理总会有结果，不同的处理方式会有不同的结果。结果对当事人可能有利也可能不利。如果冲突能提高决策的质量，激发革新与创造，调动组织成员的兴趣与好奇，提供公开问题、解决紧张的渠道，培养自我评估和变革的环境，那么这种冲突就具有建设性；如果冲突带来了沟通的迟滞、组织凝聚力的降低、组织成员之间的明争暗斗，组织目标已经处在次要的位置，那么这种冲突就是破坏性的，在极端的情况下，会威胁组织的生存。

二、引起冲突的主要因素

组织中个体与个体之间、个体与群体之间的冲突与群体冲突有各自的产生原因，我们在这里对这些原因分别进行分析。

(一) 引起个体之间冲突的因素

人们的知觉方式、性格、气质、行为趋势都是十分个性化的，仅仅这方面的差异，就足以酿成冲突。有的人喜欢用自己的固定模式去看待别人，不符合自己眼光的就看不惯，就横加指责。特别是有些老年人容易由自己的生活经历而形成一套看人看事的标准，往往同青年人发生冲突，这就是所谓的“代沟”。有的人脾气暴躁，办事风风火火，他们同性格内向、沉稳谨慎的人相处就很难合拍。有些人的行为趋势是进攻型的，好寻衅生事，好攻击别人，属于好斗者，在这种人周围总是冲突不断。个体差异尽管不是冲突的根本性原因，也应该引起管理者的重视和每一个人的自省。

(二) 引起个体与群体冲突的因素

个体与群体的关系是一种社会契约性质的关系，个体需要服从群体的意志和目标，而群体也需要满足个体价值实现的要求和期望。当双方的利益和要求所保持的平衡状态被打破时，就会在个体与群体之间引起冲突。个人与群体的冲突模式主要表现在三个方面：(1) 组织期望过高，过分强调整体利益，强调组织目标的实现，要求成员完全放弃个人目标。在这种条件下，个人往往缺乏积极性、创造性，消极怠工，导致组织期望和组织目标的衰落。(2) 个人过于自信甚至自负，自我设计超前，对组织目标不屑一顾。(3) 组织和组织成员的期望都高，但在方式、方法上存在较大差距，也会造成冲突。当然，在双方期望都比较高的情况下，也有可能通过有效的沟通达成平衡，避免冲突的发生。

(三) 引起群体之间冲突的因素

第一，目标因素。不同的价值观和不同的目标追求，是导致冲突最内在的原因。比如，直接从事生产、销售的经营部门与研究开发、法律咨询等的参谋部门，虽然同在一个单位里，但是前者的目标在于日常产值和经济效益，后者的目标在于长远发展的规划和保证；前者表现出对单位较强烈的认同感和忠诚，后者则更倾向于把自己归为专家群体而同单位保持一定距离。这些差异的存在使得以上两种部门之间总有冲突的张力。在一般单位里，人事部门强调人才的培训和储备，业务部门重视的却是任务和产品，这里面就有见人还是见物的价值观冲突。最典型的情况常发生在医院里，管理人员从效益成本出发要求病人先交钱后看病，医生、护士往往以救人为天职却忽视了经济规律。以上事例说明了价值观和目标冲突存在的普遍性。当然，从更大的范围来看，不同阶级和敌对政治势力之间的冲突，也是由价值观和目标因素引起的。

第二，资源因素。群体为实现目标需要利用各种资源，包括资金、设备、人员、原材料、能源、空间场地等。如果资源丰富、充足，或者资源的分配公平、有效，那么冲突是不会发生的。但是现在人们已经认识到，地球上的各种资源都是有限的，因此对于资源的争夺，势必成为各种冲突的根本原因。实际上各群体及个人之间的冲突，绝大多数是由资源因素引起的，这是一种现实的利益冲突。资源分配不公的问题，同样不可能一劳永逸地解决，旧的矛盾解决了，新的矛盾又会出现。只要资源匮乏问题存在，分配中的冲突就是不可避免的。

第三，责权因素。如果说资源因素是造成冲突的客观因素，那么责权因素就是最典型的造成冲突的主观因素。责权因素引起冲突的可能性有三种情况：（1）责权不清。正常运行的组织或群体一般都是分层级管理的，每一层级和平行部门都应该有明确的责任和权力。如果管辖权限不清，相互作用的规则模棱两可，有了成绩彼此争功，出了问题互相推诿，冲突便在所难免。（2）权力不均。群体中的权力分布不均是冲突的来源之一。群体中或群体间的权力均衡，使相关各方都对另一方具有某种权力，彼此处于相互依赖的对等地位，这会抑制冲突的产生。但如果一方权力过小并为此感到不平，它就可能对现状提出挑战。（3）责权逆转。人们如果按照规定的地位层级开展工作，地位较低者服从地位较高者，是不大容易发生冲突的。但是由于工作设计的原因，有时在实际操作中地位较低者会向地位较高者发号施令，甚至控制地位较高者的工作。这种责权逆转一旦被失权者悟到，冲突便不可避免。

第四，信息沟通因素。有相当数目的冲突是由误解造成的。虽然这类冲突与根本目标、利益的对立所引起的冲突有本质的不同，也就是说，一旦误解消除，冲突便会平息，但是这类冲突所造成的损失和影响，使我们不能不重视对其起因的认识。信息沟通不畅或错误信息的误导，是误解的直接原因。当然，我们不能要求信息传播做到尽善尽美、毫厘不爽，但是现代社会的信息化程度已越来越高，减少因信息沟通障碍所造成的损失既是必要的，也是现实可行的。同时，我们还应该警惕人为制造的虚假信息，不要落入恶意挑起的无端冲突的陷阱。

第五，结构因素。有关研究结果表明，群体结构方面的因素与冲突有一定关系。群体规模越大，发生各种冲突的可能性就越大。其原因可能在于：规模大了，层次就多，分工也多，信息传播的渠道也更为交错复杂，这些都增加了冲突发生的机会。扩大下级人员对上级行为的参与也有可能使冲突增加。扩大参与原本是为了融洽上下级关系，满足下级人员被尊重和发挥创造力的需要，使冲突减少，可是这种结构性变化的结果恰恰相反，冲突反而趋于上升。其原因在于，参与程度越高，下级代表不同见解的可能性越大；参与者的创造力发挥越充分，表现出来的个性特征也越强烈；而且参与者的意见未必都能得到采纳，这有可能引起负面效应。但是研究者也发现，扩大参与引起的冲突未必都有害，在很多情况下这种冲突激发了群体活力，提高了群体绩效，其积极作用往往大于消极作用。

第三节　行政组织中冲突的化解

对冲突进行有效管理，就是引导发挥冲突的建设性作用，抑制减少冲突的破坏性作用，这就需要正确掌握运用冲突的处理原则、模式、策略和方法来对冲突进行有效的管理。

一、冲突的处理原则

（一）基本原则

分析冲突是为了处理冲突，分析为处理提供了依据，但不能替代处理。处理冲突，须以效果为依据，要讲究方式方法。分析得当并且处理得法，才能获得预期的效果；否则将会事倍功半，甚至事与愿违。得法者处理冲突不失“章法”，这就需要依据原则行事。处理冲突的原则是：倡导建设性冲突，并控制在适度的水平。根据现代冲突理论，处理冲突时要承认冲突具有二重性，以避免冲突向破坏性方向发展，从而引导冲突向建设性方向转化。冲突理论认为，冲突具有程度性，冲突水平过低或者过高都会降低组织绩效。因此，冲突应以适度为宜，通过调整使之维持在不低不高的适当程度。

（二）冲突处理的模式

在遵循基本原则的基础上，我们可以归纳出冲突的处理模式。在冲突的调试处理中包含两种因素：合作意向，即关心对方利益的程度；固执意向，即执著于自身利益的程度。这两种因素的不同组合，构成了调试处理冲突的五种行为模型：（1）回避型。合作意向与固执意向都很低，对自身利益和对方利益都不感兴趣，采取回避冲突的行为方式。（2）争斗型。缺乏合作意向，固执于自身利益，倾向于战胜对方并牺牲对方利益。（3）克制型。合作意向很高，宁可牺牲自身利益而使对方达到目的。（4）妥协型。两种意向都取其中间，试图通过交换的方法使双方都作一些让步，并都得到部分的利益满足。（5）协作型。合作意向和固执意向都很高，对双方利益都给予高度关注，力求通过协商和各种积极的措施保证双方利益的实现。

二、冲突处理策略

（一）基本处理策略

有效地处理冲突，特别是当冲突水平过高并呈破坏性时，如何有效地降低行政组织的冲突水平，并使其向建设性方向转化，这就需要恰当运用处理策略。通常有三种基本的冲突处理策略：

第一，回避策略。行政组织中冲突各方的相互依存性低，冲突影响范围较小且不重要，或者冲突暂时“无法解决”，这时宜采取回避策略。回避策略运用的特点是：不追究原因，让冲突在某种控制条件下继续存在，但又使行政组织中的局面不至于失控。其具体方法有：（1）忽视。有意回避或者忽视冲突的存在，或者寄希望于冲突自行消失。例如，行政组织中有时发生无关大局的一般性争执，不予理睬可能是较好的处理方式。（2）分离。行政组织采取措施使冲突各方在一定条件下予以分隔，使之不能继续发生正面冲突或者将冲突进一步激化。例如，对人员之间的争执激化，不问原因而先采取措施予以分离，是必要的、有效的。（3）限制。冲突各方相互作用仍然存在，但行政组织对其加以限制，使之减少摩擦。通常用于正式场合。例如，在行政组织正式会议上凭借议程或者其他会议规则和主持者的权威，限制冲突各方的相互作用。

第二，缓解策略。本策略比回避策略更进一步，已经涉及消除导致冲突的分歧，但只是部分解决且往往是非实质性的。缓解策略运用的特点是：行政组织解决的是次要分歧点，设法争取时间并且创造条件，使冲突因延宕时间而减少其重要性和尖锐性，从而变得比较容易解决。其具体方法有：（1）安抚。有意贬低分歧的意义，强调行政组织中冲突各方的共同点和共同利益，“大事化小，小事化了”。（2）妥协。在行政组织的冲突中，不分胜负，各有得失，易为各方接受，但冲突仍然可能再起。破坏性冲突的特征之一是关心胜负，本方法则有意使之不分胜负，“各打五十大板”“打成平手”“互惠交易”。

第三，正视策略。回避和缓解策略，可以使冲突不至于失控，或者使冲突部分地得到解决，但导致冲突的主要分歧依然存在，冲突仍可能进一步激化，因而都不是彻底地处理冲突的办法。正视策略则是“治本”的，是正面解决冲突，并且这种处理是实质性的。正视策略运用的特点是：针对冲突的原因予以处理，强调满足冲突各方的共同利益。其具体方法有：（1）正式沟通。所谓“问题摆到桌面上”，以正式沟通的方式（面对面的会议），列举导致冲突的主要分歧（目的的、手段的），就事论事，不争胜负，只允许讨论消除分歧，使冲突得到妥善处理。（2）角色互换。这一方法的核心内容可归结为“设身处地”，即设想自己在别人的地位和处境中，替别人着想。本方法的直接做法是互相交换人员。但这一做法一般难以做到，因而常用间接的做法，即引导冲突各方设身处地地从对方角度着想。本着通情达理的意愿，达到相互理解、谅解和支持。（3）服从更高目标。行政组织通过使冲突各方都关心更高层次目标，使这些高层次目标为各方所认同，从而使冲突各方致力于实现高层次目标以满足各方的利益。

（二）减少和引起冲突的策略

行政组织在冲突管理过程中，不仅要关注冲突的破坏性功能，还要关注冲突的建设性功能，如何在管理中减少和避免冲突的破坏性作用，增加和利用冲突的建设性作用，这是行政组织必须面临的一个课题，行政组织根据利益的需要，在行政过程中要注意采用减少和引起冲突的策略。

第一，减少冲突的策略。这一策略主要是防止冲突的破坏性功能放大，力争减少或化解冲突。主要策略包括：（1）谈判。这是最常用、最便当的方式，在谈判桌上讨价还价总比两败俱伤的争斗更可取。谈判实质上是一种交易，一方先提出建议和要求，另一方作出评估和反应；反之亦然，直至达成协议。（2）设置超级目标。当对立双方的目标不可调和时，可以考虑有没有设置双方一致的、更高层次的目标的可能性。（3）第三方介入。在矛盾陷入僵持局面时，引入第三方力量有助于缓和紧张态势。第三方可以充当调停者、协调者或仲裁者的角色。调停者的作用是使双方脱离直接冲突的危险，稳定双方的情绪，开辟对话渠道。协调者的使命是进一步斡旋，提供解决问题的方案并传递信息，促使矛盾化解。仲裁者的作用类似法官，以判定是非的方式强制性地压制矛盾，但这种做法要求仲裁者具有较高的权威，所以一般都是行政组织的上级领导部门承担此任务。（4）结构调整。一种办法是对个别人员实行调整，把在冲突中起关键作用的人调离或者撤换。另一种办法是作机构重组，对人员、职责、资源等重新配置；或者设置一个综合领导，让冲突各方归并到其属下，由其协调管理。

第二，引起冲突的策略。把冲突维持在一个适当的水平上，有利于激发行政组织的活力。当然，这个适当的冲突水平在许多情境下可能是零；但是不容否认，在某些情境下，冲突水平太低了也会使组织成员忧虑。如果在一个行政组织中，人们缺乏竞争意识，缺乏新思想，人员流动率低，工作绩效平平，甚至对改革也不抱希望，那么就有必要挑起一些冲突来突破现状。引起冲突的策略主要有：（1）造成一定阶段、一定范围的目标差异。比如，将总体目标分解，并且拉开收入分配的档次，奖勤罚懒，尤其是大力表彰好的，严厉惩治差的，赏罚分明。（2）选派开明的领导者。减少压制不同意见和窒息新思想的可能性，为来自下级的批评建议提供渠道，为大胆创新提供条件。（3）开辟多种信息渠道。信息的闭塞极容易造成人的思想僵化，窗子打开了，外部的新鲜空气自然会冲击室内的沉闷空气。（4）结构调整。这一策略既可以减少冲突，也可以引起冲突。比如，在人事结构中调入一些敢讲话的人和思想活跃的人，或者是将原有人员重新编组，新的价值观念和新的人员关系、新的行为方式，必然会对旧有的观念、关系、行为方式形成挑战。工作任务、职能的调整，同样会带来群体结构上的震荡，新的利益机制必然会引发新的冲突，而一定程度的冲突正是管理者所期望的。

三、冲突的解决方法

冲突的解决方法是在冲突研究和管理实践中总结出来的应对冲突的不同方式与技巧，它既有一定的规范性，又有一定的灵活性。掌握冲突的解决方法，对组织领导搞好领导工作有一定的借鉴意义。

（一）基本方法介绍

由于冲突的种类和性质不同，其处理和解决的方法也不相同。按照冲突程度的不同，常用的方法有：

第一，协商解决法。这种解决方法一般是在大目标和共同利益一致，双方的分歧属于非对抗性或暂时性的冲突的情况下，采用此法是比较好的。就是在冲突发生之后，由双方各派代表，本着协商的原则，要求双方顾全大局、求同存异、互让互谅、互相作出积极的让步，以促使冲突的解决。

第二，仲裁解决法。当冲突发生以后，通过协商已无法解决时，就需要第三者或较高阶层的专家、领导出面调解，通过仲裁，使冲突得到解决。一般来说，出任仲裁者必须具有一定的权威性，冲突双方都有解决问题的诚意；否则仲裁解决法就可能无效。在仲裁过程中，仲裁者要充分听取双方的陈述和意见，拿出有理有据的解决方案和办法，使冲突解决得公平、合理，双方满意。

第三，权威解决法。当双方的冲突经过协调和仲裁都不能解决时，则由上级主管部门作出裁决，通过组织程序迫使冲突双方接受上级的解决方案。这种权威解决法主要是采取强制的手段解决冲突，因此这种方法往往不能从根本上解决问题。一般情况下，不宜采取这种方法，但在特殊情况下，为了不失时机地完成某项任务，领导者必须当机立断，及时地解决冲突。

第四，布莱克－薛恩的形象交换法。这一方法最早是由布莱克提出来，后来由薛恩完善，主要用于组织间的冲突。形象交换法是通过冲突双方互相认识、了解和讨论对方形象来促进和加强沟通交流，以达成共识。形象交换的模式由六个步骤组成：（1）写出自己的形象。冲突群体各自用句子或形容词写下自己的形象，对自己的任何感觉和想法都写下来。（2）写出对方的形象。方法如上，只是把写自己的形象换成写对方的形象。（3）相互交换形象。双方各派一名代表把第一、第二步骤中所写的自己的形象和对方的形象互相交换阅读。（4）分别开会讨论各自的形象。讨论回答以下几个问题：为什么我方会有这些形象？为什么我方会认为对方是这样的形象？对方为什么自认为是这种形象？对方为什么会认为我方是这种形象？为什么双方之间有这些差异？（5）双方交流讨论结果。交流时只表明己方的观点和意见，明确问题所在，提供解决问题的方法，不讨论谁是谁非的问题。（6）各自提出具体行动计划。双方各自提出具体的行动计划，以减少各自形象方面的差异，即我方群体的行为如何更符合对方希望的形象。形象交换模式一般不可能靠一次形象交换就把组织间的重大冲突都解决了，但由此双方可以更好地了解对方，更好地加强合作，减少冲突。

第五，韦克斯勒等人处理冲突的方法。关于处理冲突的方法，韦克斯勒、尤克尔、戴斯勒等人提出七项建议，具有一定的参考价值：（1）建立规范攻击性行为的准则和程序，确定公正处理冲突的原则。（2）预先处理可能导致冲突的事件，消除潜在的冲突。（3）明确工作职责和权限。（4）以合作和竞争并重的激励措施，取代过分强调竞争的做法。（5）明确共同的组织目标。（6）专设仲裁、调解冲突的机构和人员。（7）提供训练以提高管理者处理冲突的能力。

（二）冲突解决方法在行政组织中的运用

随着组织行为学、政治学、社会学、行政管理学、管理心理学等学科的发展，冲突问题的研究得以进一步深入和完善。根据冲突发生的具体原因和运动形态，行政组织可以采取不同的解决方法。

第一，整合群体目标。群体的目标一般有以下几种情况：一是各成员之间无统一的目标；二是各成员之间的目标基本相似，但与群体的目标很不一致；三是各成员与群体的目标基本一致，但不完全重合；四是各成员与群体目标完全重合；五是群体目标与组织目标完全重合。领导者在协调领导关系时，首先要对不同群体的目标进行分析和归类，找出它们与组织目标之间的异同，尽量使群体目标与领导活动的总体目标不发生冲突或保持基本一致。

第二，合理确立群体行为的规范，限制冲突。群体规范是指群体所确定的行为标准。群体规范主要有风俗、文化、语言、舆论、公约、时尚等行为规范及各种不同的价值标准。群体规范可能是群体内部正式规定的，但大部分是在群体中自发形成的，能够为群体每个成员所公认，并潜移默化地影响到个人的行为及人格的发展。领导者在协调领导关系的过程中，应根据领导活动的实际情况和不同群体的特点制定群体规范。在制定群体规范的时候，要避免生硬和脱离实际，除了采取正式规定的形式外，还要积极探索多种非正式形式，促进群体规范的自然形成。

第三，加强沟通，增进了解，促进冲突的解决。在领导活动中，沟通具有不可取代的重要作用。没有沟通就无法领导，领导必须沟通。同样，没有沟通也无法建立和保持良好的领导关系，沟通是有效地解决冲突和避免冲突的根本方法和首要前提。沟通又称联络或通信，指的是一种信息交流，主要包含两个方面的意义，即意义的理解与传递。事实、情感、意见、观点和价值取向构成了沟通的基本内容。

小　结

冲突是两个或两个以上的社会单元之间，由于目标、各自的特点和利益的不同，所产生的对立态度或行为。目标的不相容性导致了双方在实现各自目标时行为的相互矛盾与牵制，直至把目标不同的另一方作为冲突的对象。现代观点认为，冲突对组织有些属于破坏性的，也有一些则是建设性的。冲突本身无所谓好坏，正常、健康的组织行为不在于没有冲突，或一味地消灭所有的冲突苗头，而在于巧妙得当地处理冲突，并把冲突维持在一个最佳水平上。组织中的冲突是多种多样的，冲突的内容也各不相同，所以产生冲突的原因也是多种多样的，有些原因是表层的，有些却是深层的。因此，分析冲突的成因首先要区分冲突的类型，在此基础上找出形成冲突的因素。对冲突进行有效管理，就是引导发挥冲突的建设性作用，抑制或减少冲突的破坏性作用，这就需要正确掌握、运用冲突处理的原则、模式、策略和方法来对冲突进行有效的管理。

思考与练习

一、单项选择题（每题只有一个正确答案）

1. 冲突属于________性行为。

A. 高对抗　　B. 低对抗

C. 敌对　　D. 消极

2. 现代观点认为，冲突________。

A. 具有建设性　　B. 具有破坏性

C. 既具有建设性又具有破坏性　　D. 具有消极性

3. ________是管理冲突的基础。

A. 提出解决原则　　B. 找出解决策略

C. 形成解决方法　　D. 冲突分析

4. 组织中最佳的冲突状态是________。

A. 适度冲突　　B. 高度冲突

C. 低度冲突　　D. 没有冲突

5. 合作意向都很高，宁可牺牲自身利益而使对方达到目的的冲突处理模式为________。

A. 争斗型　　B. 克制型

C. 妥协型　　D. 协作型

6. 缓解策略比回避策略更________。

A. 退一步　　B. 进一步

C. 不退不进　　D. 没有可比性

二、多项选择题（每题有两个或两个以上正确答案）

1. 冲突的特性有________。

A. 客观性　　B. 主观性

C. 程度性　　D. 激烈性

2. 符合现代冲突观点的是________。

A. 冲突本身没有好坏之分　　B. 健康的组织中没有冲突

C. 冲突有些对组织具有破坏性　　D. 有些冲突对组织具有建设性

3. 根据冲突的内容可把冲突分为________。

A. 权力冲突　　B. 认知冲突

C. 纵向冲突　　D. 情感冲突

4. 根据冲突发生的方向可把冲突分为________。

A. 横向冲突　　B. 纵向冲突

C. 直线/职能冲突　　D. 工作冲突

5. 冲突经历的阶段包括________。

A. 潜伏阶段　　B. 认知阶段

C. 行为阶段　　D. 产生结果阶段

6. 解决冲突的基本策略是________。

A. 缓解策略　　B. 回避策略

C. 正视策略　　D. 引起策略

7. 回避策略中解决冲突的方法包括________。

A. 忽视　　B. 分离

C. 限制　　D. 妥协

8. 减少冲突的策略主要有________。

A. 谈判　　B. 设置超级目标

C. 第三方介入　　D. 结构调整

三、名词解释

1. 冲突　　2. 工作冲突　　3. 直线/职能冲突　　4. 仲裁解决法

四、简答题

1. 简述冲突定义的要点。
2. 简述冲突的积极功能。
3. 简述冲突的消极功能。
4. 冲突经历的主要阶段有哪些?
5. 简述冲突处理的模式。
6. 基本的冲突处理策略主要有哪几种?
7. 引起冲突的策略主要有哪些?

五、论述题

1. 试分析引起群体产生冲突的因素。
2. 结合实际阐述如何减少冲突。
3. 结合实际阐述如何引起冲突。

第十章　行政组织的沟通

教学目的与要求

了解和掌握组织沟通的性质和意义；
了解和掌握组织沟通的形式以及不同沟通形式的优缺点；
重点分析和理解影响组织沟通的原因与障碍；
学习和掌握有效组织沟通的原则、方法和技巧。

组织沟通是人与人之间、群体与群体之间、组织与组织之间双向交流信息的一个互动过程。组织沟通的目的就是通过相互之间的信息交流与沟通，消除矛盾和隐患，达成认识的共识和行为上的一致，使组织成员能够齐心协力地推动组织目标的实现。组织沟通对于促进组织关系的协调、增强组织的凝聚力、提高组织效率具有积极的作用。

第一节　组织沟通的性质和意义

一、组织沟通的含义

从系统论的观点来看，一个组织不仅是一种目标价值系统、权力分配系统、技术工艺系统，而且更重要的是一个群体成员之间相互沟通和情感交流的心理和行为系统。组织沟通对组织管理有着十分重要的影响。人类的整个活动可以归纳为从外界收集、提取信息，再经过大脑提炼和处理，然后输送出去以控制外在环境，达成目标的一种过程。可以说，沟通贯彻于人类活动的整个过程之中。对于一个组织来讲，沟通系统是其神经系统，如果沟通不良，则会导致组织中人与人之间、群体与群体之间、上下级之间的冲突与摩擦，导致组织管理的混乱和无序，更甚者会导致组织和群体的瓦解。

“沟通”一词在英文中是“communication”，也有人译为“意见交流”“意见沟通”和“情报交流”。对于什么是沟通，人们有着许多不同的界定。美国管理学家纽曼和萨默认为“沟通是在两个或更多的人之间进行的在事实、思想、意见和情感等方面的交流”。哈德罗·孔茨认为，沟通是“人与人之间的信息传递”。萨姆瓦在其《跨文化传通》一书中，将沟通定义为“一种双边的影响行为的过程，在这个过程中，一方（信息源）有意向地将信息编码并通过一定的渠道传递给意向所指的另一方（接受者）以期唤起特定的反应或行为”。[①] 这些定义都从不同的侧面说明了沟通的意义。

简单来讲，所谓组织沟通是指组织中人与人之间、群体与群体之间、上下级之间凭借一定的媒介和通道传递思想、情感、观点和交流情报、信息，以期达到相互了解、相互支持，实现组织和谐、有序发展的行为和过程。

二、组织沟通的一般模式和组成要素

如前所述，沟通就是信息传递的过程。发讯者（信息源）把信息的内容传递给受讯者，这便构成了思想、意见或消息的交流过程。信息交流的一般过程和程序，我们称为信息沟通模式，即信息沟通的基本程序，如图 10－1 所示。

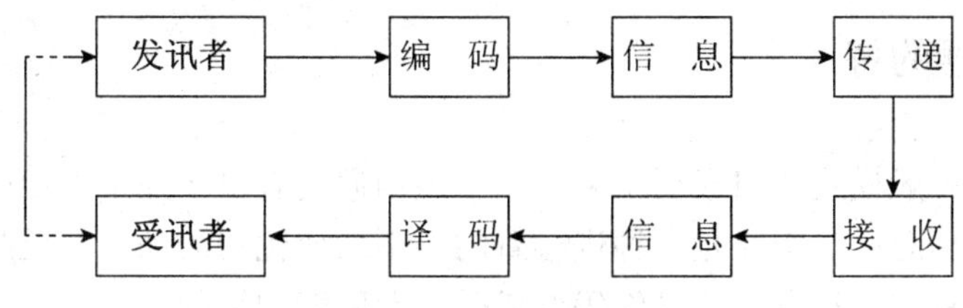

图 10－1　信息沟通模式

根据信息沟通模式，我们可以引申出组织沟通的八个基本要素：

第一，发讯者（sender）。即具有传递需求的主体或信息源（source）。这种需求可以是出自于沟通主体寻求社会承认的愿望，也可以是出自与别人分享所得所思，以期影响别人态度和行为的愿望。它所要沟通和传递的既可能是思想、观念、想法、意见、情感，也可能是信息和情报。

第二，编码（encoding）。发讯者所要传递的意见、看法、情感等不能够被他人直接分享，必须依赖某种符号来表示，这就是编码。编码是通过对言语、非言语符号的选择，将它们根据所选用语言的一定语法、句法等规则组成在一起，成为受讯者能够接受和了解的信息。

第三，信息（message）。一个信息就是一组言语的或非言语的符号，它所反映的是事物存在的状态和发展变化的消息、情报、指令、数据等内容。信息是组织沟通的主要内容。

第四，渠道或媒介（channel or media）。渠道或媒介是信息传递的通道和载体。简单来说，渠道是信息得以传递的物理手段，媒介是信息得以传递的载体和方式，如面对面的交谈、书信来往、刊物、书籍、报纸、广播、电视、录音、录像、电报、电话、告示等。

① 萨姆瓦，波特，简恩．跨文化传通．陈南，龚光明，译．陈纳，校．北京：生活·读书·新知三联书店，1988：15.

第五，受讯者（receiver）。受讯者指获得信息并随之与信息源相关联的个体或人们。受讯者可以是信息源意向所指的对象，也可以是在信息进入渠道之后因为种种原因而截取信息的其他人。

第六，译码（decoding）。信息译码与编码相似，实质上是对信息进行加工的过程。所不同的是，译码指对信息源的信息进行翻译和给信息源的行为赋予新的意见，使之转化为受讯者能够理解的意念。

第七，受讯者的反应（receiver response），即受讯者根据他所理解的意念加以判断，以采取各种不同的反应行为，这种反应可以在最大—最小范围内波动。当然，在成功的传递中，受讯者的反应要在很大程度上与信息源的愿望相似。

第八，反馈（feedback）。反馈指发讯者根据信息沟通过程中获得的某些情况和信息，作出对沟通效果的定性判断，从而调整和适应组织沟通的情境。

以上所列举的八点，是在组织沟通过程中发挥重大作用的一些因素。离开了这八点要素，组织沟通便无从谈起。

三、组织沟通的特性

从组织沟通的一般模式和组成要素来看，组织沟通具有以下几个方面的特点：

第一，沟通的动态性。沟通是一种进行着的、不断变化的活动。它反映的是发讯者把他所要传送的思想、意见、消息等通过编码变成受讯者所能理解的语言、文字或其他符号，并借用一定的渠道或媒介传送出去，让受讯者接收；受讯者接收之后将信息译解，变成自己的观念，作出行动反馈给发讯者的一个十分繁杂的动态过程。

第二，沟通的互动性。沟通必须在信息源和受讯者之间进行。这意味着沟通必须是两个人或两个人以上。它是参加沟通双方相互影响的一种过程。

第三，沟通的不可逆性。常言道“覆水难收”，就是这个道理。话一旦说出口，就会被别人破译并无法追回，同样，受讯者一旦被某一信息所影响，这一影响结果也不可能再收回。当然，我们可以发出其他信息以修正原信息的影响结果，但我们无法消除已实现的效果。这一特性说明了有效的信息传递必须准确，一个不完整的意念或未经证实的事情，若被轻易传递出去，可能会产生无法估量的差错。

第四，沟通的环境制约性。沟通总是在一定的物质和社会环境中进行的，并且受制于物质的和社会的环境。物质和社会环境对沟通产生一定的影响，如所用语言的种类、沟通双方是否尊重对方、时间的选择、沟通的方式、沟通者的不安和自信程度等，都是社会环境影响沟通的表现。

四、组织沟通在公共组织管理中的功能与作用

信息沟通是现代组织管理的基石。因为任何一个管理系统都包括了物质流和信息流的运

动和转化。信息流反映物质流的状况并指挥物质流的运动。可以说，管理者的职责就在于通过信息流来控制物质流。对于一个组织来讲，确定目标，制定决策，进行组织、控制、协调，以及对人际关系的改善，组织内聚力的形成，组织的变革与发展等，都离不开信息的沟通。具体来讲，组织沟通在组织管理中的作用表现在以下几个方面：

第一，组织沟通是实现科学决策和有效计划的前提条件。任何组织都是一个开放系统，组织外部复杂多变的因素对组织的生存与发展施加着直接或间接的影响。特别是在竞争多变的当今社会，组织的生存与发展愈来愈依赖于科学的、准确的、及时的决策和周密、详尽、完善的计划，而决策的科学和计划的完善必须依靠准确、完整、及时的信息。一个组织通过与外界的信息沟通，可以获得外界环境变化和需要的各种信息，从而为组织决策和计划制订提供必要的依据和参考。

第二，组织沟通是实施有效组织协调的依据和手段。现代社会组织的一个十分显著的特点就是组织规模庞大，人员众多，业务繁杂，并且高度专业化。在此情况下，利害冲突、意见分歧、相互掣肘和摩擦在所难免，意见和信息交流与沟通可以消除这些弊病，增进组织的效能。

第三，组织沟通是建立和改善人际关系的必要途径。从组织行为的角度来看，组织是一群人对工作职责的了解、团体精神的感受、情感的交流、需要的满足所形成的一个心理状态。沟通有赖于联络，有赖于人与人思想、情感的交流和了解。对一个组织来讲，有效的意见交流，可以增进领导与下属之间、下属相互之间、团体与团体之间的了解和信任，可以使团体间人际关系得以改善，集体感、责任心、荣誉心、士气和服务精神将随之增强，这样，组织的内聚力也会因此而得到强化。相反，缺乏有效的沟通，相互之间得不到理解和信任，则会使组织气氛处于压抑状态，士气低落，人际关系紧张，从而影响组织工作的绩效和效能。

第四，组织沟通是改变组织成员心理和行为的重要途径。信息和意见作为一种刺激物，对人的行为和心理有着重要影响。人们接受不同的信息，受不同的刺激，会形成不同的态度，产生不同的行为。因此，通过传递适度的信息，可以改变人们过时的心理结构和行为方式，以适应现代社会的要求。

第五，组织沟通有助于克服官僚主义，提高组织效率。在庞大的组织中，建立四通八达、自由交流的信息沟通网络和方式，可以改变组织管理中文山会海、公文旅行、拖拉作风、官僚主义等恶习，有利于提高组织管理的效率。

第二节　组织沟通的形式和网络

根据当今社会中的沟通现实，人们将组织沟通依据不同的标准划分为不同的形式和网络，这些形式和网络各有其自身的特点、优点和缺点。了解组织沟通的形式和网络，有助于我们更好地认识和掌握组织沟通的规律，实现有效的组织沟通。

一、组织沟通的形式及其特点

（一）正式沟通与非正式沟通

正式沟通是指通过组织明文规定的原则、渠道所进行的信息传递和交流，如组织之间的公函来往，组织内部规定的汇报、会议制度，请示、报告制度，上级命令的下达，下级情况的上报等。正式沟通的优点是沟通效果较好，比较正式、严肃，有较强的约束力。一般情况下，重要的信息沟通通常采用这种形式。其缺点是沟通的速度较慢，刻板，缺乏弹性。

非正式沟通是指正式沟通渠道以外的信息交流和传递，它不受组织监控，自由选择沟通渠道，如组织成员私下交流意见和看法、小道消息、传播谣言等。与正式沟通相比，非正式沟通具有迅速、灵活、程序简便的特点，并且往往能够提供大量的、通过正式渠道难以获得的信息；非正式沟通的信息往往反映了组织中成员较真实的思想、态度、动机。其缺点是难以控制，信息易于失真，意见易被歪曲，各种小道消息及流言蜚语易于传播，容易导致小集团意识，如不加以有效的诱导和控制，则可能影响人际关系，瓦解组织的内聚力。

（二）单向沟通与双向沟通

所谓单向沟通，指在沟通时，一方只发送信息，另一方只接收信息，双方无论在语言和情感上都不要信息的反馈。如作报告、发指示、下命令等都属于单向沟通。

所谓双向沟通，指信息的发讯者以协商、会谈、讨论的方式对受讯者发出信息之后，及时听取反馈意见，发送和反馈可进行多次，直到双方共同了解为止。

单向沟通和双向沟通各有利弊，具体表现在以下几个方面：（1）单向沟通比双向沟通速度快；双向沟通需要不断听取反馈意见，故信息传递的速度比较缓慢。（2）单向沟通的效果较差；而双向沟通比较准确，沟通效果较好。（3）单向沟通比较严肃、呆板，由于往往采取下命令的方式，因此，在受讯者不愿意接受意见时，易产生抗拒心理，影响沟通效果；双向沟通比较灵活、自由，受讯者有反馈意见的机会，使受讯者有参与感，能增强其自信心，有助于建立和巩固双方的情感，建立融洽的人际关系。

（三）下行沟通、上行沟通与平行沟通

下行沟通、上行沟通与平行沟通，是以组织结构的方式为标准对信息沟通的分类。

下行沟通指自上而下的信息传递和沟通。下行沟通的主要作用是：（1）领导把组织的路线、方针、政策及意图传递给下属，从而给下属指明工作的目标，明确其职责和权力；（2）领导可以把工作中存在的问题与要求传达给下属，与下属协商解决，可以增强下属的归属感；（3）可以协调组织中各层次的活动，增进各层次、各职能部门之间的联系和了解。下行沟通的缺点是由于信息是逐级传递的，所以在传递过程中会发生信息的搁置、误解、歪

曲，从而影响沟通的效果。而且长期使用下行沟通，一方面易形成一种“权力气氛”，影响士气；另一方面会养成下级依赖上级，一切听从上级裁决的权威性人格，从而使下级缺乏工作的积极性和创造性。

上行沟通是指组织中的成员、群体通过一定的渠道与决策层进行的信息交流，如下级向上级定期或不定期的汇报工作，进行情况或问题的反映，征求意见等。上行沟通的优点是：（1）下级和组织成员将自己的看法、意见向上级和领导反映，能够获得一定的满足感，能够增强下级的参与感；（2）上级和领导可以通过上行沟通了解下级和组织成员的状况、存在的问题等，作出符合实际情况的决策。上行沟通存在的问题是：（1）在上行沟通的过程中，下级因地位、职务的不同有一定的心理距离和障碍；（2）下级往往害怕领导打击报复、“穿小鞋”，致使下级不愿反映真实情况。从我国的具体情况来看，下行沟通尚可，而上行沟通存在的问题较多，这主要表现在：管理层次过多，下级的意见不能及时反映到上面；上行沟通的渠道不畅通，人民群众缺乏下情上达的机会与途径；领导作风不民主，存在压制下级意见、打击报复、官僚主义等恶习，致使人民群众敢怒而不敢言；下级和下属的权威性人格使其缺乏参与感；等等。

平行沟通，又称横向沟通。指在组织系统中处于相同层次的人、群体、职能部门之间进行的信息传递和交流。横向沟通的优点很多，主要有：（1）办事程序和手续简便，节省工序和时间，办事效率高；（2）可以加强各职能部门之间的相互了解和协调，消除相互之间的冲突、扯皮，增进团结；（3）可以增进组织之间和组织成员之间的合作和协助，培养集体主义精神，克服本位主义和个人主义的弊病。从我国的具体情况来看，政府行政组织体制中的条块分割、职能交叉、部门林立、本位主义、相互扯皮、相互掣肘等现象的出现，正是由于缺乏横向沟通和联系造成的，这也是我国行政组织体制改革的一个重要内容。

（四）书面沟通与口头沟通

书面沟通是指以书面文字为媒介进行的信息传递与交流，如通知、布告、书信、文件、刊物、备忘录等。书面沟通的优点是：信息可以长期保存；对一时分辨不清的信息可以反复研究，具有一定的严肃性和规范性；在表达方式上，比口头沟通更为详尽。其缺点是：受时间限制，适应情况能力较差，且如果书面内容阐述不清，用词不当，内容繁复冗长，则容易影响受讯者的情绪。

口头沟通是指以口头语言为媒介进行的信息传递与交流，如演说、会议、讨论、会谈、谈判、电话联系等。这种沟通的优点是：简便易行；沟通双方都有直接向对方反应的机会，可以当场解决问题；在沟通过程中可体察对方的体态、手势与表情的变化，进行情感交流，增加亲切感，提高沟通效果。其缺点是：沟通范围受到时空的限制，比如在人数众多时使用口头沟通就较为困难；口头沟通的随机性强，可能会传递一些与沟通主题无关的信息，浪费时间；由于是面对面式的交谈，口头沟通会增加彼此之间的心理压力，造成心理紧张。

在组织管理中，书面沟通和口头沟通都是不可缺少的沟通方式，并且各有其优缺点。在组织沟通中，究竟选用何种沟通形式，必须根据信息的特点和受讯者的情况而定。一般来讲，传递重要的、需要长期保存的信息，以书面沟通为宜，而传递一般的、暂时性的信息，则以口头沟通为好；受讯者人数较少，以口头沟通为宜；沟通受讯者的人数甚众，宜以书面沟通的形式进行。根据现代管理心理学研究，以书面沟通与口头沟通相结合方式进行的沟通效果最佳。

（五）直接沟通与间接沟通

根据沟通是否需要第三者中介传递，可以将沟通分为直接沟通与间接沟通。

直接沟通是指发讯者和受讯者双方直接沟通，无须第三者传递。这种沟通方式的优点是：沟通迅速，双方可以充分交换意见和看法，获得准确的信息，沟通的效果较好。缺点是：由于受时间、地点等条件的限制，有时使用此种方式会有困难。

间接沟通是指经过第三者进行的信息传递和交流。这种沟通方式的优点是：不受地点等条件的限制，应用机会多。缺点是：浪费人力与时间，而且经过第三者传递，容易使信息失实、歪曲。

二、组织沟通网络

信息沟通是在两个人或两个人以上之间进行的。在信息传递的过程中，若发讯者并非直接把信息传递给受讯者，中间要经过某些人的转呈，在这一过程中，便形成和出现不同的沟通结构形式，这便是沟通的网络。一般来讲，我们可以把沟通网络分为两大类：一类是正式沟通网络，另一类是非正式沟通网络。在每类沟通网络内部，又有若干具有不同特点的网络形式。这些不同的网络结构形式，不仅关系到信息沟通本身的效率，而且影响着组织效率。

（一）正式沟通网络

根据国外组织行为研究者的试验和探究，正式沟通网络有五种基本类型，即链式、环式（或圆周式）、Y 式、星式、全通道式信息沟通网络。

1. 链式沟通网络

在链式沟通网络中（如图 10 - 2a 所示），居于两端的人仅能与内侧的一个成员相联系，居中者则可分别与其两端沟通。在一个组织结构中，它相当于具有五个管理层次，信息可以逐级自上而下或自下而上传递的沟通网络。链式沟通网络模式一般比较正规，是较为典型的正式沟通。在一个组织系统中，如果系统过于庞大，需要分层授权管理，利用链式沟通网络则是较为有效的形式。这种沟通网络的缺陷主要是信息层层传递、层层筛选，容易出现信息失真现象。

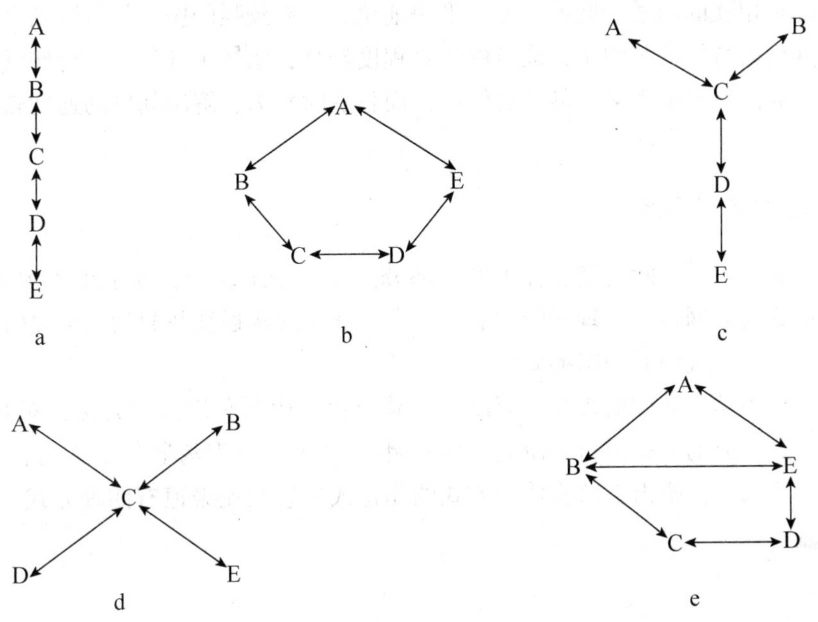

图 10－2　正式沟通网络

2. 环式（或圆周式）沟通网络

环式（或圆周式）沟通网络表示五人之间依次的联络和沟通，也可表示具有三个层次的组织机构之间的沟通和联系（如图 10－2b 所示）。第一层级主管人员对第二层级的主管人员建立纵向联系，第二层级主管人员再与底层建立联系，底层的下级部门或工作人员之间建立横向的沟通和联系。

3. Y 式沟通网络

Y 式沟通网络是一个纵向沟通的网络（如图 10－2c 所示），其中，有一个人或组织机构位于沟通的中心，成为上下之间沟通的中间媒介。这种信息沟通网络的集中化程度较高，解决问题的速度较快。在一个组织中，如果管理者的任务繁重，需要专门设立机构或人员进行分析，提供信息，并对下级实行有效的控制，那么，这便是一种行之有效的沟通模式。

4. 星式沟通网络

星式沟通网络是典型的集权式控制型网络（如图 10－2d 所示）。主管人员是各种信息的汇集点和传递中心。主管人员分别与四个下级发生沟通联系，并发出指令，接收汇报。而下级之间无沟通联系。这种网络集中化程度很高，解决问题速度快。但在沟通过程中，团体成员压力较大，成员平均满足程度低，而且下级之间缺乏联系，致使消息闭塞，相互冲突摩擦较多，影响组织士气。

5. 全通道式沟通网络

全通道式沟通网络是一个开放式沟通网络（如图 10－2e 所示）。在组织系统中，组织机构或成员之间都有一定的联系（纵向的或横向的）。它相当于委员会式的组织机构，所有的成员之间都有相互的沟通和联系，处于平等地位，具有较强的民主气氛以及合作精神。在以这种沟通网络为特征的组织中，成员的满足程度较高，团体士气高昂，合作气氛浓厚。但是，这种网络的沟通渠道太多，易造成混乱，而且费时费力，解决问题的速度较慢，影响工作效率。

（二）非正式沟通网络

正式沟通网络只是实际沟通途径中的一部分。在一个组织中，除了正式沟通网络之外，还存在着非正式沟通网络。在现实的沟通过程中，非正式沟通往往起到很重要的作用。所以我们也要重视对非正式沟通网络的研究。

美国组织行为学家戴维斯曾在一家皮革制品公司采用顺藤摸瓜的方法，对 67 名管理人员的非正式信息交流的渠道进行了研究。1953 年，他在《管理沟通与小道消息》一文中介绍了他的研究成果。他指出，口头传播方式的非正式信息交流渠道有四种方式，如图 10－3 所示。

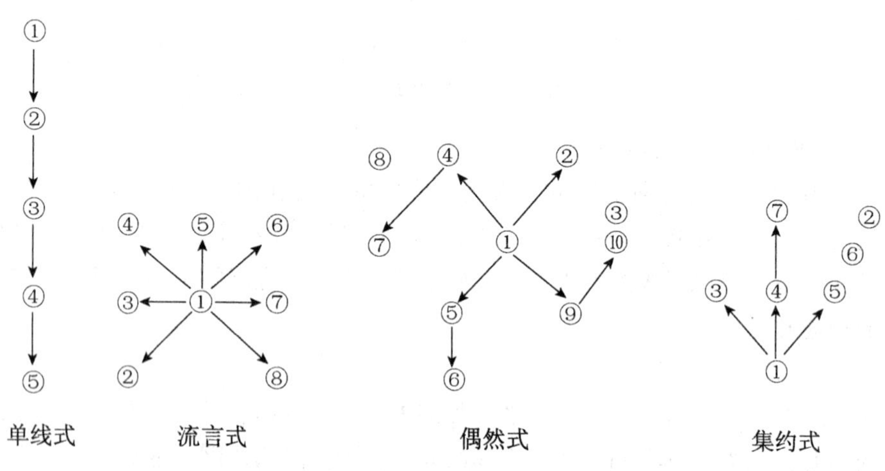

图 10－3　非正式沟通网络

第一种，单线式：①将消息传给②，②传给③，③传给④，④传给⑤。

第二种，流言式：①将消息传给②、③、④、⑤等人。

第三种，偶然式：①将消息随机传递给一部分人，再由这些人传递给其他人。

第四种，集约式：①将消息传递给特定的人，这些人再传递给其他人。

由于非正式传递大多数是口头进行，故传播的速度很快，也极易于扩散。戴维斯曾经指出，小道消息传递有五个特点：（1）新闻越新鲜，人们谈论得越多；（2）对人们工作有影响的，最为人们所谈论；（3）越为人们所熟悉者，人们越喜爱谈论；（4）人与人在工作上有关系者，一般最可能牵涉在同一传言之中；（5）人与人在工作中常有接触者，最可能牵入同一传言之中。

一般来讲，产生小道消息有以下几个方面的基本原因：对组织的信息不明，不了解；职工有不安全感；组织成员对组织领导、工作有抵触情绪；组织冲突；组织当中缺乏良好的组织气氛；正式信息渠道不畅通等。

根据赫尔希对六家公司的 30 条小道消息的内容所作的分析，其中 20% 是确实的，16.7% 有些依据，53% 没有根据。因此，对非正式沟通我们应认真对待，它既能传递一些切实有用的信息，又很可能流传一些流言蜚语，破坏组织成员之间的团结。

第三节　组织沟通的障碍机制

在组织沟通当中，存在着许多阻碍有效沟通的因素，这些因素既有来自沟通双方主观方面的，也有来自客观方面的，还有来自沟通方式、通道、网络等诸多方面的，来自这些方面的因素相互交织，阻碍着组织沟通。我们把这些因素统称为组织沟通的障碍性机制。分析这些因素及其成因和解决的方法，是进行有效组织沟通的一个十分重要的前提条件。

一、组织沟通的主观心理性障碍

如前所述，人是组织沟通的主体，又是沟通的客体。发讯者和受讯者的个性、知识、经验、能力、态度以及相互之间的关系，是进行有效沟通的基础。其中，任何一个因素皆可能成为沟通的障碍。

第一，从主观心理因素来看，个体的性格、气质、态度、情绪、需要、品质的差别都会成为沟通的障碍。比如，品质高尚的人，光明磊落，在沟通中着眼于大局，充分运用正式沟通渠道，并且传递真实、可靠的消息；反之，品质卑劣者，热衷于小道消息和流言蜚语。沟通者性格开朗，则易于接近和沟通；反之，性格内向者，则不易接近，不易沟通思想和交流情感。一个具有民主作风的领导者乐于听取下属的意见和看法，上下级的沟通容易实现；反之，一个独裁专断、自以为是的领导者则认为自己比下属强，不愿听取不同的看法和意见，致使沟通不能达成。而且，由于人的需要是不一致的，观念不同，利害不一，这也成为沟通的障碍。

第二，从知识和经验方面来看，由于沟通双方在知识水平和经验上差距过大，就会产生沟通障碍。当发讯者把自己的观念、想法编码时，他只是在自己的知识和经验范围内进行。同样，受讯者也只能在他们自己的知识和经验范围内进行译码、解释。如果双方没有共同的经验区，就无法进行沟通，无法译解和理解所传递的信息。正如一个小孩不能听懂成年人的话一样，知识和经验制约着人们之间的沟通。

第三，记忆能力不佳所造成的障碍。在组织沟通中，信息传递往往是依据组织系统层级传递的，在传递的过程中，如果个体有较佳的记忆力，那么，传递信息的准确性程度则高。有关研究表明，在口头沟通中，每传递一次信息大概都要损失所传递信息的 30%。

第四，需要和态度不同造成的障碍。在组织管理中，无论是管理者还是下属职工都存在轻视沟通作用的倾向，未能认识到管理沟通的重要性，把本来不充分的沟通看成例行公事，从而漫不经心，影响沟通效果。特别是由于个人的利益和需要不同，会对信息进行歪曲：下级向上级汇报，为了讨好上级，一味逢迎，报喜不报忧，争功诿过，隐瞒真相；而上级对下级的沟通，多是官样文章，宣传一番，不提错误，不讲困难，真相不肯和盘托出，致使信息沟通流于形式，达不到应有的实效。

第五，知觉选择性。接受信息是知觉的一种形式。由于种种原因，人们总是习惯于接收一部分信息，而摒弃另一部分信息。

二、组织沟通的客观性障碍

在组织沟通过程中，除了大量主观的、人为的障碍因素之外，也存在着一些客观障碍。它们主要是：

第一，空间距离（地域因素）所引起的障碍。在组织系统中，组织中的机关单位，多分散在各地，地理上有相当的距离，不能进行面对面的直接交谈，畅快地交换意见，相互了解；而通过文书传递，又需要相当的时间，不能把握时效，及时解决问题；通过网络联系虽可直接沟通，但受时间的限制，不能把复杂的问题说清楚，影响沟通效果。

第二，组织机构引起的障碍。现代组织的一个显著特点是组织机构过于庞大，管理层次太多，人员繁杂。在这种情形下，信息自上而下的传递，不仅会浪费大量的时间，而且还会引起信息的不断“过滤”，致使信息失真。而且，如果组织机构设置不合理，机构职责不清，缺乏有效的沟通渠道，还会导致信息的阻塞或信息传输的中断。

第三，信息过量引起的障碍。现代社会是信息社会，管理人员被淹没在信息的汪洋大海之中。信息过量的弊病在于各种未加区别、分辨的信息汇集在一起，使人们无法作出判断；过量的信息传递致使信息渠道堵塞；致使工作烦琐，效率低下。

三、由信息传递的媒介形式引起的障碍

如前所述，信息传递的一个重要特点是要凭借一定的媒介形式和网络进行。而媒介形式则会成为沟通的障碍，这些障碍主要表现在以下几个方面：

第一，语言障碍。语言是信息沟通的工具和媒介。人们通过语言、文字及其他符号，把事物的特征和发展状态转换为信息进行沟通。但是，如果语言使用不当则会造成沟通的障碍，这不仅会降低沟通的效果，而且还会引起人与人之间的误会、隔阂与矛盾。例如，使用语言的不明确、模棱两可，使受讯者无法理解；措词不当也会引起误解；叙事说理言之无据、条理不清、文理不顺等，都会影响沟通的顺利进行。

第二，选择沟通方式不当引起的障碍。每种沟通方式都有其优缺点。要根据实际情况选

择具体的沟通方式，否则就会发生沟通障碍。例如，要把会议通知分发给与会者，这就需要采取书面沟通形式，如果采取口头沟通方式，就会使信息失真。

总之，影响组织沟通的因素很多，对于管理者来讲，其一个重要的职责便是消除这些障碍因素，促使沟通有效进行。

第四节　有效组织沟通的原则和方法

在现代信息社会，组织管理效率很大程度上取决于信息交流的效率。美国管理学家詹姆士·李，对美国 15 家公司的 260 名基层和中层管理者进行调查，发现在信息交流过程中，普遍存在着一些失误。他按过失大小将这些失误予以排列，提出“信息交流十失”，它们依次是：(1) 不通知我某些我应该知道的事；(2) 不把全部情况告诉我；(3) 迟了才告诉我某些事；(4) 采用错误的交流方式；(5) 在信息交流链中绕过了我；(6) 给我提供错误的信息；(7) 用讽刺的、敌对的或感情用事的方式对我进行信息交流；(8) 用我不能理解的语言、术语、过于技术性的词句同我讲话；(9) 当着别人的面批评我；(10) 不用行动来支持我所获得的信息。由此看来，信息交流的误区是很多的，对于一名组织管理者来说，如何避免这些误区，消除沟通的障碍，从而达到有效的信息沟通和交流，是一门专门的知识，也是一种技巧和方法。

一、组织沟通交流的基本原则

要做到有效的组织沟通，组织管理者应掌握一些基本的原则。这些原则是人们在具体的管理实践中探索出来的，并且是十分行之有效的。它是沟通的基本准绳。

第一，明确性原则。这是沟通的基本准则。所谓明确，其标准是，信息沟通所用的语言和所采用的传递方式要能被受讯者理解。提出信息并用别人能理解的语言或口气表达出来，是发讯者的主要责任。信息传递不明确，必将导致管理失误。这一原则要求沟通的语言文字准确，不可含糊不清；文字、语言应适合于受讯者的教育程度和习惯；叙事说理言之有据，条理清楚，力戒颠三倒四，文理不通。

第二，准确性原则。所传递的信息应是被确定为准确无误的信息。必须牢记，一个不完整的、未经证实的信息，若被轻易传递出去，可能产生无法估计的差错。管理学家戴维斯就此告诫人们：“千万要记住，直到你思考成熟后再开始说。”这一原则也意味着在信息传递过程中，不要漏传或错传，不要使信息失真。

第三，需要原则。信息传递并不是传递自己所获得的一切信息。信息交流最基本的原则之一是认识到组织中其他人“需要了解什么”，并对此作出反应。在现实中，人们常常破坏这一原则，主要是由于以自我为中心，再加上时间紧迫，以及不了解别人的需要等原因。同时，这一原则也意味着，认识你自己“需要了解什么”，并在周围环境中寻找机会获取自己需要的信息。

第四，计划原则。对于每一项重要的信息交流，为了使它最为有效，必须加以计划。每一项交流计划，应包括以下几个问题：（1）确定谁是信息的发讯者；（2）确定谁是信息的受讯者；（3）明确信息交流的具体内容是什么；（4）明确怎样进行信息交流，采取什么样的方式进行；（5）确定信息交流在什么地方进行；（6）明确信息交流在什么时候进行最为恰当。

第五，反馈原则。为了使信息沟通更加有效，必须提供恰当的反馈，通过反馈来证明沟通的精确性和有效性。实施反馈有助于沟通双方相互之间充分了解和合作。

第六，在战略上使用非正式沟通原则。如前所述，非正式沟通具有速度快，能反映真实的情况，能提供许多正式沟通难以获得的信息等特点和优点。在组织沟通中，单靠正式沟通是不够的，作为管理者应该认识到非正式沟通的重要性。管理大师孔茨认为：“只有当主管人员使用非正式组织补充正式组织的情报沟通时，才能产生最佳的情报沟通效果。”但是，由于非正式沟通具有传播流言蜚语、小道消息，歪曲信息，破坏组织团结和内聚力等缺点，故应只在战略上利用非正式沟通。

二、改进组织沟通的具体方法

怎样才能提高组织沟通的效果？除了坚持上面提到的一些基本原则之外，还有一些具体的方法，这些方法是针对组织沟通的障碍因素提出的，它有以下几个方面。

（一）提高组织信息沟通的心理水平

如前所述，沟通双方的性格、品质、习惯、态度、记忆能力等都对沟通施加着不同程度的影响。为了实现有效沟通，在心理素质方面，应着重于以下几个方面的提高：（1）思维能力。对受讯者来讲，提高自己思维的分析能力和比较能力，能够加强对信息的理解；对发讯者来讲，健全的思维能力是传送信息准确性的条件。（2）记忆能力。记忆准确性水平较高的人，传递信息可靠，接受信息准确；反之，信息传递易受损失，信息易受歪曲。（3）良好的心理习惯，包括注意力集中、情绪稳定、态度端正等。（4）民主的管理作风，尊重人格，平等待人，善于听取不同意见，宽宏大度。（5）扩大自己的知识范围，改变、优化知识结构。另外，建立健康的人格，塑造高尚的品格等皆有助于提高沟通水平。

（二）正确运用语言文字

正确运用语言文字不仅能提高沟通效果，而且能够改善人际关系，消除不必要的误会、矛盾和隔阂。根据学者们的研究，在沟通中正确使用语言文字需注意以下几点：（1）使用语言文字的意义要明确，不要模棱两可；（2）运用对方感情上易接受的语言文字，多用陈述性语言文字，避免或尽量少用评论性、挑战性、讽刺性语言文字；（3）用词得当，通俗易懂，尽量少用使人难懂的专业性术语；（4）酌情使用图表，或采取其他具有形象性的方式，也可借助手势、表情，以利于思想感情沟通；（5）尽量使用短句；（6）叙事说理，言之有据，条理清楚，切勿颠三倒四，文句不通；（7）交谈过程中要注意节奏，交谈中涉及较为生疏的人名、地名时要谈得慢些，重要的人名、地名和事件要重复；（8）交谈中人称要明确，交代清楚是第一人称还是第三人称，否则会引起受讯者的误解。

（三）学会有效聆听的方法

据研究估计，人在聆听10分钟的谈话时，大约仅有25%的效率。克服不良聆听习惯是十分重要的。在现实沟通中，沟通者大多有下列不良习惯：（1）对谈话主题没有兴趣，因此不安心聆听；（2）被对方说话的姿势所吸引，而忽略了谈话的内容；（3）听到不合意的事情，情绪便受影响，以致影响对其余信息的接收与处理；（4）只重视事实而忽视原则和推论；（5）过分重视条理，对条理较差的谈话内容不愿多思索；（6）矫装的注意；（7）注意力不集中；（8）对较难的词句或技术性语词不求甚解；（9）为对方感情性语言分心；（10）利用空当思索别的事情。上述不良习惯对沟通效果影响是较大的。改变上述不良习惯的方法是全神贯注地聆听。必须记住，漫不经心式的聆听或者一边聆听、一边与人争论式的聆听不仅会伤害对方的自尊心，而且也不会取得最佳的沟通效果。

美国学者戴维斯提出有关聆听的十大要点，告诫人们，特别是管理者要学会聆听的技巧。它们是：（1）少讲多听，多保持沉默，不要打断对方讲话；（2）设法使交谈轻松，使讲话人感到舒适，消除拘谨不安；（3）表示出有聆听的兴趣，不要表现出冷淡和不耐烦；（4）尽可能排除外界干扰；（5）站在对方的立场上考虑问题，表现出对对方的同情心；（6）要有绝对耐心，不要插话；（7）控制情绪，保持冷静；（8）不要与对方争论或妄加评论；（9）提出问题以显示你在充分聆听和求得了解；（10）仍是少讲话，这是要诀，因为人都愿多说少听。

（四）学会有效沟通的方法

有效沟通是一门技巧，在沟通时要注意下列问题：（1）选择适当的地点，这要根据交谈的内容来确定。如谈论的是正式问题，在办公室或会议室进行比较适宜。如交谈的是个人的意见或看法，可边散步边交谈，或到对方家中拜见，以示亲切和诚意。（2）选择适当的时机。信息传递的时机会增加或减低信息沟通的价值和效果，不合时机地发送信息，对于受讯者的理解是一个无法克服的障碍。时间上的耽搁或拖延，会使信息过时而无效。（3）沟通一定要有安排和计划，也要遵循一定的程序。（4）选择合适的沟通方式。每一种沟通方式皆有其优缺点，要根据沟通的性质和内容来确定。（5）沟通的主题内容要明确，不要把话题扯得很远。

管理学界对如何进行有效的沟通提出了许多方法，其中比较著名，且被大家公认的较佳的方法是美国管理协会提出的一套改善沟通的建议，大家习惯上称之为“良好沟通十戒”，其要点如下：(1) 沟通之前应把要传递的思想搞清楚。对所传递的问题或意见分析得越有条理，越有利于沟通。(2) 要认真考虑每次沟通的真正目的。在沟通前，要问一问自己通过传递出的信息究竟要达到什么目的，希望解决的问题是什么，然后选择适当的语言、语气和方式来达到此目的。信息的目的越明确，沟通成功的把握性便越大。(3) 要全面考虑沟通时的一切环境情况，如自然的和人的环境，如时机的选择、决定沟通的社会风气、习惯作法等。像一切有生命的东西一样，沟通也必须能够适应它的环境。(4) 在计划安排沟通时，要适当地同别人商量，征求意见，这样会使沟通的信息具有真知灼见和客观性。(5) 进行沟通时，要注意信息的基本内容，同时也要注意到附带的含义。如说话的语气、表达方式、对听众反应表现出的接受能力等。(6) 要善于利用机会来传递有益或有价值的东西，尽可能为他人的利益和需要着想，重视向别人传递有关其利益或具有长远价值的信息。(7) 跟踪检查沟通。如果传递信息后不跟踪检查效果究竟如何，那么沟通可能是白费力气，因为我们永远不能知道我们是否成功地表达了本来的意义和意图。要确保每次重要的沟通都有“反馈”，以取得全面的理解和适宜的行动。(8) 沟通不仅要着眼于现在，也要着眼于将来。沟通应当主要适应当前形势的需要，然而，最重要的是要使沟通符合长远利益和目标。(9) 言行一致。归根结底，最有说服力的不是看你是怎样说的，而是看你是怎样做的。如果一个人的实际行动或态度与他讲得不一样，他的话就会被看得一文不值。(10) 做一个善于倾听的人。“良好沟通十戒”对于避免沟通障碍、改善行政沟通状况，无疑是具有积极意义的，这些可以作为我们管理工作中的借鉴。

小　结

组织沟通是实现组织协调的重要手段。组织沟通的目的就在于促进组织中人与人之间、组织与组织之间、组织与个人之间的相互信任与了解，增进组织团结，提高组织效率。组织沟通是一门艺术，它不仅包含那些特定的沟通技术与方法，也蕴含许多沟通技巧，需要在实践中不断摸索与提高组织沟通的能力。

思考与练习

一、单项选择题（每题只有一个正确答案）

1. 通过组织明文规定的原则、渠道所进行的信息传递和交流，此种形式的信息沟通为________。

A. 非正式沟通　　　　B. 单向沟通

C. 组织沟通　　　　D. 正式沟通

2. 信息的发讯者和受讯者以协商、会谈、讨论的方式进行信息的交流与意见反馈，直到双方共同了解为止，这种沟通形式为________。

A. 非正式沟通　　B. 单向沟通
C. 双向沟通　　D. 正式沟通

3. 组织中的成员、群体通过一定的渠道与决策层进行的信息交流，如下级向上级定期或不定期的汇报工作，进行情况或问题的反映等，这种沟通形式为________。

A. 单向沟通　　B. 双向沟通
C. 上行沟通　　D. 下行沟通

4. 组织中，自上而下进行的信息传递和沟通，如上级意见、文件、政策的下达等，这种沟通形式我们称为________。

A. 下行沟通　　B. 单向沟通
C. 横向沟通　　D. 上行沟通

5. 组织系统中处于相同层次的人、群体、职能部门之间进行的信息传递和交流为________。

A. 下行沟通　　B. 单向沟通
C. 平行沟通　　D. 上行沟通

二、多项选择题（每题有两个或两个以上正确答案）

1. 从组织沟通的一般模式和组成要素来看，组织沟通具有以下几个特点：________。

A. 动态性　　B. 互动性
C. 不可逆性　　D. 环境制约性

2. 以组织结构及其运行程序为依据和标准，组织信息沟通的形式和类型可划分为以下几种：________。

A. 正式沟通　　B. 下行沟通
C. 上行沟通　　D. 平行沟通

3. 根据沟通是否需要第三者中介传递，我们可将沟通划分为以下两种类型：________。

A. 直接沟通　　B. 双向沟通
C. 间接沟通　　D. 网络沟通

4. 在信息传递的过程中，会形成和出现不同的沟通结构形式，这便是沟通的网络，一般来讲，组织沟通网络可分为两大类：________。

A. 正式沟通网络　　B. 非正式沟通网络
C. 双向沟通网络　　D. 单向沟通网络

5. 根据国外组织行为研究者的试验和探究，正式沟通网络有以下几种基本类型：________。

A. 链式　　B. 环式　　C. Y 式
D. 星式　　E. 全通道式

6. 戴维斯在《管理沟通与小道消息》一文中指出，口头传播方式的非正式信息交流渠道或形式主要有________。

A. 单线式　　B. 流言式

C. 偶然式　　D. 集约式

7. 在组织沟通中，由信息传递的媒介形式引起的障碍主要有________。

A. 组织机构引起的障碍　　B. 语言障碍

C. 距离障碍　　D. 沟通方式不当引起的障碍

8. 组织沟通中存在的客观性障碍主要有________。

A. 沟通方式不当引起的障碍　　B. 信息过量引起的障碍

C. 组织机构引起的障碍　　D. 空间距离引起的障碍

三、名词解释

1. 组织沟通　2. 正式沟通　3. 非正式沟通　4. 单向沟通　5. 双向沟通

6. 下行沟通　7. 上行沟通　8. 平行沟通　9. 书面沟通　10. 口头沟通

四、简答题

1. 简述组织沟通的基本构成要素。
2. 简述组织沟通的特性。
3. 简述非正式沟通及其优缺点。
4. 比较单向沟通和双向沟通的优缺点。
5. 简析下行沟通的特点及其存在的弊端。
6. 简析上行沟通的优点与合理运用。
7. 简析平行沟通及其优点的发挥和运用。
8. 简析书面沟通和口头沟通的利弊。
9. 简述组织沟通的基本原则。

五、论述题

1. 试论组织沟通在公共组织管理中的功能与作用。
2. 试论上行沟通、下行沟通和平行沟通在组织沟通中的互补与优势发挥。
3. 试论非正式沟通在组织沟通中的价值与合理运用。
4. 试论组织沟通的障碍及其克服。
5. 试论有效组织沟通的方法与策略。

第十一章　行政组织学习

教学目的与要求

了解行政组织学习的性质与重要性；
理解行政组织学习沟通的障碍；
掌握改进行政组织学习的途径和方法。

第一节　行政组织学习的性质与意义

一、知识、学习与组织学习

（一）知识的定义

知识是一种流动性质的综合体，其中包括结构化的经验、价值和经过文字化的资讯；此外，也包含专家独特的见解，为新经验的评估、整合与资讯等提供架构。知识起源于智者的思想。在组织中，知识不仅存在于文件与储存系统中，也蕴含在日常例行工作、过程、执行与规范当中。

知识的主要构成要素包括经验、事实、判断和经验法则。经验指的是我们过去曾经做过或是经历过的事。经验最大的好处之一是鉴往知来。自经验获取的知识，能够帮助人们认出熟悉的模式，并找出当前发生的事和过去有些什么关联。

知识本身包含了判断的成分，是指知识不但通过以往的经验，来判断新状况和资讯，也能够自我审视与琢磨，以因应新发生的状况。

知识的演化必须通过经验法则，这项弹性的行动指标，是经过长久以来的经历、观察、试验与错误所发展出来的。

（二）学习

学习的概念始于心理学的研究。传统的学习理论认为，学习意味着个人通过吸收新的经验更精确地描述世界；认知在很大程度上就是进行信息处理，将外部知识内化。这种观点把学习仅仅作为一个简单的吸收信息和处理信息的过程，没有看到学习活动的主体和客体之间的相互关系。与传统学习理论不同，现代学习理论——系统的学习理论认为，学习是一个能够改变世界的系统性、创造性活动。人作为学习过程中的主体是有其积极作用的，他们不仅仅因为某种事物的存在或其存在的必然方式才认识事物。从系统的角度看待人的学习过程，可以发现人现有的知识存量和知识结构对其当前的学习活动起着决定作用，并且其对未来知识的学习和企业发展也起着很大的作用。

本章借用组织行为学中关于学习的定义，认为学习是一个使相对持久的变化在经验引起的潜在行为中发生的过程。对于这一定义，要注意的是，首先，学习是一个过程，而不是一个单一的事件。其次，学习是行为相对持久的变化，因此，并非任何一种行为变化都能被视为学习，只有形成了新的行为模式才能称为学习。再次，此定义中“潜在行为”意指学习过程的结果应当在个人的行为中可以观察到，但并非每一个学习过程都必然终结于明显的行为，有一些学习行为不可能在现实生活中展示。例如，飞行员使用飞行模拟器学习紧急着陆动作，这一学习行为的结果很少能有展示。最后，学习被界定为经验引起的结果，因为学习必须有别于成熟过程，有别于因情境制约而造成的表现局限，在这些情境下可能发生的行为变化并非学习过程，因为此处的行为变化不受经验影响。

（三）组织学习

对于组织学习的研究始于20世纪70年代，这一概念的产生早于一个与之关联极为紧密的概念——学习型组织。学习型组织自彼得·圣吉的《第五项修炼》一书问世以来盛行于当今的管理学界，从企业到政府无不为之描绘的美好图景所倾倒，而组织学习作为学习型组织的核心概念这才备受关注。

根据学者陈国权的理解，组织学习是指组织成员不断获取知识，改善自身的行为，优化组织的体系，以在不断变化的内外环境中保持可持续生存和健康和谐发展的过程。

这一定义包括三个方面的含义：（1）组织学习的内容包括三个方面的改变，即组织成员认知的改变、行为的改变、组织体系的改变。组织学习的概念是从个人学习的概念发展而来的，个人学习包括认知的改变和行为的改变，组织学习的内涵中除了包括这两个方面外，还应该包括组织体系（如组织的结构、流程、制度等）的改变，这种体系的改变是以往组织学习的概念中被人忽视的，却是对组织学习非常重要的内容。个人是一个个体，而组织是一个系统，组织学习除了包括组织每个个体的认知和行为的改变外，还必须包括组织体系的改变。（2）组织学习的目标包括两个方面，即在变化的环境中保持可持续生存，在变化的环境中保持健康和谐的发展。第一个目标是基本的，第二个目标则更高一些，但二者是相互促进的。只有维持生存，才能有更高的健康和谐的境界；也只有健康和谐，才能有更长的生存时间。（3）组织学习体现了系统与持续的精神理念。组织学习的过程是有意识、系统和持续的过程，任何一个组织都具有某种学习行为，但有意识的学习行为、全面系统的学习行为和持续不断的学习行为，才是组织学习的重要特征。

对于组织学习要注意的一点是，组织学习与学习型组织是两个意义不同的概念。从理论上说，对组织学习的研究要早于对学习型组织的研究。在概念的使用上，学习型组织与组织学习经常被混为一谈，这与目前有关学习型组织理论研究的尝试直接相关。马魁特认为，当讨论学习型组织时，应将焦点放在“what”，描述如同一个共同体般学习与生产的组织所具有的系统、规则及特征。而组织学习的焦点则是放在“how”，即组织建立并且利用知识的技能与过程。这样，组织学习可以指称组织通过共享信息、知识和精神模式实现组织的团体学习，以促使组织成员对知识和技能的不断更新，从而实现全方位和全过程的学习，以获取创造能力和提升组织核心竞争能力的过程。因此，组织学习应该是学习型组织理论的一个核心理念。

二、行政组织学习的定义与特点

（一）行政组织学习

组织学习是组织建立有关内外环境变化的知识，并据此调整和变更有关组织目标、集体行动逻辑和管理制度的一种动态过程。

行政组织学习以行政组织为主体，是指行政组织为应对环境变化，提高治理能力，进行的系统化、持续的集体学习过程，行政组织在这一过程中通过各种途径和方式不断获取知识，在组织内传递并创造出新知识，从而带来行为和组织绩效的多方面改善和组织体系的不断完善。

（二）行政组织学习的特点

第一，行政组织学习是一种集体学习。行政组织学习不是组织内部成员个人学习的简单相加，而是一个社会过程。相对于个人学习而言，集体学习具有集思广益、信息充分等特点，而且有助于知识的传播与分享，并有助于增进成员间的了解，达成共识，实现良好的协调。有效的集体学习使集体智慧高于个人智慧，集体拥有整体搭配的行动能力，且在组织整体效率提高的同时促进个体成员快速学习。

第二，行政组织学习是一种系统化、持续的过程。行政组织学习是一个系统的过程，它包括组织知识的形成、储存应用、传播承续和更新；同时，行政组织学习也是一个持续的过程，组织通过不断的学习应对组织发展过程中遇到的各种问题，并形成关于新问题的知识，不断地寻求组织行为的改进。

第三，行政组织学习是应对环境变化、提高行政组织治理能力的学习过程。组织学习的提出即为应对日益复杂的内外部环境，学习的过程即通过对内外环境的变化进行监控，解释产生的新问题，并学习如何应对的过程，学习的目的是提高组织的公共事务治理能力。

第四，行政组织学习可以带来行为和组织绩效多方面的改善。组织学习是有目的的，不是随意的、自发的，应与组织的运行、功能实现和组织的发展紧密相连。行政组织学习的最终结果是要获得行为的改善和组织绩效的提升。

第五，行政组织学习有助于促进组织体系的不断完善。在组织学习的概念中，我们谈到其与学习型组织的区别和联系，组织学习是学习型组织建设的核心概念，学习型组织是不同于官僚组织的新型组织结构。由于学习是一种能够带来行为的相对持久变化的活动，行政组织学习将对组织成员的行为方式和行动内容产生影响，从而促进行政组织向学习型组织的方向转变，改变以往官僚制层级节制、信息不通畅等状况，促进组织体系的不断完善。

三、行政组织学习的功能与意义

（一）提升行政组织成员素质

经济学理论认为，每一个经济时代都有其最重要的经济资源，拥有和运用这种资源服务社会和市场的能力将决定企业的竞争能力和市场经营的成败。在农业经济时代，土地是最重要的经济资源；在工业经济时代，资本成为最重要的经济资源；而在 21 世纪的知识经济时代，知识则成为最重要的经济资源。

在科学技术突飞猛进的发展带来了知识量的巨幅增长的知识经济时代，公共治理的外在环境日益动荡，公共治理所面临的问题也越来越复杂。作为公共治理主体的公共事务管理者，其知识结构、管理水平、决策能力等都显得越来越重要。信息高度密集的知识经济时代，强调素质与能力的竞争社会，要求行政组织成员必须具备深度和广度兼具的知识结构，同时，还必须不断地提高决策水平和管理水平，以适应日益复杂的治理环境。

行政组织学习通过系统的、持续的集体学习活动，不断地提高行政组织成员的知识水平，完善成员的知识结构，在不断地分析问题、解决问题的过程中，对环境进行监控，并形成新的组织知识，提高行政组织成员应对环境变化的能力。

（二）促进学习型政府建设

"学习型政府"的概念自出现以来，受到管理学和公共行政研究的广泛关注，但迄今为止，对于何为"学习型政府"仍然没有一个广为认可的定义。

一般认为学习型政府的内涵可以这样概括：（1）就政府机构内部而论，政府应在职能分工的基础上建立专业化制衡机制。它授予每个公务员的权力是有限的，但在执行公务过程中，公务员可以充分行使其权力，当然，其权力的行使也受到其他机构的制衡。（2）就政府机构外部而论，政府组织是一个开放型机构，它同社会其他组织相互交换信息，相互进行学习。因此，政府机构形成了一个自由、开放，不仅便于信息交流和知识传播而且能与社会其他组织共享学习成果的系统。这种系统能有效地将学习行为转化为创造性行为，从而大大提高政府的工作效能和社会其他组织对社会政府工作的满意度，同时也推动政府不断地根据客观环境变化对政府的业务流程进行重组或再造。

可以说，学习型政府永远是一个没有发展终点的概念，是一个永不停顿变化着的概念。在这种学习型政府组织里，人们不可能不学习，因为学习已经完全成为每个公务员自觉自愿的行动，是他们生活不可分割的一部分。

学习型政府的含义决定了这种组织必须是能够进行持续系统学习的机构，它必然要求政府将学习作为其日常活动，行政组织学习作为建设学习型政府的核心概念，也是促进学习型政府建设的题中之义。

（三）顺应全球化、信息化浪潮对行政组织环境的置换

21 世纪是知识经济时代，也是全球化、信息化不断向前推进的时代。21 世纪行政组织的内外环境发生了巨大改变，这种变化改变了过去行政组织所面临环境的稳定性，使得行政组织不得不思考如何应对动荡的环境、如何应对现有组织结构中不适应时代变化的部分，以提高自身治理能力，适应外部环境发展。

在知识经济时代，人类拥有的知识问题空前扩大，新知识的大量涌现使知识更新的周期越来越短，知识老化的速度大大加快。同时，全球化在推动和加快世界经济发展的同时，也引发了各种问题，如何在全球化的浪潮中站稳脚跟并加速发展，成为各国政府面临的最大问题。

对中国而言，随着改革的深化和市场经济体制的建立，社会呈现多元化趋势，改革开放和现代化建设中涌现的各种问题，如社会老龄化、社会公平、国企改革、就业、政府效能等，这一系列问题都紧迫地摆在政府面前，迫切需要政府在具体问题具体分析的基础上，不断进行理论创新、制度创新和体制创新，以解决改革开放过程中产生的深层次理论和实践问题。

正是由于这些问题和挑战的存在，各国政府都必须对现实的情况进行不断的研究和创新，以增强应变能力，而这些要求使得组织学习变得十分重要甚至必不可少。

（四）有利于创造面向民众、公务员和世界的“生态政府”

在生态学看来，没有一种生命机体是可以孤立存在的，都必须同周围环境进行物质交换才能生存。政府作为最重要的行政组织，是社会系统中最为重要的子系统，其体系自身具有由生态型向非生态型转型，或由非生态型向生态型转型的协调运转机制的属性。最明显的表现就是政府内部对所接受的外部物质、人员、信息等能量进行生态整合，以此来促进政府职能的高效发挥。

建立“生态政府”，首先，要对政府内部的资源进行生态整合，以民主政治为目标，以学习型组织的基本理念作为理论根基，通过与公务员之间关系的最优化及良好互动，促进组织内部运行机制完善，转变政府职能，提高竞争力和效率；其次，通过政府职能的发挥来同组织外部环境进行物质、人员、信息、文化等能量的交换，使其内部系统与外部社会环境（民众和外部世界）进行互动和信息回应，实现政府的自我调节，整合政府形象，并促使政

府成为自由、开放，便于信息交流和知识传播的共享学习成果的系统。

行政组织学习要求行政组织通过系统持续的集体学习，对环境变化作出准确反应，不断更新和发展组织知识，并在组织以及组织内部各部门之间进行知识的分享和学习，从而完善自身以成为面向公众、面向组织成员、面向世界的“生态组织”。

（五）促进行政组织系统开放化和行为的社会整合能力

行政组织学习作为学习型组织的核心概念，是行政组织从外界汲取新思想，并将这些思想引入组织内部日常工作中，使组织保持与外部世界不断的信息交流，根据信息和环境的变化对组织管理机制、权力结构和组织文化等进行重新组合的必要手段。

行政组织学习能促进行政组织成为面向公众、面向组织成员、面向世界的“生态组织”，成为一个开放的系统。

此外，学习力是行政组织内部的核心竞争力，通过行政组织学习，可以改变组织知识以及成员的行为模式，从而完善组织内部运作机制，转变行政组织职能，通过职能发挥同外部世界各种形式的能量交换作用，使内部系统与外部环境相互作用，并实现组织结构、运作机制、责任机制、权力结构、组织文化等转型，使行政组织日益开放，促进行政组织知识的传播与分享，将学习行为有效地转化为创造性行为，改变组织成员的行为模式，从而大幅提高行政组织工作效率、效能和工作的社会满意度，提高行政组织的社会整合能力。

第二节　行政组织学习的类型与途径

一、行政组织学习的类型

借助阿吉里斯提出的关于组织学习方式的分类，可以按不同深度将行政组织学习分为单环学习、双环学习、三环学习。

第一，单环学习。单环学习是将组织动作的结果与组织的策略和行为联系起来，并对策略和行为进行修正，以使组织绩效保持在组织规范与目标规定的范围内。而组织规范与目标本身则保持不变。显然，单环学习只有单一的反馈环，它是在当前的系统和文化框架下提高组织能力，完成已确定的目标或任务。这种学习的目标是适应环境，取得最大效率，学会如何在相对稳定的环境下完成组织任务。

第二，双环学习。双环学习是重新评价组织的本质、价值和基本假设。这种学习有两个相互联系的反馈环，它们不仅要发现与良好的绩效有关的策略和行动的错误，而且还要发现规定这些绩效的规范的错误。双环学习对组织的目标和任务甚至价值观提出了挑战，可能会引起组织基本战略和行为的巨大变动，因此，双环学习也被称为“变革型学习”。

第三，三环学习。单环学习与双环学习都是针对具体的组织运作过程，其对象是组织中的各项具体事务，但组织还应该对其学习过程本身、学习的方式提出质疑，并加以改进。贝特森指出，组织应该学习如何学习，并将之命名为再学习或次级学习，即这里所称的“三环学习”，这是最深程度的学习。

二、行政组织学习的途径

（一）组织培训

组织培训是指行政组织根据经济、社会发展的需要和职位的要求，依据国家有关政策和组织人力资源的发展规划，通过各种形式，有目的、有计划、有组织、多层级、多渠道地为提高员工的素质与能力所进行的培养、教育和训练的活动。组织培训是组织学习的一种重要途径，是有助于适应组织环境变化对成员知识更新、素质更新、能力更新的要求的最重要方式。

组织培训的内容包括上岗培训、升职培训、业务培训等。组织可以成立专门的培训中心，培训中心是人才造就基地，可以提供一切必需的学习工具、合理的培训制度、传承性的培训体系，并针对组织的发展目标进行各种专门化培训。

（二）试验

试验是组织学习过程中一种常用的方式。试验可分为持续性试验与示范性试验两种基本类型：

第一，持续性试验。由一系列持续的小试验组成，目的是逐渐积累组织所需的知识。这类试验要有一个清晰的战略指导，能满足组织发展的需要，同时，又是连续式的，试验的每一个步骤或环节都指向基本目标。持续性试验的成功取决于以下几个方面：（1）组织必须确保不断产生新的构思；（2）在组织内建立明确的激励和创新机制，调动组织成员的积极性和创造性；（3）试验参与者要掌握必要的理论知识和学习技巧，以保证试验的顺利进行并得到正确的价值评估。

第二，示范性试验。组织在进行比较重大的、系统的变革之前的尝试，其目的通常是为日后大规模推行的重大决策或变革作准备。与持续性试验相比，示范性试验不仅规模更大、更为复杂，而且对于组织的影响也更加深远和广泛。示范性试验的成功取决于以下几个方面：（1）理论准备，包括经验性的理论和以经验来求证理论的可行性；（2）调整试验的备选方案，围绕目标进行多种可行性方案的设计；（3）高层领导者必须对试验中涉及组织大政方针与决策准则的内容保持高度警觉；（4）重视理性总结，将试验结果限于特定的范围，避免对组织其他部门产生冲击，待试验结果稳定、成熟后再进行推广。

（三）系统解决问题与经验学习

组织学习的早期研究建立在系统理论研究的基础上，因此，要很好地实现组织学习，就必须引入系统的方法论。所谓系统解决问题就是利用科学的方法收集数据，系统地分析问题产生的原因，把握不同因素之间的联系，并从中找出解决问题的最有效方法的过程。解决问题的过程本身就是一种学习活动，它不仅要求组织成员掌握必要的方法与技巧，而且需要养成良好的思维习惯，即在发现和分析问题的过程中，要尽量收集大量数据资料，并利用科学的方法进行深入分析和思考，力求透过事物的表象提示其深层次的原因和各种可能的解决方案。

在系统解决问题的过程中形成组织新的知识，这些知识将作为过去的经验在组织中予以保存。学习不仅需要不断地增加新的知识，还需要对过去的经验和他人的经验进行思考。从这个意义上讲，组织学习过程也是对经验进行分析、提炼的过程，这种分析、提炼的结果将成为指导行动的一般理论和基本规则或准则。

（四）外部咨询

外部咨询即引入外部专家对组织学习过程中遇到的各种问题进行分析，并提出合理意见。

在组织学习过程中，有一些主要的障碍，如下面即将谈到的盲目。消除这些障碍仅靠组织本身的资源是无法达成的，最好的办法是请外部咨询专家来帮助组织认识外部环境变化以及自身存在的问题。同时，外部咨询专家会将新的思想和思维方式引入组织，外部咨询可通过培训、引入咨询团队以及组织之间交流的形式来获取知识，为组织成员的知识更新提供新的途径。

第三节　行政组织学习的障碍与改进

一、行政组织学习的主要障碍

（一）组织结构缺陷

推进行政组织学习，就需要改革组织的结构以实现扁平化，超越组织的界限。组织扁平化，才能实现权力的下移，同时，只有建立超越传统组织界限的结构，才有可能最大化地利用组织内部的知识资源。

行政组织在组织结构上最大的特点即官僚制的专业分工与层级节制。表现在组织知识的形成、储存、传播与更新过程中，首先，各职能部门拥有专属的知识领域，并形成职能部门内封闭式知识管理，跨部门的知识不可交换；其次，这些知识以各种类型的文书、法规与档案的标准化形式进行储存，形成可通过阅读、言传、指导的单向方式来沟通传递的外显知识，这种标准化的储存形式传播的只是纯粹信息事实，没有主观诠释或多重意义的知识，即没有复杂的知识分享活动；再次，知识在传播与承续过程中，决策知识权向上集中，行政组织领导者成为组织知识的最后拥有者，从而形成首脑的知识专有权；最后，在知识的更新上，官僚制组织偏好以职能结构降低环境的不确定性，因此分配处理环境变异的资源较少，即使组织应对环境变化也仅仅是按经验法则或老办法处理，知识更新的可能性低。

综上所述，行政组织的官僚制结构使得知识分享和学习变得十分困难，行政组织学习受到极大限制。

（二）盲目

盲目指组织无法感知外界变化或机遇。由于外界变化太过缓慢，或组织对变化的抗拒（组织惰性），或由于变化会影响到一些人的既定利益，组织对明显的问题或外界变化视而不见。根据查尔斯·汉迪的“学轮”理论，学轮始于问题，包括要解决的矛盾、待定的选择、面临的挑战等，如果没有问题，学轮将无法启动，学习将无法开始。因此，对于外界变化的盲目，将导致组织学习无法正常开始，使得组织始终在原地徘徊，也无法适应环境变化。

（三）舍本逐末

舍本逐末是指只针对问题的症状而不是本质来解决问题。行政组织的官僚制特性，使得组织在解决问题的过程中，往往只能采取舍本逐末的做法，以尽量不触及现有的组织制度或体制，尤其是在某些涉及既得利益者利益关系的问题上，为保证组织的稳定，组织往往只针对问题的症状而非本质来解决问题。

（四）辅助设施不足

缺乏完整合理、运行无误的管理信息系统等辅助设施以促进信息的交流，难以保证正确的信息抵达正确的位置。电子政务的发展，为组织信息管理提供了新的途径，但电子政务刚刚兴起，不管是硬件还是软件方面都存在着极大缺陷，网络安全问题也极大妨碍了电子政务的进一步发展。没有好的信息管理途径，组织学习缺乏一定的信息共享和更新的平台，也难以保证信息的完整性、准确性。组织学习需要一个开放的信息环境，辅助设施的不足极大地妨碍了组织学习的进一步开展。

（五）缺乏合作

不同组织和部门之间没有协调而独立操作时，方案很难顺利实施。工业社会的行政组织以官僚制为基础，建立在专业分工的基础上，因此在不同地域、不同专业的组织都有着自己独特的文化和知识体系，正是这些独特性形成了不同组织之间的交流屏障，一旦协调不畅，组织之间人员的交流便很难达成，组织学习也难以进行。

（六）传播失效

传播失效是指知识无法在组织内传播共享。行政组织内部各部门之间按照专业分工进行划分，这种划分促进了专业职能的精进，提高了效率，但与此同时，条块分割导致了不同部门的文化差异、利益关系以及不同部门之间知识传播方式的差异。

（七）反馈失误

新方法作用时间过长，不能及时发挥功效，导致信息反馈不全或有误，造成管理者对决策结果的错误认识。

（八）组织记忆丧失

知识没有被存储，而是随某次学习的结束而被忘却。组织不能很好地运用以前的知识辅助现阶段的学习，即不善于提取、运用知识库中的知识。

二、行政组织学习的改进

（一）创新理念，推进行政组织学习，积极构造学习型政府的共同愿景

创建学习型政府，首先是要树立学习的理念，只有对组织学习的重要性有深刻的认识，才能克服困难，排除障碍，保持不断学习的动力。推进行政组织学习要重点树立以下几种理念：

第一，终身学习。学习是人生的持续过程，对所有人来说，终身学习都将成为一种回报无限的投资。终身学习的理念说明，人类文明已发展到了一个新的转折点，学习成为人最基本的生存能力；知识的极大膨胀和快速更新，要求人们由一次性学习变为终身学习。在终身学习的理念下，学习已不再是狭隘被动的短期功利行为，而是主动的贯穿生命全过程的自觉意识和生活需求。

第二，创新性学习。随着信息化的不断发展，知识更新的周期越来越短，一个人是否具有不断创新的能力比他现在掌握多少现存的知识更为重要。行政组织学习的发展需要行政组织成员都成为学习型个体，在学习观念上挑战自我，不断超越自我，追求创新境界。

第三，学习为本。在知识经济时代，知识成为组织发展的第一要素，组织学习的内容和范围大大拓展，组织必须注重学习、善于学习，使学习成为组织的基本生存状态，成为社会进步的主要推动力和生活的第一需要。

第四，学习工作化、工作学习化。知识经济孕育支持的是有计划的、自觉的学习，并由自觉变成一种要求。这种学习绝不能仅仅满足于人们偶尔的学习愿望，而是要帮助人们系统地解决发展问题，使人在价值观、科学知识、工作能力等方面，都能同步地适应社会变化。行政组织成员应主动认识到工作与学习必然合二为一，每个人的生命都将只有“生存与学习”两大主题。

第五，快乐学习和学习方式科学化。行政组织学习要让每个组织成员通过学习，扩展创造未来的能量，体验到生命的意义，从而使行政组织不断地显现新的生机和活力。

（二）突破官僚制，创新行政组织结构

在工业社会，信息量较小，社会生活节奏缓慢，官僚制通过严格的层级控制能够完成各项复杂的任务。但是随着科技的日新月异、世界形势的风云变幻，如今，人类社会的脚步已经跨入信息革命和知识经济时代的门槛，全球一体化浪潮越来越成为大势所趋，社会生活需求日益多样化，传统的官僚制无法适应瞬息万变的动态社会，无法及时处理大量涌现的信息，从而影响决策和资源的优化配置。

行政组织结构上最大的特点是官僚制，这一制度使得组织知识不能很好地传播与交换，尤其是在组织内部各部门之间，由于专业领域的不同，形成了知识壁垒，且由于知识的传播以文本等外显知识为重，缺少对知识的诠释，无法进行知识的分享。在知识更新过程中，由于决策知识权向上集中，形成组织首脑的知识专有权，其他组织成员所拥有的只是组织知识的零碎片段。最为重要的一点是，官僚制组织偏好以职能结构降低环境的不确定性，从而导致了对环境变化的盲目以及因缺乏处理环境变异的资源而无能为力。

因此，行政组织学习要顺利进行，就要突破官僚制，创新行政组织结构，建立网状的以地方为主的扁平组织结构。组织的扁平化，能减少信息传递的失真，增强决策的时效性，且有利于组织不同部分的调整和变革，增强组织的灵活性、弹性和开放性。扁平化组织基于授权的特点使得组织成员能有效地分享关于组织的知识，并在处理公共事务的过程中灵活地运用组织知识，从而使得组织成员在工作过程中不断地学习和提高，促进组织创新。

（三）促进行政组织学习，建立有利于学习的机制

促进行政组织学习，必须建立科学合理的运行机制，推进学习的经常化、普遍化、制度化，使各行政组织成为成员相互学习的课堂、交流思想的精神家园和团结前进的战斗堡垒。

第一，对话式网络。行政组织与其成员之间首先应当是一种对话式的网络结构。任何问题的讨论和决策，在组织内部管理中都应当毫无障碍地沟通和协商。在这种环境中，组织成员互相探求真知灼见，没有任何个人或理念上的层级控制，大家的意见都具有相同的价值，都应当得到平等对待。德国社会学家哈贝马斯把这种对话式的网络体系称为“理性对话共同体”。

第二，弹性工作制度。弹性工作制度体现了组织与成员之间互动关系模式的灵活性。过去，行政组织工作人员在确定的工作时间、固定的工作地点“上班”，这就造成了一些行政组织工作人员“一杯茶，一支烟，一张报纸看半天”等消磨时间的现象，加剧了其个人时间与工作时间之间的紧张状态。而弹性工作制度要求在工作时间上，可根据机构的特殊需要和个人的偏好，每一个成员自由与组织协商一个适用的工作日程，大家可以有不同的上下班时间，从而提高效率。在业务上，可将一个工作职位按照一定的规律在两个公务员之间进行划分，以提升工作质量。

第三，工作丰富化。在知识社会时代，人们已不仅仅是把工作视为一种谋生的手段，而是追求更高层次上的满足，即追求有意义的工作，追求工作的自由和自主，以及在工作中追

求个人的成长、成熟和心理上的认同。在这种情况下，工作丰富化就是提升组织成员对行政组织的心理认同和强化成员对行政组织的承诺意识与自主意识的主要手段。

第四，建立、健全畅通的政府间信息通报机制。在很多情况下，基层行政组织之间发生的冲突、误会或者协作的障碍，并不是不可避免的，而是因缺乏及时、准确、畅通的信息沟通造成的。基层行政组织之间应建立一个系统的信息通报与反馈系统，使发生在一个组织中的需要另一组织协调、协作的事件能够适时传递给对方，并把对方的反应适时反馈给有需要的组织。这样既能减少诸多的解释环节，又能减少因临时通知对方而给其带来的紊乱。

第五，制度化的人事交流。不同地域的行政组织之间在沟通或协作上的障碍并不一定来自于某些实物环节上的失误，而是来自于文化上的差异。这种情况下，问题的解决主要是通过文化之间的沟通、磨合以求得谅解或共识。

一个有效的方式就是定期的人事交流，各地方行政组织之间制订制度化的人员交流计划，通过人事上的交流来彼此理解对方的文化差异，以减少沟通上的障碍。

（四）建立完善的技术系统和有效的信息系统

行政组织要积极采用先进的科学技术，以提高学习的效率。行政组织讲求学习方法，培养学习能力就需要依靠先进的学习工具和科学的学习方法。同时，技术系统也是组织信息系统必需的支持手段。

第一，构建完善的学习技术系统。技术系统的完善需要大力推进办公自动化和管理信息系统的建设，方便员工内部沟通，促进知识的传播与利用。为此，行政组织必须建立自身的内部网络和外部网络，在运用互联网技术促进组织内部信息交流、更新的同时，构建与外部联网的系统，从而有效地利用先进信息技术更新知识，促进组织学习。

第二，建立完善的信息系统。技术系统强调的是信息传递技术的应用，是“硬件”；而信息系统则强调信息传递的通道和方式，是“软件”。这两个系统共同构成了组织的整个信息传递系统。信息系统的建立与完善，需要一个有效的信息收集系统和一个完备的信息交流系统：（1）信息收集系统。其建立需要制定相应的信息政策负责信息的收集、整理和分享。此外，还需要及时地对外部信息，包括经济、社会、世界趋势等的发展状况进行整合与分析。（2）信息交流系统。首先要明确的是，信息交流系统建立的目的在于提高沟通效果，完善成员知识结构，促进组织知识的应用。其次，信息交流需要一个完善的平台，因此，要依靠信息技术建立组织内部的知识库，以帮助组织、团队和个人进行知识的积累、交流，同时，也利用组织自身的运作过程中产生的经验，为组织、团队和个人提供一个“内部老师”。最后，组织的内部网络应对成员开放，以便组织成员及时地得到关于组织的各项信息，以促进成员绩效的改善。

（五）促进行政组织成员的自主管理

自主管理要求组织成员自己进行现状调查，自己发现工作中的问题，自己分析原因，自己制定对策，自己组织实施。通过自主管理，组织成员自己选择伙伴组成团队，自己选定改革进取目标，自己检查工作效果，自己评定总结。在自主管理过程中，组织成员能更好地理解和内化共同愿望及奋斗目标，并以开放求实的心态互相切磋，取长补短，不断学习新知识，不断开拓创新，从而增加组织快速应变、创造未来的能量。

为了应对日益变迁的工作环境，行政组织成员特别是基层成员应当被赋予更大的自由决策权。与此相联系的就是行政组织对其成员的授权赋能。传统官僚制度下，行政组织的权能牢牢掌握在组织高层领导手中，并以此作为控制基层成员的一种手段。在这种模式下，成员丧失了工作的主动性和创造性，只是机械地服从和听命于上级指令，使整个政府系统几乎变为死气沉沉、毫无生机的泥潭。

行政组织学习是一种集体学习，是在全员学习和终身学习理念指导下进行的学习活动。因此，促进行政组织学习必须改变传统机械的指令管理，将大部分的权能赋予组织基层成员，实现"以基层为主"的扁平化结构，促进成员的自主管理，将领导者从琐碎的日常管理中摆脱出来，集中精力致力于整个组织的协调、沟通和策略规划。

（六）建立学习型的组织文化

文化是组织的灵魂，行政组织学习的发展离不开学习文化的建设。

组织文化是组织中所有人的思想、行为、态度、价值判断，以及表现出来的生活和工作方式。先进的组织文化能够提高效率，减少费用成本，节约支出，增强组织的竞争力。建立学习型组织文化的核心在于：

第一，建立组织成员的学习观念，培养不断学习的意识，强调把学习作为应付持续变化的强有力的手段。

第二，培养学习的氛围。组织学习需要建立一个以学习为核心的文化氛围，组织领导者要鼓励成员有自己的目标，并帮助其将自己的目标与部门目标、组织目标相协调；此外，还需要一个宽容的文化环境，原谅成员在学习过程中的错误，鼓励其创新，从而在行政组织中形成组织成员不断自我超越、不断改善心智模式，能在团体学习中共同进步，并在共同愿景下努力发展的良好学习风气。

第三，培育成员的团队意识，强调团队协作和对团队的忠诚。团队精神是学习型组织文化的核心之一，组织学习是集体性的学习，这一点是与个人学习最大的不同之处。建立学习型的组织文化需要培育组织成员以整体利益为处事最高原则的意识，摒弃个人和部门之利的私心，为组织整体利益作出实质贡献。

（七）领导者的新角色

行政组织学习要求行政组织领导者转变观念，并参与到新的角色中。行政组织学习过程中领导人应该作为设计师、公仆和教师。

首先，领导者的设计工作是一个整合组织要素的过程，它不仅设计组织的结构，制定组织政策和策略，更为重要的是提供组织发展的基本理论。

其次，领导者的公仆角色表现在他对实现组织目标的使命感和责任心，他能够自觉地回应组织目标的召唤。

最后，领导者作为教师，是指领导者需要把握实际情况，协助人们正确和深刻地认识现实，提高他们对组织系统的理解能力，促进每个人的学习。

（八）强调知识管理

知识经济时代的到来和信息技术的发展为行政组织打破内部信息流动障碍，更好地管理跨部门、跨机构的复杂行政事务提供了机遇。机构改革的需要，使行政组织的角色由被动的社会公共服务提供者向主动的经济和社会发展推动者转变，公众和企业对行政组织的要求越来越高。在知识经济飞速发展的今天，行政组织需要通过知识管理，提高行政人员的素质，优化组织结构，促进透明、高效、低成本政府的形成以响应社会的需求。

知识管理包括三个内容：一是组织学习，学习如何能获得新的知识，包括如何进行现有知识的更新；二是组织的知识，以及其与组织功能和目标的关系；三是组织的记忆，即如何将组织的知识进行长期的记忆，以便在未来能找到和使用。

行政组织知识管理可以通过以下几个方面来实现：（1）建立知识库——将隐性知识显性化。组织成员的隐性知识（如经验和诀窍等）无法进行有效的分享和传播，因此，知识管理首先应该是将成员的隐性知识显性化、明确化和具体化，变成可以让更多人操作和掌握的知识和方法，其次是建立必要的制度、方法、流程，尽量让员工的知识和经验保留下来。最后，组织应该建立自己的知识库，以电子或机械的方式储存所有与组织有关的知识、文件、工作报告、学术刊物、杂志、书籍和报纸。（2）完善电子政务，强化政府知识管理的效能。电子政务是指国家公共管理机构在社会事务及政务活动中，运用现代管理理论，借助信息网络技术，对传统工作进行不断的改革和创新，在提高自身工作效率的同时，为社会提供高速度、高质量、高效率、高透明度的管理和服务。

知识管理进入政府，形成新的电子政务流程，使其服务对象进一步惠及公民、企业以及公共和第三部门组织的每一个角落。

知识管理与电子政务的结合，促使政府工作建立在知识化、科学化、网络化、技术化、智能化、专业化的基础上，为转变政府职能、提高行政效率、推进政务公开提供有效渠道。

在知识管理理论的指导下，电子政务系统应是融信息处理、业务流程和知识管理三者于一体的应用系统。它具有强大的信息收集和处理能力，可以支持政府机构快速、有效地获取所需信息，同时它具有强大的信息共享功能，可以促进政府之间、政企之间、政社之间以及政府公务员内部知识的交流与共享。

小　结

随着时代的发展，社会日益复杂、动荡和多样。行政组织必须不断克服各种障碍，加强组织学习，在学习中夯实组织的知识基础，改进组织绩效，完善组织体系，提高其环境适应性和创新能力。

思考与练习

一、单项选择题（每题只有一个正确答案）

1. 本章对于行政组织学习的分类是在________关于组织学习方式分类基础上提出的。
   A. 彼得·德鲁克　　B. 马斯洛
   C. 阿吉里斯　　D. 约翰·法莫尔
2. 组织学习的研究开始于________。
   A. 20 世纪 50 年代　　B. 20 世纪 80 年代
   C. 20 世纪 90 年代　　D. 20 世纪 70 年代

二、多项选择题（每题有两个或两个以上正确答案）

1. 组织学习的内容包括三个方面的改变，分别是________。
   A. 行为的改变　　B. 组织体系的改变
   C. 组织目标的改变　　D. 认知的改变
2. 行政组织学习的类型可分为________。
   A. 复环学习　　B. 双环学习
   C. 单环学习　　D. 三环学习
3. 行政组织学习的途径包括________。
   A. 组织学习　　B. 试验
   C. 外部咨询　　D. 经验学习
4. 行政组织学习途径之一的试验，可分为________。
   A. 持续性试验　　B. 稳定性试验
   C. 设计性试验　　D. 示范性试验
5. 完善的信息系统包括________。
   A. 信息维护系统　　B. 信息保持系统
   C. 信息收集系统　　D. 信息交流系统

三、名词解释

1. 知识　2. 学习　3. 组织学习　4. 行政组织学习　5. 学习型政府
6. 单环学习　7. 双环学习　8. 三环学习　9. 知识管理

四、简答题

1. 如何理解学习的定义？
2. 如何理解组织学习的定义？
3. 如何理解组织学习和学习型组织的区别？

4. 简述行政组织学习的特点。
5. 简述行政组织学习的功能。
6. 如何理解行政组织学习障碍之一——盲目？
7. 简述“学习型政府”的内涵。
8. 如何理解“生态政府”的含义？
9. 简述行政组织学习的途径。

五、论述题

1. 试论知识管理与行政组织学习的关系。
2. 论述行政组织学习的障碍及其改进方式。

第十二章　行政组织文化与管理

教学目的与要求

了解组织文化的含义，了解我国行政组织文化的特点与走向；
理解组织文化的类型和功能；
掌握组织文化建设的策略。

第一节　行政组织文化概述

一、行政组织文化的定义

（一）组织文化的概念

在对行政组织文化进行阐述之前，有必要简要介绍组织文化研究领域的大致情况。当前对组织文化概念的界定，学界并没有达成一致，仔细分析学者们对这一概念的使用，我们会发现它们的内涵和外延有着明显的摆动性。概括起来讲，主要有以下三种观点：

第一种是大组织文化概念。该观点认为文化是人类在改造世界的过程中创造的物质财富和精神财富的总和，因此组织文化的概念就应该指涉的是由组织的物质设施、组织制度和组织及其成员所共同具有的价值观、信仰、理想、期望、心理、道德、规范、思维方式、行为标准等所整合的一种独特的文化模式，它是组织物质文化、组织制度文化和组织精神文化的有机结合体。

第二种是小组织文化概念。该观点认为，文化是指人类的价值观念和行为模式，由此而来的组织文化是狭义的，大致相当于大组织文化概念中的组织制度文化和组织精神文化，即指组织及其成员内在的价值观念、心理状态、行为规范等的综合体。

第三种是辩证综合概念。该观念认为，文化本质上是一种精神现象，但它由社会存在决定，在组织文化中不可否认存在着物质文化的折射，在研究时不能忽略组织中物质文化对组织文化的影响。物质文化不再被看作与精神文化具有并列地位，而是作为组织文化的物质基础来理解。

本章倾向于最后一种观点，即辩证综合的组织文化概念。我们知道组织是按照一定的目的和结构建立起来的社会团体，为了满足自身运作的要求，必须有共同的目标、共同的理想、共同的追求、共同的行为准则以及相适应的机构和制度，否则组织就会徒有其表而无实质的影响力、行动力。组织文化的意义就在于努力创造这些共同的价值观念体系和共同的行为准则。在此意义上，组织文化是指在一定的社会历史条件下，组织在长期的实践活动中所形成的并且为组织成员普遍认可和遵循的价值观念、心理意识、行为规范、活动准则和思维模式的总和。

（二）行政组织文化的概念

根据上面的理解，可以提出，所谓行政组织文化，是指在一定的社会历史背景下，行政组织在长期的实践活动中逐步形成的并为组织成员普遍认可和接受的，对组织及其成员具有持久影响力的行政价值观、行政意识、行政规范和行政思维模式的总和。理解这一概念，我们应把握以下几个方面的内容：（1）行政组织文化既不是文化与行政组织活动的简单结合拼凑，也不是社会文化在行政领域中的机械表现和作用，而是在社会文化的基础上，通过行政组织及其成员长期的行政活动、行政行为逐步形成的。（2）行政组织文化是时代的产物，具有鲜明的历史性和时代性，不同的时代具有不同的行政组织文化。行政组织文化有其独特的一面，但它总是与时代大环境保持一定程度的契合，时代的痕迹理所当然地烙印在行政组织文化之上。（3）行政组织文化是一个系统，是多种因素的综合体，具有丰富的内容，不仅仅存留在心理精神层面，在行政组织的物质设备、办公设施中也能感受到组织的文化氛围。（4）行政组织文化一经形成就将具有极大的制约力和生命力，它将持久地影响组织和成员的行为、态度、情感，并且组织文化能够随着时代的前进、环境的变化作出相应的调整。

二、行政组织文化的特点

文化作为影响社会生活的重要因素，在不同的社会生活领域中表现为不同的形式。行政组织文化作为文化在行政组织活动领域的表现形式，既有文化的共同属性，也有自身独有的特征，这些特征主要表现在以下几个方面：

（一）民族性

行政组织成员总是在一定的民族文化氛围中成长起来的，他们的价值观念、行为准则等都受到本国民族文化的影响，必然会将传统的价值标准带到组织中。民族特性和民族形式在行政组织中得到不断发展和深入，逐渐积淀成行政组织文化的传统，构成行政组织文化的特色，据此我们才能区分出不同地区、不同民族、不同国家的行政组织文化。民族性在行政组织文化中乃至行政组织实践中具有十分重要的意义。在目前的趋势下，保持行政组织文化的民族性已成为国际社会普遍关注的课题。

（二）无形性和潜在性

行政组织文化中所包含的共同理想、价值观念和行为准则是作为一个群体的心理定式和气氛存在于组织成员之中的，这种文化是看不见、摸不着但又真实地存在于组织最核心的区域的。行政组织文化的影响是潜移默化的，是无法度量和计算的。具体地说行政组织文化是一种信念力量，这种力量支配、决定组织中每个成员的行动方向，引导组织朝着特定的目标前进。行政组织文化是一种道德力量，这种力量促使其成员自觉地按照某种共同准则调节和规范自身的行为，并转化为成员内在的品质，从而改变和提高成员的素质。行政组织文化是一种心理调节力量，它使组织成员在各种环境中都能有效地控制和把握自己的心理状态，使组织成员在激烈的竞争及艰苦的环境中保持旺盛的斗志、乐观的情绪、顽强的意志，因而形成整个组织的心理优势。

组织文化虽然是无形的，却通过组织中的有形载体（如组织设施、标志、办公设备、人员）表现出来。组织文化作用的发挥有赖于组织的物质基础，而物质优势的发挥又必须以组织文化为灵魂，只有把组织的物质优势和文化优势紧密结合起来才能使组织立于不败之地。

（三）稳定性和变革性

行政组织文化伴随着该组织的组建、成长、壮大而诞生、发育和完善，所以它的形成往往要经历很长时间。可是，一旦某一组织特有的文化形成，就将长期影响甚至支配该组织成员的群体行为，成为该组织的灵魂，不会因为日常的、细小的外部环境的变化或个别领导和成员岗位的调动而变化。然而，这种稳定性从历史潮流的角度看又不是绝对的。这种稳定性与变革性的辩证统一要求行政组织领导者在建设行政组织文化时既要保持该组织文化的相对稳定，又要注意保持该组织文化的弹性，并自觉地、经常地进行观念更新；否则，他领导的组织必将因该组织文化的封闭僵化而导致本单位工作的失误。

（四）软约束性和强制性的统一

行政组织文化能够对组织的管理起作用，主要不是靠规章制度之类的硬约束，而是靠其核心价值观对组织成员的熏陶、感染和诱导，使组织成员产生对组织目标、行为准则及价值观念的认同感，自觉地按照组织的共同价值观念及行为准则去工作。它对组织成员有规范和约束的作用，而这种约束作用总体来看是一种软约束。然而，这种软约束之中又隐藏着强制性，使组织成员个体具有一种如果不遵守组织文化中的某种规范或准则就觉得对不起自己所在组织的心理自责。这种自责其实是行政组织文化作用使其形成的一种习惯或者是一种风气。这种成为主流作用的习惯或风气不但使组织成员个体会产生自责，而且会使他周围的众多成员保持某种舆论，这种舆论往往比规章制度的作用范围更广。这就是行政组织文化软约束性和强制性的统一问题。

(五) 观念性和实践性的统一

行政组织文化属于主观意识领域，是对复杂的现实事物的高度抽象。首先，行政组织文化所包含的行政价值观、行政信念、行政道德、行政态度、行政情感都是以人的主观意识为依托，存在于人们头脑中的一种无形的、抽象的精神因素；其次，行政组织文化并不简单地等同于行政组织活动中的某一具体的人、事物、行为或观念，而是蕴含在这一切之中的一种抽象的信息、含义或精神。

同时也必须看到，行政组织文化是在组织长期的实践中形成的，行政组织文化的一切意义就存在于它的现实行政活动、行政行为之中，文化必须具有现实意义，用于指导现实行政活动的开展和改进，这就是行政组织文化的实践性。脱离了现实应用的土壤，行政组织文化便失去了其存在和发展的价值。

三、行政组织文化的类型

行政组织文化由于行政组织性质、任务、结构、层级的不同表现出多种具体形态，形成不同的行政组织文化类型，同时我们在研究时因选取的切入视角、立场和研究方法的差异，人为地给行政组织文化进行了不同的分类。正是由于进行了对行政组织文化的分门别类，我们才可以对行政组织文化有更加清晰、有条理的认识，才能从抽象的行政组织文化概述中获取具体的情境认识，并在此过程中有了对不同类型组织文化专门性、针对性的理解。

第一，根据产生的时间，行政组织文化可分为传统行政组织文化和当代行政组织文化。传统行政组织文化是指从历史上继承下来的行政组织文化，当代行政组织文化是指适应当前时代发展与要求的新的行政组织文化。一定的历史时代都会产生自己的行政组织文化，每一时代的行政组织文化既是已有行政组织文化的传承和延续，又是已有组织文化的创新和发展。因此，当代行政组织文化是传统行政组织文化经过扬弃以后的延伸和发展。在一个社会中，传统组织文化以其固有的文化特性起着一定的作用，但起主导作用的应该是当代行政组织文化。

第二，根据文化在行政组织中所占有的地位，行政组织文化可以分为主文化和亚文化。主文化体现的是一种核心价值观，它为组织中绝大多数成员所认可和共享，在组织中占据着主导地位。组织中的主文化是组织文化的代表，通常展现了一个组织特有的精神气质和风格心态。通常情况下主文化是行政组织中上层管理人员或者领导人员所主导和支持的，与组织中正式的规章制度、组织战略和政策有较为紧密的联系。亚文化通常在大型组织内部发展起来，反映了其中一些成员所面临的共同问题、情境和经历。这些亚文化通常可能在组织内部的部门设计、地理区域的分割、组织层级的疏离基础上产生。主文化和亚文化在更多的时候是不融洽甚至是对立的，它们之间的张力是促使组织文化和结构等组织体系变革的因素之一。所以对主文化和亚文化要采取辩证的分析态度。

第三，根据组织文化的影响力大小，行政组织文化可以分为强文化和弱文化。在强文化中，组织的核心价值观得到强烈而广泛的认同。接受核心价值观的组织成员越多，对核心价值观的信念越坚定，组织文化就越强。相应的，组织文化越强，就会对员工的行为产生越大的影响。在弱文化中，组织的价值观不受成员的认可甚至遭受质疑，组织成员对内部文化的态度是淡漠的，感受不到组织文化在自身行为选择上的约束力。

第四，根据国家的行政职能的侧重点，行政组织文化可以分为统治型行政组织文化、社会管理型行政组织文化和社会服务型行政组织文化。国家的职能主要有政治统治、公共事务管理、公共服务、国家防御等。在国家不同的发展阶段，国家职能的这几个方面的相互关系和地位是不一样的。一般来讲，根据国家发展历程，行政组织也相应地走过了统治型文化、管理型文化和服务型文化这样一个粗线条的脉络。

四、行政组织文化的功能

行政组织是管理活动的基本单位。行政组织形成以后，在其活动过程中又会形成带有本组织文化特色的行政组织文化。在行政活动过程中，组织文化通常对行政活动的内容和活动方式产生影响，如关于行政工作如何组织，职权应当如何发挥作用，管理和控制组织成员的方式等。组织文化也影响着不同的行政组织之间的关系，如开放型的组织文化通常具有比较融洽的行政关系等。行政组织文化一般具有以下功能：

第一，目标导向功能。它对行政组织和组织内每个成员的价值取向和行为取向起导向作用，使组织成员的个人目标与组织的整体目标趋于一致；引导组织成员的行为，使组织成员在文化的潜移默化过程中接受共同的价值观念，自觉地把个人目标与组织目标有机地结合起来。

第二，凝聚功能。一个组织的价值观一旦被组织成员认同接受，便会形成一股黏合力量，从各方面把组织成员团结起来，使组织产生巨大的向心力和凝聚力，形成组织的共同认知。文化是组织的黏合剂，通过为组织成员提供言行举止的标准，而把整个组织聚合起来，使组织成员产生集体认同感，不仅注重自己的利益也注重组织利益，从而更好地实现组织目标。组织文化的凝聚功能，还体现为组织文化的排他性，即组织内部强大的凝聚力导致组织对内表现为对组织内部的依存性，对外则产生对异质体的敏感性和竞争性。

第三，激励功能。以组织文化作为组织的精神目标和支柱，可以激励全体成员自信自强、团结进取。现代管理理论中的组织文化强调个人的自由和全面发展。以组织文化来激励组织成员，使每个成员对组织工作积极参与，实行自主管理、自我发展，有效地调动组织成员的创造性和主动性，使组织的行为趋向合理，从而提高组织管理的效率。

第四，控制功能。行政组织文化形成较为稳定的模式后，就会对行政机构及成员的行为起到规范作用。通过潜移默化的作用引导和塑造组织成员的态度和行为，维系组织的运行秩序和组织内部人与人之间的关系，保证组织成员为实现组织目标自觉地团结协作，保证组织成员行为的一致性。

第五，阻抑功能。前面分析了行政组织文化中的积极因素对行政组织及其成员产生的有积极意义的功能。不可否认，行政组织文化中也包含着一定的消极、不良的因素，它们也可以被行政组织内的成员接受，进而在行政行为和行政活动的过程中体现出来，如独裁专断、集权式管理、官僚主义、推脱责任等行为和作风。这些行政组织文化中的消极因素只会给行政组织的活动带来破坏性的后果，阻抑行政组织的发展和降低行政管理活动的效率。因此，应当发扬行政组织文化的积极、良性的功能，避免行政组织文化消极因素的影响。

第二节　我国行政组织文化

一、我国行政组织文化的现状

中国社会的飞速发展，在理想上有一定的主导趋向，在道路的选择上也渐趋明朗，但现实情况是非常复杂的。就行政组织文化而言，主要体现在：

第一，改革开放使行政组织文化打破了封闭自守、自我维持的发展模式，呈现出对社会变革和发展的适应性和容纳不同性质文化的开放性。在中国社会由全能的行政控制向以市场为主导的体制转型中，开放的市场经济需要行政系统与外部的环境进行信息沟通，这样才能使行政管理活动增加调节能力和更新能力。市场经济还要求全国形成一个统一的市场体系，并能与国际接轨，故步自封、画地为牢等狭隘意识要为进取外向的开放意识所取代。行政组织文化的开放性是市场经济的必然要求。

第二，中国行政组织文化开始呈现理性的特点。中国传统文化是以儒家思想为核心的伦理型文化或称德治文化，它是与传统农业社会相适应的，同时也是一种人治型文化，它的一整套体系带有极大的模糊性和随意性。人们习惯上行下效，重视人的修养，却忽略实际行为的客观效益。市场经济的兴起，为法理型行政组织文化的上升提供了契机，抽象的品德和修养，势必为具体的能力和成绩所取代，自律机制在保存其合理性的同时，必将得到他律机制的补充，而且自律机制的主导地位也将让位于他律机制，整套行政体系更趋向于法制化管理。

第三，不同性质的行政文化在并存中冲突加剧。我国生产力水平的层次性和地区差别以及改革的渐进性特征形成了不同性质的行政文化广泛并存、兼容并蓄的局面，但随着社会的发展，以自然经济为基础的行政文化、以计划经济为基础的行政文化和以现代市场经济为基础的行政文化冲突进一步加剧。旧的行政文化已愈来愈不能适应社会发展的需要，其负面作用更加突出，愈来愈成为以现代市场经济为基础的行政文化的绊脚石。

在急剧变革的经济、社会、文化氛围中，行政组织文化的整合出现失调与危机，出现了价值混乱、信念危机、规范失灵、官本位主义等现象，使得行政组织文化在一定程度上功能减弱。目前的行政文化相当混乱和无序，行政组织在各种矛盾之中艰难地选择自己的出路。新的行政组织文化受旧的行政组织文化传统的影响较大。我国社会主义制度的确立，从根本上决定了行政文化的本质，但几千年的旧文化的一些基本特征，总是以不同的形式留存下来，对现代行政文化的发展或多或少存在着负面、消极影响。这无疑会成为经济、社会现代化的障碍。

总之，我国改革开放时期的行政组织文化的不稳定性有所增加，一方面，行政组织文化本身积极进行自身的变革与调整，以适应社会发展的要求，呈现出与社会变革和发展的适应性；另一方面，旧的行政组织文化的顽固性和不同行政组织文化整合的混乱，严重阻碍着行政体制的变革，又呈现出无序性和干扰性的特征，从而对社会发展与稳定起着双刃剑的作用。

二、我国行政组织文化的走向

随着改革开放的继续推进和行政组织管理的科学化、现代化和规范化，我国行政组织文化正在发生一系列的转变，主要体现在：

第一，由封闭型行政组织文化向开放型行政组织文化转变。随着我国市场经济的确立与发展以及世界经济一体化的加速发展，公开、平等、民主、开放的理念开始渗入公民意识。开放型的行政本着平等、坦诚、谦虚的态度置自己于与公众相平等的地位，广泛而虚心地征求、参考公众意见和建议，通过政务公开，确保公民对政府行政的知情权和监督权。这种行政是服务式行政和参与式行政，它需要的是开放的观念、价值和文化。

第二，由人治型行政组织文化向法治型行政组织文化转变。法治文化就是一个国家或民族对于法律生活所持有的以价值观为核心的思维方式和行为方式，只有这种文化才能适应和促进当代中国市场经济的发展。而中国传统行政文化中儒家文化占主导地位，重在社会道德标准的情感约束和个体的自我道德约束，发展到道德的政治秩序，是靠三纲五常、靠下层对上层的绝对服从来维持，人治和礼治代替法治。《左传》认为“礼，经国家，定社稷，序民人，利后嗣者也”。礼成为组织的社会行为准则和道德规范，通过人治和礼治实现对社会的控制和管理。这种人治型行政文化的主要特征是：无法可依，有法不依，主观臆测，缺乏对权力的约束与监督，导致人存政存、人去政息现象的出现；导致目中无法、以权压法的特权存在；导致对公众权利的忽视和重大决策的严重失误。现代的行政文化应从人性不完善的基本假定出发，以法律至上为原则，公共行政系统及其运行机制应该制度化、规范化、法治化，实现依法行政；公共行政系统的一切权力与行政行为都应得到法律的明确规定与制约，并对其运行依法监督，严格控制。市场经济本质上是一种法治经济基础，从某种程度上说，它的各个环节的协调互动均需法治相伴。

第三，由集权型行政组织文化向参与型行政组织文化转变。汉代董仲舒提出："春秋大一统者，天地之常经，古今之通谊也。"这种大一统思想，引发了君主高度集权和专制行政，即所谓"天子为民父母，以为天下王"。传统的集权型行政文化导致了社会的高度整合和权力的高度集中，导致了国家委托—代理运行机制的失衡，导致了官僚主义和寻租性腐败的产生。现代行政组织文化创新要求由集权型行政组织文化向参与型行政组织文化转变。伴随着网络社会的发展，公共行政的范式发生了深刻的变化，很大程度上推动了行政组织文化的创新与理念的转变。

第四，由全能型行政组织文化向分化型行政组织文化转变。古代政治系统与行政系统是合二为一的，不存在立法、行政、司法之分，其运行带有强烈的政治色彩，不注重效率和效益，政治居于社会、经济之上；行政机构行使政治权力，为社会的核心；行政体系凌驾于社会之上，对社会进行超经济强制，全能型行政组织文化更因为计划经济体制而得到加强。当代市场经济条件下，行政系统对社会的过分干预在一定程度上正是全能型行政组织文化的影响。分化型行政组织文化要求政企分开、简政放权、调整机构、转变职能，这是完全符合市场经济发展的内在要求的。

第五，由管制型行政组织文化向服务型行政组织文化转变。在农业社会，行政系统的存在主要是为了实现对整个国家的统治、对社会秩序的控制和对公众的管理。国家与社会之间总体上是控制与被控制、统治与被统治的关系。这种传统管制型行政组织文化的功能在于实现对社会的有效控制，建立符合少数权势集团利益要求的社会秩序；在于实现以暴力镇压为主要特征的政治统治职能。而在现代民主社会里，由于社会公众主体地位的觉醒和民主权利的复归，公众对公共行政的总体价值认识越来越趋向于服务型行政组织文化。这就要求重大社会问题的决策、公共政策的制定与执行、公共权力的运用，都必须以人民福利的最大限度的获得与满足为目标。

三、我国行政组织文化的基本内涵

我国是人民民主专政国家，行政组织与其他国家组织一样，是人民民主专政的工具。因而，行政组织文化的核心是"全心全意为人民服务"。任何类型和层级的行政组织都将"全心全意为人民服务"作为最根本的价值观。在此精神指导下，我国当代行政组织文化的基本内涵包括：

第一，以"公仆精神"为代表的服务型行政组织文化。行政组织系国家公器，其建立、运作的目的在于为人民群众提供所需的公共物品和服务。由于行政组织运作的领域是权力领域，行政组织及其人员都或大或小地执掌着公共权力。因而，以公仆精神来统率行政组织，使行政组织及其人员以"权为民所用"的态度来行使权力，是行政组织能够坚持宗旨、实现使命的前提和保障。行政组织要树立全心全意为人民服务的价值观，遵行"廉洁奉公、勤政为民"的理念，想人民之所想，急人民之所急，以为人民群众提供优质、高效的服务来实现自身的价值。

第二，以“廉价政府”为代表的效率型行政组织文化。在现代社会，行政效率应当成为行政文化的价值核心之一。效率观念的具体指向是强调行政行为的高效化和科学化，把对行政效率的追求作为目标，排除非理性、非科学因素的干扰，以科学、理性的态度进行管理，突出行政人员的知识化、专业化，注重科学、知识、技术、技能的获取和积累。

第三，以“公民导向”为代表的民主型行政组织文化。行政组织是人民的代理人，是人民管理国家事务的工具。虽然由于现代行政事务的复杂性，我们实施的是代议民主，但是行政组织并不能以专业化来抵制行政领域的民主；反过来，行政组织要通过行政民主的实施，保证人民群众充分地表达利益、行使权力和保护权利。为此，行政组织要坚持公民导向的组织文化，以公民的需求为行政活动的起点，以公民满意为行政活动的落脚点，让公民参与和监督贯彻行政活动的全过程。

第四，以“依法行政”为代表的法治型行政组织文化。法治的意义不仅在于行政组织将法律法规的执行作为其履行职责的工具，更在于以法为据，通过法律来保障行政组织不至于侵犯公民、法人和其他社会组织的合法权益。法治型行政组织文化要求行政组织建立崇尚宪法的氛围，尊重立法机关制定的法律，接受政府的限制，遵守行政规定，追求法律法规和行政制度所追求的公平和正义。

第三节　行政组织文化的构建

一、行政组织文化建设的原则

行政组织文化的形成离不开行政组织具体的实践活动，不同组织的不同行为方式融入相应的组织当中。同时，由于民族文化、所在地区、所属部门不同，造成了不同的行政组织具有不同的文化个性。但是，各行政组织毕竟同属行政系统当中，从事着类似的实践活动，遵守着共同的客观规律，因而建设行政组织文化的过程中存在着共同的原则。

第一，目标原则。目标是组织的灵魂，任何组织都必须具备明确、清晰的目标。行政组织的活动也同样是围绕目标展开的。行政组织文化作为行政组织活动在精神观念上的反映，也必须把这一目标体现出来，使每一位组织成员的观念化为统一目标，以激发他们内在的工作积极性，强化他们的组织使命感。目标只有清晰、明确，才具有感召力。要设定短期和长期目标，才能调动组织成员的创造性和积极性。行政组织总的目标导向是执行政策，通过具体的行政活动以规范社会，推动社会的发展。由于政府内部的不同分工，不同层次、级别和性质的政府组织，其具体的组织目标也有所差异。不同的行政组织，要根据本组织的任务和性质来确定自己的组织目标。

第二，价值原则。行政组织文化体现组织的共同价值，体现全体成员的信仰、行为准则和道德规范。这些共同的观念，有赖于行政组织有意识地引导、培养。要培育具有优良取向的价值观念，塑造杰出的行政组织精神，树立全心全意为人民服务的价值观。要坚持相信群众，依靠群众，从群众中来、到群众中去的群众路线，要代表最广大人民的根本利益，一切工作都要以人民利益为最高标准。市长电话的开通、人民代表大会上质询权的强化、电子政府的建设、抗击“非典”取得的成就等都是社会主义行政文化服务于民的表达。

第三，创新原则。行政组织文化一旦形成，往往具有惰性和保守性，这对于组织发展是不利的。行政组织要保持活力，不断开拓进取，就必须培养创造精神，要在全体组织成员中培养追求卓越、永不自满的精神，发挥人的才智，激发人的热情。创新精神不允许行政人员像旧式官僚那样按部就班，无所事事，无所作为，唯长官之命是从，只求墨守成规、加官晋爵。它要求对传统观念、理论、体制、技术进行革命性扬弃，在科学理论的指导下，解放思想，实事求是，研究新情况，解决新问题，形成新认识，指导新实践，求得新发展。因而这种创新精神具有突破性发现、革命性变革、综合性创造和飞跃性发展的特征。正如江泽民指出的那样：“创新是一个民族的灵魂，是一个国家兴旺发达的不竭动力，也是一个政党永葆生机的源泉。”行政管理的活力和生命力在于创新，我国行政管理具有广阔的创新空间，行政人员必须具有强烈的创新意识和创新热情，敢于观念创新、政策创新、制度创新、管理创新，敢于走出新路子，开拓新领域，以开拓创新精神去从事现代行政管理。

第四，参与原则。传统的行政组织文化是权威式的，领导下达命令，组织成员被动执行，缺乏主动性。现代组织文化则要求遵循参与原则，让组织成员参与组织的管理，沟通上下级之间的信息，以促进各方面工作的积极性。实行参与式管理可以鼓励人们为实现组织目标而进行创造性的工作。

第五，以人为中心原则。行政组织文化的重要功能之一就是增强组织的内聚力，促进组织成员之间的合作。这就要求在组织文化的建设过程中，应该把人的因素放在工作的重要位置上，尊重和关心每一位组织成员，创造各种条件使他们的自我价值得以体现。人力资源是第一资源，实现科技进步、经济与社会发展的关键都在于人。新世纪、新机遇、新挑战对人力资源的开发与管理提出了新的要求，我们必须学习借鉴这些经验，牢固树立“以人为本”的人力资源开发管理意识，采取坚决果断的措施，从根本上改革目前在人力资源开发管理上的种种弊端，创造出有利于人才辈出、人尽其才的环境。

二、行政组织文化建设的基本途径

结合我国行政组织的实际情况，一般而言应从以下几方面建设行政组织文化：

（一）加强行政组织人员道德建设，强化责任意识

我国行政组织人员是人民的公仆，必须全心全意为人民服务，对国家负责和对人民负责是一致的。由于行政管理的任务复杂艰巨，这就决定了行政人员的活动在要求上具有这样的

特性：他们既必须严格依法行政，又必须在大量情况下发挥创造性，从具体情况出发，依据自己的政治观点和经验，独立作出判断，灵活行政。因此，要高效率地达到行政目的，行政人员不仅要有良好的政治素质和业务能力，而且必须具备高尚的道德情操，培养敬业和奉献精神，增强公仆意识。一旦行政目的成为行政人员个人信念的一部分时，个人对组织承担的职责就成为一种责任心。它将成为执行法律的一种行为准则，即能使人在法律、规章制度不完善时，用行政道德约束和判断自己的言行，在法律、规章制度管不了的地方也能正确抉择行为。所以，行政道德是行政管理的一种强大的精神力量，而这种力量来自于每个行政人员的高度觉悟和道德修养。应清醒地认识到，提升行政道德是整个社会树立良好职业道德的关键所在。

（二）培养具有核心文化素质的领导，发挥领导在组织文化建设中的作用

一个好的领导应是一个好的舵手和好的设计师。组织领导者是组织文化的管理者、倡导者、变革者，只有组织领导者先明白了，成员才会认同；只要领导者先做了，成员就会跟随。领导者应从纷繁复杂的制约关系中解脱出来，得以将其注意力和精力转移到对组织内部的管理上来，对组织目前的文化和理想的文化作一一分析，精心策划，构建所期盼的组织文化。领导者与组织文化之间是双向影响的过程，良好的组织文化是许多代领导者持续倡导的结果，而有效的领导者也是在一定的组织文化环境中塑造出来的。

领导者要有一种浓厚的文化建设的责任和深深投入的心态。领导者的思想和行为在行政组织文化建设中起支配和导向作用，领导者高度重视行政组织文化建设，再通过下级往下传导，这样行政组织文化才能更好地形成和完善。领导者要有适合行政组织文化建设的个人魅力，要培养行政领导者高尚的品德、广博的学识、超凡的能力、良好的形象、完整的人格，领导者对待自己也要高标准、严要求；对待工作要胸怀全局、两袖清风、团结协作、科学决策，要敢于承担责任。领导不是简单地指挥控制，而是要参与帮助下属把工作做得更好，通过满足他们的基本需要来达到目的，满足他们的成就感、归属感、自尊感，让他们觉得自己得到认可，能掌握自己的命运，实现自己的理想。鼓励大家参与，共同制定组织理念（包括远景规划、核心价值观和组织使命），将其与组织的政策、计划和提案结合起来，融入组织的日常活动中。领导者应充分信任下属，授予下属变革的权力，在平等信任的基础上与下属沟通，齐心协力地推进组织变革。

（三）完善激励约束机制，形成有压力感的组织文化氛围

有效的竞争机制能够激发出行政组织人员合于其职位要求的真实动机，鼓励其努力学习，奋发向上，积蓄能量，提升素质。

第一，要建立科学的考核评估标准。认真进行行政组织人员的考核工作，将考核结果同奖惩、工资、职务升降、辞退等挂钩，能调动人员的积极性。根据不同工作岗位的不同特点，制定具体的评估考核体系和标准，要保证客观性、可操作性和可检验性，防止由个人凭

主观印象评估人才带来的片面性。同时，评估过程中，改变过去只注重看死材料的做法，树立看人才主要是看实绩、看结果的观念，按实绩对人才作出科学、公正的评价。

第二，完善约束机制。强调对人才的激励无疑是对的，但不能忽视对人才的约束。要制定完善人员管理的相关法规条例，约束言行，明确奖罚，严格兑现，提高人员管理的效率与效果，确保他们正确执行组织下发的任务，充分发挥作用。

（四）开展团队建设，营造和谐的工作氛围

在行政组织中开展团队建设，使行政组织成员以任务为中心，互相合作，每个人都把个人的智慧和力量贡献给自己正在从事的事业。"团队"一词体现出一种团结、合作和目标等精神特征。团体性的士气是员工对所属团体所抱有的一种精神状态。此种精神状态在未通过行为表现之前，是无形的，不易推断的，它使员工对团体感到满足，乐意成为团体的一员，它能满足员工的某种需要与愿望，使员工作为团体成员而感到骄傲，且愿意继续成为团体的成员，愿意达成团体目标。[①]

团队工作的主旨是委托和放权。组织心理学家认为，一旦人们被赋予责权，他们就会更负责任。严格的专制体系会使员工产生厌憎心理，并一味被动，另外，还会妨碍交流。行政组织给予行政组织成员在处理重要和大规模资源上的权力，让低层的成员从他们所从事的事务中得到重要权力；要能够创造出令人舒适的工作环境，并给成员提供参与组织决策的机会。[②] 行政组织和行政人员要具有团结协作精神。行政组织内部的各部门之间、行政人员之间、行政领导与下属之间必须相互理解、相互支持、同心同德、齐心协力、团结协作。团结协作精神是行政组织完成行政任务、实现行政目标的保证。

营造一个人际关系和谐的环境，有助于调动每个员工的积极性、创造性。良好的人际关系有利于沟通，使人心情愉快；亲和的文化氛围有助于凝聚人心。如果组织没有一种属于自己的文化氛围、没能营造一个"组织是我家"的软环境，就无法将人才凝聚在一起。构建组织上下良好的沟通系统，让人们了解参与组织的决策管理，并切实为他们提供各种保障，增强他们的认同感、归属感，让他们毫无怨言地努力奉献，从根本上稳定人才、留住人才。通过组织文化建设，以及民主、透明、公正的管理政策，激发员工士气，形成团队精神，统一价值观。

（五）创造文明的办公环境

加强文明办公场所建设，创建统一规范、文明有序的办公场景，是建设行政组织文化的有效途径。要把行政组织文化建设与工作环境建设紧密结合起来，通过改善行政组织工作环境，形成规范的机关形象，做到环境整洁，秩序严谨，管理规范，设备良好，衣着整洁，言

---

① 曾繁正，赵向标．行政组织管理学．北京：红旗出版社，1998：117.

② 王强，陈易难．学习型政府：政府管理创新读本．北京：中国人民大学出版社，2003：29.

行文明，做政府机关的表率。各行政组织要结合各自的工作实际，制定本组织的工作理念，开展行政组织文化建设，以张贴画、宣传栏等形式张贴到会议室、办公室等。组织成员选定自己最喜欢的人生格言并制作成标志牌，摆放到办公桌上，以这种有形的方式，营造行政组织文化建设的良好氛围，起到潜移默化的教育效果。

三、行政组织文化创建的主要方法

行政组织文化是一种群体文化，是一种无形的管理方式。它是从非计划、非理性的感情因素和意志力量出发来协调和控制人的行为，既充分发挥每一个行政人员的自主性和创新精神，又使他们的行为自觉地趋向一致，构成团结协作的整体，为实现行政目标而共同努力。因此，创建行政组织文化不应只依靠行政和党的组织去进行，应更多地依靠各级行政组织机构、群众团体去组织各种活动、培训和学习；应重视行政组织文化的培育和研究工作，使之发挥应有的作用，主要的方法有如下几种。

第一种，示范法。即通过总结宣传先进模范人物的事迹、发挥党员和干部的模范带头作用、表彰先进人物等方法，使行政组织文化成为组织成员行政行为的导向。行政组织中的先进人物是组织内部的优秀分子，在他们身上体现出来的价值观、道德观，是构成行政组织文化的核心部分。他们的作用具有较强的导向功能、激励功能和示范功能，对规范行政组织的行政行为、强化行政组织文化的集体认同感是至关重要的。通过宣传先进模范任务的事迹这种方式，给其他成员提供直观性强的学习榜样。这些榜样的事迹和行为，就是行政组织文化中行政道德规范与行为准则的具体样板。做好这项工作，就是把本组织所要建立的文化意识告诉给所有的组织成员。

第二种，激励法。即运用精神与物质的鼓励或者两者相结合的鼓励，通过开展评比、奖励、提口号、提目标、提要求等活动，给先进以荣誉，让先进得实惠，激发全体组织成员的事业进取心，促使他们主动努力工作，并把自身的行政工作成就建立在有利于国家、社会和组织发展的基础之上。与此同时，在生活上关心他们，想方设法解决他们生活上的实际困难，解决他们的后顾之忧，比如孩子的入托和入学问题、住房问题等。

第三种，感染法。即运用一系列的文艺活动、体育活动和读书活动等，培育行政组织成员的自豪感和向心力。在潜移默化的过程中，使行政组织人员最终接受、认同、内化本组织的文化，形成强大的集体凝聚力。

第四种，自我教育法。即运用谈心活动、演讲比赛、征文活动、墙报等形式让行政组织成员对照本组织的要求找差距，进行自我教育，自觉使自己的价值标准、行为方式、精神理念与本组织的文化要求相一致，并自觉承担相应的责任和义务。

第五种，灌输法。即通过讲课、培训、学习、报告会、研讨会等进行宣传教育活动，把本组织想要建立的文化目标与内容直接灌输给行政组织成员，使他们系统地接受和强化认同行政组织所指导的行政精神和行政价值观。

小　结

文化是管理的制胜之宝。有效的行政组织文化，具有团结、凝聚、规范、激励和控制的作用，能够取得不管而管的效果，因而应是现代行政组织管理的重要内容和途径。建设行政组织文化，一方面要立足于传统，立足于实际，从已有的行政组织文化中吸收精华；另一方面又要面向国际，面向未来，从全球化和民族化的双重要求中寻求适当的定位。

思考与练习

一、单项选择题（每题只有一个正确答案）

1. 行政组织文化是在________文化的基础上，通过长期的行政活动形成的。

A. 社会　　B. 组织

C. 生态　　D. 政治

2. 行政组织文化主要包括行政制度文化和________，但是受行政物质文化的客观影响。

A. 行政精神文化　　B. 行政人员文化

C. 行政领导文化　　D. 行政规范文化

3. 根据行政组织文化产生的时间，行政组织文化可以分为传统行政组织文化和________。

A. 行政主体文化　　B. 权力导向型文化

C. 行政统治型文化　　D. 当代行政组织文化

4. 行政组织文化具有多种功能，它能把组织成员的思想认识统一起来，汇合成一股强大的力量，我们把这种功能称为________。

A. 目标导向功能　　B. 阻抑功能

C. 凝聚功能　　D. 控制功能

5. 行政组织文化相比于正式的组织规章制度的控制作用，它具有________的特性。

A. 稳定性　　B. 实践性

C. 强制性　　D. 软约束性

二、多项选择题（每题有两个或两个以上正确答案）

1. 目前在理论界，对组织文化的理解主要有________观点。

A. 大组织文化概念　　B. 小组织文化概念

C. 辩证综合概念　　D. 多元组织文化概念

2. 我国行政组织文化正在向________方向迈进。

A. 法治型文化　　B. 开放型文化

C. 参与型文化　　D. 服务型文化

3. 行政组织文化构建中最重要的两条原则是________和________。

A. 目标原则　　B. 创新原则

C. 价值原则　　D. 以人为中心原则

4. 我国行政组织文化构建的途径有________。

A. 道德建设途径　　B. 领导素质途径

C. 行政体制机制途径　　D. 政治途径

三、名词解释

1. 组织文化　2. 行政组织文化　3. 主文化与亚文化　4. 行政组织文化阻抑功能

5. 示范法　6. 激励法

四、简答题

1. 行政组织文化的特点和功能有哪些？

2. 简析我国当代组织文化的走向及其原因。

3. 简析我国行政组织文化的基本内涵。

4. 结合实际简析构建行政组织文化的意义。

5. 构建行政组织文化应该遵循哪些原则，选取怎样的途径？

五、论述题

1. 行政组织文化是如何作用于行政组织及其成员的？

2. 为了提高行政效率、改善行政服务质量，应该构建怎样的组织文化来适应当今转型的中国社会？

3. 在全球化背景下，我国的行政组织文化如何在民族化和全球化的冲突中作出选择？

第十三章　行政组织的绩效管理

教学目的与要求

了解行政组织绩效管理的基本概念；
理解行政组织绩效评估的理论与方法；
掌握改进行政组织绩效管理的策略。

20 世纪 70 年代后期以来，随着经济的全球化和信息时代的到来，人们对政府的要求愈来愈高。为了提高国家竞争力，以更加低廉的成本提供更加优质的服务，各个国家都在积极探索提高行政效率、改善行政组织绩效的有效途径。在此背景下，绩效管理开始在行政组织管理领域出现。经过二十余年的发展，绩效管理无论是在理论上还是在实践上都渐趋成熟，成为现代行政组织管理的一种重要方法。

第一节　行政组织绩效管理概述

一、行政组织绩效及行政组织绩效管理

（一）行政组织绩效的概念

我们现在所说的“绩效”一词，大部分从英文 performance 转化而来。performance 在英文中的一般意义为履行、执行、表现、表演、行为、完成，在管理学中被引申为“成绩”“业绩”“成果”“效益”，最早用于项目管理、人力资源管理等方面，后来又被运用到行政管理当中。

经过多年的发展，“绩效”已经成为一个复合概念，可以在个体、团体和组织等不同层面上运用。一般而言，组织绩效指的是组织在运用各种资源、通过各种内部管理活动及各种外部服务活动来实现预期目标的总体状况。而行政组织绩效则专指行政组织运用各种组织资源实现预定目标的过程和表现。理解行政组织绩效，需要把握以下几点：

第一，行政组织绩效既包括行政组织活动的成果，也包括行政组织活动本身，还包括行

政组织实现预期目标的能力状况。其中，行政组织活动成果，既包括绝对的产出规模，也包括预期目标的实现程度；既包括直接的产出，也包括这些产出所带来的各种间接的效益。行政组织活动，既包括内部的管理活动，也包括外部的服务活动。行政组织的能力，既包括实现既定目标的现有能力状态，也包括不断提升能力水平的学习和创新等。

第二，行政组织绩效是对行政组织活动及其结果状态的描述。要想了解一个行政组织的绩效水平，必须事先确定一定的绩效指标，通过一定的方法，对该组织的实际状况进行测评。就此意义而言，行政组织绩效是运用一定的主观标准来衡量客观实践而得到的一种结果。

第三，行政组织绩效本身也是一个复合概念，包含了行政组织的效率、效能、效果、经济性、能力等概念所指向的基本要素。在行政组织管理中，曾在不同时期广泛使用过效率、效能、效果、经济性、能力等概念。其中，效率的基本含义是行政组织的投入与产出之间的比例。这个概念关心的是如何以有效的手段来实现投入最小、产出最大。效能主要指的是目标达成度，即行政组织的努力是否以及在何种程度上达到预定的目标。效果指的是行政组织活动为组织成员和社会所带来的正面影响，包括政治、经济和社会等方面的效益。经济性指的是行政组织使用资源的节约程度。能力指的是行政组织实现目标的主观条件的总和。在行政组织绩效所包含的各个要素中，效果相对而言最为重要。毕竟，人们评价一个行政组织，不仅仅是看其内部管理得如何、资源运用得如何，最为关键的当然是看这个行政组织的活动对社会所作的贡献。因而，一般而言，行政组织绩效的外延，除了内部的管理绩效外，主要还分为三个方面：（1）经济绩效。经济绩效指的是行政组织活动促进和保护经济持续发展方面的效果。良好的经济绩效包括国民经济在量上有所扩张，在结构合理的前提下有质的提升，还包括经济可持续发展的程度较高。（2）社会绩效。社会绩效指的是通过行政组织活动在促进经济发展和社会全面进步方面的有益影响。“社会全面进步”内涵丰富，包括物质和精神的全面进步、人和社会的高度发展、社会的和谐进步、环境的可持续性等。（3）政治绩效。政治绩效指的是行政组织活动在完善民主与法制、强化社会公平正义、巩固和发展社会制度方面的效果。

在上述行政组织绩效类型中，社会绩效是主导性和基础性的。没有社会绩效，经济绩效就没有实现的意义和价值，政治绩效也会失去社会基础。经济绩效是社会绩效和政治绩效的物质基础和物质支撑，是社会绩效和政治绩效能够长久持续的保障。而政治绩效是整个行政绩效的中枢和核心，实现经济绩效和社会绩效需要政治绩效作为法律和制度的保障。同时，行政绩效体现在政府行政管理的每一个层面和领域，这种绩效既不是政府短期投入的回报，也不是政府终端产品的累积，而是较长时期经济发展、社会进步、政治文明的总成果。

（二）行政组织的绩效管理

关于行政组织绩效管理的含义，一般有两个层次的理解：一是将行政组织绩效管理视为为了维持和改进行政组织的绩效水平而进行的管理活动（management for performance），如中国行政管理学会联合课题组所定义的“运用科学的方法、标准和程序，对政府机关的业绩、成就和实际工作作出尽可能准确的评价，在此基础上对政府绩效进行改善和提高”。二是认为行政组织绩效管理就是通过对行政组织绩效标准的设定、实施和对完成情况的评估、反馈来改进和优化管理（management by performance），如美国国家绩效管理小组所做的定义：所谓绩效管理，是“利用绩效信息协助设定统一的绩效目标，进行资源配置与优先顺序的安排，以告知管理者维持或者改变既定目标计划，并且报告成功符合目标的管理过程”。

相对而言，在上述两种理解中，第二种理解更为全面，对实践的指导意义更大。这是因为：（1）行政组织管理的目标很多，绩效只是其中之一。虽然作为一个复合概念，绩效的涵盖范围比效率要大，但仍不能作为唯一的目标。因而，将绩效管理视为组织管理的方法，通过绩效管理来优化行政组织的管理并进而促进行政组织全面目标的实现，是对行政组织绩效管理的功能的正确理解。（2）绩效管理是现代行政组织管理的一种重要方法，但并非唯一的方法。现代行政组织管理有很多方法，每一种方法均有其独特的内涵和优势，均能在改进行政组织绩效方面贡献独特的作用。若将绩效管理的性质定为“为了绩效的管理”，容易使人忽视其他现代管理方法在改进行政绩效方面的积极作用，以为有了绩效管理，行政组织便有了获取高绩效的灵丹妙药，完全可以不要其他的管理方法。（3）将绩效管理的性质定为“为了绩效的管理”，那么所有能改进行政组织绩效的方法均会被纳入绩效管理的范围，从而使得行政组织绩效管理变成了一个包罗万象的概念，反倒淡化了自身的特色，不利于实践的操作。

二、行政组织绩效管理的基本内容

绩效管理作为一个系统的管理方法，其内容究竟包括哪些因子，目前人们的看法差异较大。一般认为，一个有效的绩效管理系统必须具备以下四个构成要件：

（一）计划绩效

在新的绩效周期开始时，各级管理者和员工就员工在该绩效周期内要做什么、需做到何种程度、为什么做、何时应做完及员工的决策权限等问题进行讨论，促进相互理解并达成协议——这就是计划绩效。计划绩效是绩效管理过程的起点，但并不是只有在绩效管理周期的开始才会进行。通常的计划绩效都是一年，但一般都会在年中进行一定的修订。在计划绩效的过程结束后，管理者和员工应该能够在各个方面取得一致的看法。

由此可见，计划绩效绝不像完成一份工作计划那么简单，作为绩效管理系统的一个环节，计划绩效的过程更强调通过互动式的沟通手段，使管理者与员工在如何实现预期绩效的问题上达成共识。因此，绩效计划的内容除了最终的个人绩效目标外，还包括双方应作出什么努力、应采取什么方式才能够顺利地实现预期的绩效，应进行什么样的技能开发等内容。

由于计划绩效是绩效管理系统的一个构成要件，是通过实现个人的绩效期望，促进组织目标实现的一个手段，因此计划绩效必须在组织目标这个大框架下进行；还必须有一个相关的团队对这项工作进行统筹安排。由于计划绩效涉及如何控制实现预期绩效的整个过程及所有方面的各种问题，员工的直线管理者和员工本人都必须参与进来。其中的直线管理者，由于最了解每个职位的工作职责和完成每个绩效周期各项工作的人，在整个过程中承担着十分重要的角色，并且是整个计划绩效工作的最终责任人。

（二）监控绩效

绩效管理的第二个重要组成部分是监控绩效。为了实现对员工绩效的监控，管理人员应该在整个绩效管理循环的实施过程中，通过各种手段了解员工的工作状况，与员工保持持续的绩效沟通，预防或解决绩效期间可能发生的各种问题，帮助员工更好地完成绩效计划。

从监控绩效的手段看，管理者与员工之间进行的双向沟通是实现绩效监控的一个重要手段。为了实现对员工绩效的监控，绩效管理系统中应该包括一个管理者与员工进行相互交流绩效信息的渠道，管理人员定期与员工就他们的绩效情况进行交流，以充分掌握员工的工作情况。另外，为了对员工的绩效进行更有效的监控，管理者应该在整个绩效管理周期内随时对员工进行非正式的绩效沟通。

从监控绩效的目的看，也有学者将监控绩效的过程称为绩效诊断和辅导。所谓绩效诊断就是分析引起各种绩效问题的原因，通过沟通寻求支持与了解的过程。在找出绩效低下的原因后，管理者充当导师帮助员工克服障碍提高绩效的过程就是辅导。现实中许多管理者往往重视评价的工作而忽视了应该对员工进行充分的辅导，并将其看成员工自己的工作。实际上改善绩效是大家的事情，改善一名员工的绩效，对于管理者、同事、部门乃至整个组织都是非常有益的。

（三）评价绩效

作为绩效管理系统模型中的一个要件，评价绩效特指在绩效周期结束时，由管理者和员工使用既定、合理的评价方法与衡量技术，对员工的工作绩效进行评价的过程。这里的评价绩效并不等于我们通常所说的绩效评估。绩效评估不仅包括绩效周期结束时评估绩效的过程，还包括前期的绩效指标设定，中间的绩效观察、搜集相关资料的过程，甚至往往还会将评估之后的绩效反馈过程也纳入绩效评估的系统模型中。但是，评价绩效的过程也不是孤立的，其上承绩效监控，它所完成的评价表格也是后继工作的依据。

（四）反馈绩效

反馈绩效是指绩效周期结束时，管理者和员工之间进行绩效评价面谈，使员工充分了解和接受绩效评价的结果，并由管理者指导员工改进绩效的过程。实际上，绩效反馈贯穿于整个绩效管理周期的全过程，在绩效期间结束时进行的绩效反馈是一个正式的绩效沟通。绩效管理的目的不仅仅是为得到一个评价等级，它最终是要提高员工的绩效，确保员工的工作活动和产出与组织的目标保持一致，从而实现组织的目标。而绩效管理能否实现最初的目标，在很大程度上取决于管理者如何通过反馈绩效使员工充分了解如何进行绩效的改进。

我们可以用图 13－1 表示绩效管理的系统模型，该模型包括了前面说到的四个基本构成要素。为了方便起见，我们将它们表现为一系列循环往复的过程，但事实上，这些要素中发生的时间和方式既具有一定的连续性，也存在许多交叉的地方。

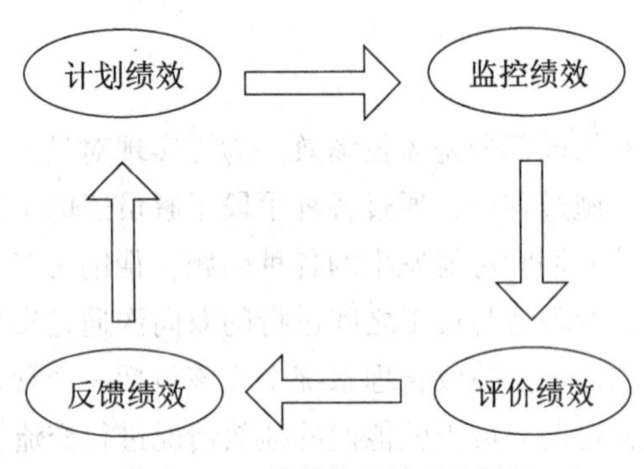

图 13－1　绩效管理的系统模型

三、行政组织绩效管理的主要模式

绩效管理是企业组织在其管理实践中逐步探索出来的较新的管理方法。行政组织引入绩效管理后，在具体实施过程中基本上都是借鉴企业界已有的模式。由于绩效管理的核心是绩效指标的设定和考核，因而，可以将绩效管理的主要模式分为以下几种。

（一）战略绩效管理

战略管理在企业组织中早已有之。20 世纪 80 年代以后，行政组织的外界环境发生了极大变化，环境的多元性、复杂性和不确定性在不断加大，公众对行政组织的期望和批评也不断增加，如何克服行政组织管理的内部取向，提升行政组织的环境适应力和创新力，成为行政组织管理的新要求。战略绩效管理是将战略管理与绩效管理相结合，以战略目标来统率绩效目标和指标，以绩效管理来实现战略目标实现的一种方法。其最大的好处就是将行政管理努力集中到长远目标，在实现长远目标过程中提升行政组织的能力。

战略绩效管理要求行政以战略为出发点，通过建立和明晰战略、分解目标、促进沟通进行绩效评估，并将绩效考核结果应用于行政组织的日常管理活动中。其核心是在行政组织战略目标和绩效指标之间建立明确的因果链条（如图 13－2 所示）。

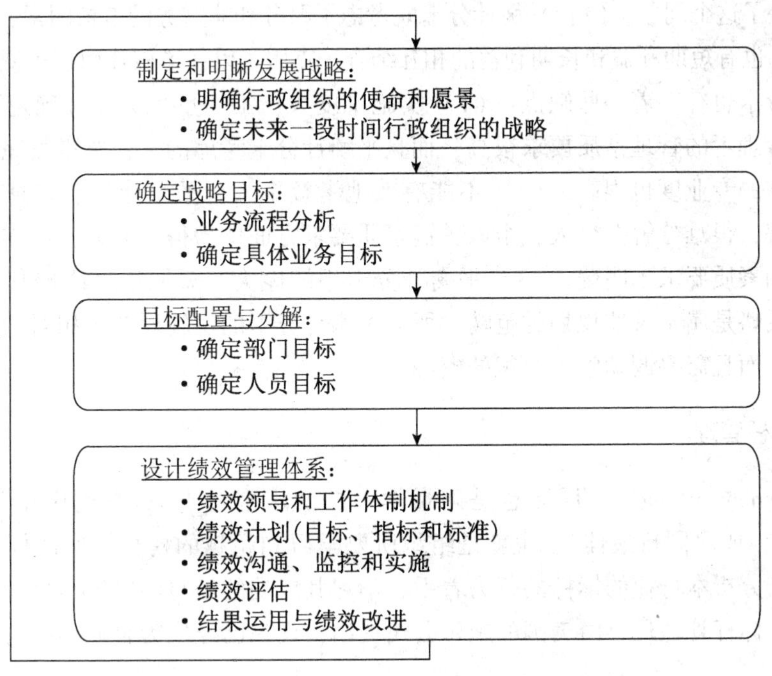

图 13 - 2　行政组织战略目标与绩效管理

（1）制定和明晰发展战略。战略涉及组织长远和全局性目标和任务。战略目标取决于组织使命和愿景、对组织战略性议题的认知、法律法规的规定或上级组织的规定和指示等。

（2）确定战略目标。战略目标是未来一段时间组织要实现的有形成果。这些有形成果必须具体、可以测量、有针对性（相关的）、可以实现和有时间要求。

（3）目标配置与分解。组织战略目标针对的是整个组织。目标确定后，必须落实到具体业务。这就需要根据业务流程分析，将其分配到不同的部门和单位；然后根据时间要求，将其细化成年度具体目标。

（4）设计绩效管理体系。按照绩效管理的要求，设计绩效管理工作的体制机制，按照战略目标体系和细化的指标，制订年度绩效计划，确定绩效评估标准和方法，确定结果运用和绩效信息的应用等。

（二）平衡计分卡

平衡计分卡（balanced score card，简称 BSC）由美国的卡普兰和诺顿创立。其核心思想是确定组织成长的四个关键维度（内部运营、客户、学习和成长、财务），在此四个维度中分别建立具体的目标，并在此基础上分别建立相应的指标体系，以综合方法考核目标的实现程度，促进组织绩效的提升。

平衡计分卡有以下优点：（1）战略目标分解，形成具体可测的指标。因为组织战略目标是一个宏观的概念，如何把它细化、具体化、内化，把它落实至具体的工作行为当中，平衡计分卡帮忙解决了这个问题。(2) 平衡计分卡既考虑了财务和非财务的考核因素，也考虑了内部和外部顾客，也有短期利益和长期利益的相互结合，克服了以往考核片面、短视的不足。

平衡计分卡也存在着一些缺点：(1) 实施难度大，工作量也大。准确定位组织战略本身就对高层管理者的管理素质要求很高，而且平衡计分卡考虑的考核要素很完整，造成工作量很大，实施的专业度也很高。(2) 不能有效地考核个人。平衡计分卡本身是以岗位为核心的目标分解，很难分解至个人，个人关键素质要求方面体现得不明显，会在一定程度上造成岗位职责和素质要求不明确。(3) 平衡计分卡系统庞大，短期很难体现其对战略的推动作用。因为战略是属于长期规划的范畴，所以平衡计分卡的实施周期也相对较长，短期内很难见到效果，而且需要调动整个组织的资源。

(三) 标杆管理

标杆（benchmarking）一词原意是测量学中的“水准基点”，在此引申为在某一方面“做得最好者”或“同行最佳”，也就是组织所要学习和超越的榜样。所谓标杆管理，简单地说，就是从分析本行业的标杆的行为着手，学习其成功的经验，以提高自身绩效的一种绩效管理方法。标杆管理最早由美国的施乐公司提出，现在已经成为企业和政府部门绩效管理的重要方法。

标杆管理的步骤主要包括：(1) 确定实施标杆管理的领域或对象。首先要明确组织的成功关键因素（critical success factors，简称 CSFs），也就是能使顾客满意进而使组织走向成功的条件；在此基础上，分析这些关键因素是优势还是不足，同时根据组织战略和资源的要求，对关键因素加权排序，确定组织实施标杆管理的对象或领域；最后把确定的成功关键因素予以定量化。(2) 明确自身的现状。通过调查、观察和内部数据分析，真正了解自己的情况。(3) 确定谁是最佳者。要根据各方面的信息来源确定在所选领域的同业之最，可从以下方面选择：组织中的不同单位；同行业但非直接竞争对手；直接竞争对手；全球最佳组织。(4) 明确对方是怎样做的。通过收集和分析所选榜样的信息，形成准确反映其能力和长处的完整材料，找出其优于自己并成为行业之最的能力和特长之所在。(5) 分析内外部资料，制定并实施改进对策。在上述基础上，提出并优选改进方案，在组织内部达成共识，推动方案的有效实施。

从实践来看，标杆管理成效甚大。绝大部分采用标杆管理的组织在产品、过程和服务等方面均有较大程度的改善。与其他绩效管理模式相比而言，标杆管理的优势主要体现在：(1) 使得组织能正确认识自身的真实情况和差距。俗话说，“没有比较就没有鉴别”，标杆管理能够从对自身和标杆的分析中发现自身存在的问题和差距，使组织对自身状况有更好的了解。(2) 行动的努力更具针对性。标杆管理的最大优势在于不仅能使组织明确自身不足，而且能使组织明确改进行动的基本方向和具体措施，学习并应用更好的方法减少缺陷、提高质量、降低成本，更好地满足顾客需要。(3) 利用外部信息建立有效的目标，使组织变得更有竞争力。(4) 激发组织中的个人、团体和整个组织的潜能。(5) 打破障碍，促进变革。

标杆管理中的“寻找标杆”实际上是一个持续的过程。通过不断寻找新的标杆，组织的绩效努力永无止境，绩效水平也将持续提高。

第二节　行政组织绩效评估

一、行政组织绩效评估的含义与意义

（一）行政组织绩效评估的含义

所谓行政组织绩效评估，简单地说，就是用事先确定好的指标和标准来衡量绩效实践状况，以确定绩效实践水平的活动。其中，“绩效实践状况”包括将资源转化为公共物品及服务（产出）的效率、产出的质量（向顾客提供服务的质量和顾客的满意度）、结果（行为的实际效果与其预期目标相比较）以及在达成计划目标的过程中政府运作的效率等方面。

理解行政组织绩效评估，必须把握以下三点：（1）行政组织绩效评估的目的在于提供一套适用于政府范围的以产出和结果为基础的责任机制、绩效和结果评估法规、战略规划和绩效指标要求的评价与管理系统。（2）行政组织绩效评估可以看成一种手段，是利用绩效管理、绩效标准、奖励和惩罚来激励公共组织。奖惩可以是财政性的，也可以是准经济性的，或者是纯粹心理上的。（3）行政组织绩效评估包括了目标设定、达成以及结果评估的系统性过程，代表了一个组织整合各种资源以接近目标的行为和程度。概括地说就是根据管理的效率、结果、效益、公共责任和社会公众的满意程度等方面的判断，对行政组织管理过程中投入、产出、中期成果和最终成果所反映的绩效进行评定和划分等级。

（二）绩效评估的意义

绩效评估作为绩效管理的中心环节，对行政组织绩效管理和组织自身都起着重要作用，主要包括：

1. 绩效评估对绩效管理具有基础性作用

首先，绩效评估是绩效管理的中心环节，起着承前启后的作用。绩效管理的目标是提升组织和个人的绩效，通过对绩效的科学、有效管理，提高人员的工作积极性，进而提高组织效率和服务水平，因此，绩效管理需要建立一套机制来衡量绩效。科学、合理的绩效评估提供了一套指标体系和与之相配套的操作机制，以此寻找目标绩效与实际绩效间的差距，并作为奖惩、晋升、培训等的依据。

其次，绩效评估凸显绩效管理的价值取向。绩效管理源于现代企业管理应对信息技术变化和激励市场竞争的需要，而行政组织绩效管理的价值取向与企业管理有着相似之处，包括市场取向、社会取向、分权取向等，而其中最根本的还是服务取向。这不仅是现实的市场竞争需求，也反映了行政组织公共服务的本质属性。传统行政管理以过程为中心，以权力、命

令为特征，追求内部管理效率，重点在于管制。绩效管理的引入，把社会公众当成顾客，强调服务和顾客至上的管理理念，增强了行政部门对社会公众需求的回应力和对管理活动产出、效率与服务质量的重视。绩效评估通过设定绩效指标、民众参与评估等方式，使得行政组织的绩效管理逐步体现出按照顾客的要求提供服务、让顾客作出选择的原则和做法。

2. 绩效评估是行政组织内部管理的重要机制

从绩效评估对行政组织自身管理及组织目标实现的角度看，绩效评估具有以下几项功能：(1) 绩效评估为行政组织提供了控制机制。不同于传统的官僚管理，绩效评估提供了一套科学的绩效指标体系，将既定目标和实际绩效进行对比，如果发现绩效管理实施过程或具体管理过程中存在问题，就可通过评估及时纠正错误，使之导向组织目标所要求的方向。(2) 绩效评估为行政组织管理提供了监督机制。一般情况下，政府是一国之中拥有垄断强制力的组织，在这种优势地位上，若要保证政府职能的实施符合社会经济发展的需要，就必须为它设立一套完善的制衡机制。在这套完善的机制中，法律等强制性手段固然不可缺少，但它只是保证行政组织不犯错误的底线，严格的、客观的、以政府自身利益为核心的评估体系的设置更为重要，它的存在促使政府必须按评估的标准而不是按自己的意愿去行事，从而将政府行为导向更有效地为人民谋利的轨道上。同时，行政组织绩效评估为整个社会从外部监督政府作为提供了基准线。(3) 绩效评估为行政组织管理提供了激励机制。根据绩效评估的结果确定奖惩、晋升及培训等是绩效管理起到激励作用的重要体现。科学的绩效评估体系为公务员设定了心理预期，若获得怎样的绩效评估结果就能够获得怎样的奖励，就会激励他们为这个组织预期的绩效目标积极、努力、创造性地工作，从而提高服务水平，改善工作态度。

二、行政组织绩效评估的指标

绩效管理最核心的环节莫过于绩效评估，而绩效评估最重要、最基础、最困难的环节莫过于确立衡量的指标体系。没有科学的绩效指标体系，绩效考核就无法正常进行，绩效管理就失去了提高绩效和服务水平的积极意义；不正确的指标，往往会将努力引向相反的方向，背离绩效管理的初衷和组织的使命。

（一）绩效评估指标的含义及构成要素

所谓绩效指标是指与员工绩效产出有关的考核项目，它与员工的工作内容相关，并建立在工作分析的基础上。绩效指标相当于一把标尺，通过这把标尺能明确了解员工的工作情况、态度等。一般来说，绩效指标包括三个要素：考评要素、考评标志和考评标度。

考评要素是考评对象的基本单位，根据被考评者在工作中的各项要求来设定。

考评标志用以揭示要素的关键可辨特征，有不同的分类方式。从考评标志揭示的内涵来看，可分为客观形式、主观形式、半客观半主观形式三种。如产品合格率属于客观指标，而顾客满意度则属于半客观半主观指标。

考评标度是考评要素或要素标志的程度差异与状态的顺序和刻度，有量词式、等级式、数量式、定义式等。

考评要素、考评标志和考评标度三因素构成了绩效指标，下面举个典型的例子来说明三者之间的关系和差异（如表 13－1 所示）。

表 13－1　考评要素、考评标志和考评标度的关系和差异

考评要素	考评标志	考评标度
工作态度	工作表现优秀，顾客满意度高	10 分
	工作表现良好，顾客满意度较高	5 分
	工作表现差，顾客极不满意	0 分

（二）选择绩效评估指标的原则

指标的选择意义重大，为保证其科学、合理，必须遵循一定的原则。关于绩效评估指标体系的设计有多种理论。系统评价理论将评估对象视为一个系统，评估指标、指标的权重和评价中运用的方法均按照系统最优的方式进行，其对于设计出科学、合理的绩效评估体系，以实现绩效评估的目的具有重要的指导意义。目标一致性理论运用于绩效评估活动时的具体含义是指，评估对象的系统运行目标、绩效评估的目的与评估指标体系三者之间的目标要有一致性，否则在设计绩效评估指标体系时就会由于与另两者存在冲突而陷入困境。

根据上述理论，我们在选择绩效评估指标时应遵循以下三条原则：（1）目标一致性原则。评估指标应该能够完整地反映评价对象系统运行总目标的各个方面，即具有内容上的完整性；同时，各项指标所反映的各项内容之间应是连续一致的。（2）独立性与差异性原则。独立性原则指的是评估指标之间的界限应清楚明确，不会发生外延上的重合。差异性原则指的是评估指标之间的内容具有可比性，能明确区分各自的不同之处，在内涵上有明显的差异。（3）可测性原则。评估指标之所以需要测量和可以测量，最基本的原因就是该评估指标指向的变量具有变异性，评估能够产生不同的评价结果。

（三）行政组织绩效评估的常用指标

从理论上讲，构建绩效指标可以使用一个包括下面四个方面的模式：一是输入，指提高服务所需的资源，包括人员、物力、财力；二是过程，包括传送服务的途径；三是输出，即组织活动或提供的服务；四是结果，即每一个产出或服务所产生的影响。

上述模式虽然多少可以反映一个组织的绩效，但是许多组织更乐于使用具体的概念来建构绩效指标。目前，用来评价行政组织绩效的常用指标有：

1. 经济

在评估某组织的绩效时，首要的一个问题便是“某组织在既定的时间内究竟花了多少钱？是不是按照法定的程序花费？”这是经济指标首先要回答的问题。经济指标一般指组织投入到管理项目中的资源水准。经济指标关心的是“投入”的项目，以及如何使投入的项目作最经济的利用。换句话说，经济指标要求的是以尽可能低的投入或成本，提供与维持既定数量和质量的公共产品或服务。经济指标并不关注服务的品质问题。

2. 效率

效率要回答的问题是：“机关或组织在既定时间内，预算投入究竟产生了什么样的结果。”效率指标通常包括服务水准的提供、活动的执行、服务与产品的数目、每项服务的单位成本等，其可以简单地理解为投入与产出的比例关系。效率关心的是手段问题，而这种手段经常以货币方式加以表达和比较。

3. 效果

以效率作为衡量指标，仅适用于那些可以量化或货币化的公共产品和服务，而许多公共服务的性质很难界定，更难量化，而且分配效率也不易理解。在此情况下，效果便成为衡量公共服务的一个重要指标。效果关心的问题在于“情况是否得到改善”，通常指公共服务实现目标的程度，又可称为公共服务对于标的团体的状态或行为的影响。因此，效果指公共服务符合政策目标的程度，通常以产出与结果之间的关系加以衡量，其关心的是“目标或结果”。

效果可分为两类：一类是现状的改变程度，如国民健康状态、水质的净化程度等；另一类是行为的改变程度，如以犯罪行为的改善幅度来衡量刑事政策的效果等。

4. 公平

传统上公共行政与管理重视效率、效果而不大关心公平问题。自新公共行政理论产生以来，公平问题日益受到广泛重视，并成为衡量政府绩效的重要指标。它着重于“接受服务的团体或个人都受到公平的待遇，需要特别照顾的弱势群体是否能够享受到更多的服务”。因此，公平指标就接受公共服务的对象所质疑的公平性而言，通常无法在市场机制中加以界定。公平相当难以衡量，其自身也是一个复合体，可以分为下列类型：（1）单纯的个人公平，是指一对一的个人公平关系，如“一人一票，每票等值”。（2）分部化的公平，是指同一类别下的公平关系，如农夫和商人有不同的赋税标准和薪资水平，这是基于分工所造成的实践上的公平。（3）集团型的公平，指团体或次级团体所要求的公平。如黑人要求与白人享有平等的参政权。（4）机会公平，每个人的天赋不一，后来的发展必然不同。但如果两个人都有相同的概率获得某项职位，就是展望性的机会平等。（5）世代间的公平，指一代人与未来一代人之间的公平。

三、行政组织绩效评估的方法

绩效评估是企业组织在其管理实践中逐步探索出来的新的管理方法。在不同的企业中，使用的绩效评估方法也不尽相同。行政组织想要成功地进行绩效管理，不仅需要借鉴企业绩效评估方法，也需要不断研究、开发出适合自身需求的绩效评估方法。目前，在行政组织中常用的绩效方法有：

第一，书面描述法。书面描述是指考评者以书面形式描述一个员工的所长、所短、过去的绩效和潜能，并提出改进建议的一种绩效评估方法。其优点是简单易行，但该方法与其说是评价员工的实际绩效水平，倒不如说是在衡量考评者的书写能力，且主观性较强。

第二，关键事件法。考评者将注意力集中在那些区分有效和无效的工作绩效的关键行为方面。考评者记下一些细小但能说明员工所做工作是特别有效果还是无效果的事件。要点是只涉及具体的行为，而不是笼统地评价一个人的个性特质。关键事件法事例丰富，并以行为为依据，但其耗时，无法量化。

第三，评分表法。这是一种最古老也最常用的绩效评估方法。它列出一系列绩效因素，如工作的数量和质量、职务知识、合作能力、忠诚度、出勤率等，然后考评者逐一针对表中的每一项，按增量尺度对员工进行评分。评分的尺度通常采用 5 分制。评分表法能提供定量的数据，时间耗费也较少，但不能提供工作行为评价方面的详细信息。

第四，行为定位评分法。行为定位评分法是近年来日益得到重视的一种绩效评估方法。这种方法综合了关键事件法和评分表法的主要成分：由考评者按序数值尺度对各项指标作出评分，评分项目是以某人从事某项职位的具体行为为事例，而不是一般的个人特质描述。该方法侧重于具体而可衡量的工作行为，但耗时长，使用难度大。

第五，多人比较法。多人比较法是将一个组织的工作绩效与一个或多个其他组织作比较，这是一种相对的而不是绝对的衡量方法。这种方法最常用的形式有三种：分组排序法、个体排序法和配对比较法。分组排序法要求评估者按特定的分组将组织或部门编入如“前 1/5”“次 1/5”等的次序中。个体排序法要求考评者将组织或部门按从高到低的顺序加以排列。而在配对比较法下，每个组织或部门都一一与比较组中的其他每一个组织或部门结对进行比较，评出其中的优劣；在所有的结对比较完成后，将每一个组织或部门得到的“优”数累计起来，就可以排列出一个总的顺序。这种方法将组织或部门与其他组织或部门作比较，使得每个组织或部门都能明白自己的相对水平，但如果组织或部门数量大时，操作起来就很麻烦。

第三节　行政组织绩效改进

绩效管理是现代行政组织管理的重要议题，建立高绩效的行政组织是当前各国行政组织改革和创新的目标模式之一。但是，由于各种主客观条件的限制，行政组织绩效管理还存在这样或那样的误区，行政组织绩效的改进还存在诸多的障碍。

一、行政组织绩效障碍

从实践方面看，行政组织绩效改进的障碍主要有：

（一）行政组织目标性质的阻碍

作为公共部门的主要组成部分，行政组织的目标广泛、模糊且具有长期性，这往往会使行政组织的绩效管理和改进活动缺乏针对性，从而难以取得实质性的进步。行政组织目标多元性对其绩效管理的阻碍主要体现在：（1）行政组织绩效目标难以确定。企业组织的绩效目标不可能也不会是单一的，但是企业组织往往会将利润和效率放在第一位，但政府无法回避效率和公平这一对固有的矛盾。对政府而言最好是两者兼顾，但这在实际上是不存在的，而且效率与公平的性质完全不同，前者可量化评估，后者不能。（2）行政组织目标难以测量。政府产出难以量化绩效评估的一个重要原因就是无法将所有的绩效指标量化。政府目标的多元性、产品的非商品性、产出的滞后性使行政组织绩效评估指标难以确定。（3）行政组织目标具有长期性。行政组织目标涉及整个社会的长期发展，很多目标实现的周期较长，短期测量到的目标往往不能反映行政组织活动的真正成效。

（二）行政文化的阻碍

有效的行政组织绩效管理，需要有重视绩效的文化作支撑。近年来，随着新公共管理运动所倡导的顾客导向观念的流行、民众对政府要求的提升和国际竞争的加剧，行政文化中绩效的意识抬头。但是，总的看来，行政文化中的一些成分对行政组织绩效管理依然具有一定的阻碍作用。主要体现在：（1）对行政组织特殊性的过分强调。传统的行政观念，总将行政组织管理与企业组织管理视为具有本质性区别的两大领域，往往以为企业组织需要重视绩效，而行政组织管理则强调的是民主、法制与秩序。加上行政组织成本的财政来源性质，也使得行政人员往往缺乏必要的绩效意识。（2）科层体制的长期运行，使得行政组织往往以上级的指令作为活动开展的基础，往往以执行效率作为自身工作好坏的根本标准，难以树立全面正确的绩效观。（3）行政的职业化和专业化，使得行政人员往往重视职业伦理和技术标准，公众参与和监督往往受到专业自主性的阻挠，政治力量甚至也受到一定的牵制。（4）行政组织的等级制、分部制，使行政人员形成了过度保密意识，对秘密的强调往往超过对行政公开的重视，这就使得行政组织的内部信息带有很大的神秘性、封闭性，阻碍了人们对真实绩效的了解。

（三）行政制度供给不足

实施绩效管理必须以相应的制度作为保障。但是，由于当前全世界的行政组织均处在快速的改革和转型中，制度供给不足的现象比较突出，往往会阻碍绩效管理的推行。这主要表现在：

第一，行政组织绩效管理缺乏必要的组织环境、组织结构、运行程序等制度基础。仅以我国行政组织为例：在行政职能的基本定位配置上，我国当前的法律法规尚未对各级各类行政组织的职能和权限进行合理划分，这就使得绩效指标的设定和考核工作混乱无序，缺乏必要的整体统一性和系统性；在组织结构和运行机制上，对弹性化、团队化管理虽然开始有了一定的认识，但是整体而言仍停留于原有的官僚行政模式上，僵硬呆板，分工过细，协调困难。

第二，缺乏制度激励。一方面，政府部门所特有的公共性使得其行政行为往往具有垄断性，政府在没有竞争压力的情况下难以从内部形成降低成本、提高效率的动力。绩效管理制造了压力，因而它会受到抵制。另一方面，政府部门的管理人员缺乏进行绩效管理工作的动力，因为绩效管理将使他们承担更大的成本，使得官僚机构会面临被合并或者被撤销、被缩减等风险，而现有的制度并没有为其提供风险和成本的补偿机制，这就给实施绩效管理带来了内部动力不足的障碍。

二、行政组织绩效的改进策略

行政组织绩效受多种因素的制约，其改进是一项系统工程，单单依靠一两种现代的管理方法的引进是远远不够的，需要对行政组织管理进行从理念、制度到组织、人员、方法等全面的改革。综合目前的经验，行政组织绩效的根本性改进，需要注意以下事项：

（一）加强绩效管理立法工作

制度化是当前行政组织绩效管理的保证。行政组织乃国家政治机器，因而应加强立法，为行政组织的绩效管理确立重要的法制保障。具体而言：（1）要从立法上确立绩效管理的地位，保证绩效管理成为行政组织管理的基本环节，促使各级各类行政组织开展绩效评估工作，以提高组织管理水平。（2）从法律上树立绩效管理的权威性，绩效管理机构在政府中应具有相应的地位，享有调查、评估政府有关活动的权利，不受任何行政、公共组织或个人的干扰；评估结论能够得到有效传递和反馈，并切实用于改进政府公共管理；评估活动能引起公众的关注，有充分的可信度和透明度。（3）颁布绩效管理工作的制度和规范，对公共管理过程哪些项目应该进行评估、开展什么形式的评估、评估应注意的事项等问题，作出详细规定，使评估工作有法可依、有章可循，把绩效管理纳入行政组织日常管理的范畴。

（二）明确行政组织绩效管理的定位和价值取向

行政组织绩效管理的目的不是为了评出谁先进谁落后，更不是为了惩罚某些单位的领导及工作人员，而是为了通过评选活动的开展，听取公众的意见和建议，找出本机关在管理中存在的问题及影响绩效的因素，从而改进行政组织工作，提高其绩效水平。

（三）建立健全合理有效的绩效评估体制

建立健全合理有效的绩效评估体制是推进评估事业发展的关键。政府管理部门内部的评估机构主要是负责协调公共项目的管理，通过对公共项目实施的检查、回顾和总结，发现问题，吸取经验和教训，为改进未来决策提供依据和建议。我国的政府公共管理需要借鉴世界各国的有益的评估经验，在各级政府内部建立完善的绩效管理机构（或评估管理机构），对政府实施的各种公共项目进行评估，充分发挥政府管理部门内部评估的功能，提高政府的公共管理水平。在全国各级人大机关建立必要的评估机构，评价和监督政府在公共政策、规划、方案、计划等项目的实施过程及其效果，把评估作为监督政府公共管理的有效手段，促进我国公共管理的民主化。

（四）引入公民参与机制

改善行政组织绩效管理的一个有效途径是引入公民参与机制。对行政组织绩效评判的最好选择是赋予公共服务对象参与权。行政组织绩效管理本身就蕴含着服务和顾客至上的管理理念，其绩效就应以服务对象为中心、以服务对象的需要为导向，树立公民取向的绩效观。改进行政组织绩效管理必须取得民众的关注与参与，民众的关注与参与也必将有效地改进行政组织绩效管理。

（五）积极利用现代管理方法和技术，提高行政组织绩效

现代社会已经进入了科技为主的社会。以现代信息和通信技术为代表的高新技术的发展，为组织管理提供了极大的便利。积极利用这些先进的技术手段，改革行政组织结构和运行模式，精简和优化行政流程，实施多种服务形式，是现代行政组织绩效改进的重要途径。当前，世界各国行政组织推出了电子政府、网上服务，便是其中的重要举措。

同时，随着科学研究的发展，在组织管理领域出现了许多先进的理念、模式和方法技术。积极利用这些先进的科研成果，不断探索行政组织管理的新形式、新制度、新方法，将会给行政组织绩效的改进提供源源不断的契机。

小　结

行政组织绩效是行政组织的生命所在，高绩效的行政组织是行政组织管理追求的最重要的目标。行政组织的绩效管理，要义在于全面、正确认识行政组织绩效的科学内涵，采用先进的绩效管理方法，建立科学的绩效评估体系，不断采取有效的措施克服障碍，提升行政组织的绩效水平。

思考与练习

一、单项选择题（每题只有一个正确答案）

1. 经济性指标一般指行政组织投入到管理项目中的资源水准，其关心的是行政组织的________。

A. 投入　　B. 结果

C. 手段　　D. 质量

2. 效果通常是指公共服务符合政策目标的程度，其关心的是________。

A. 投入　　B. 结果

C. 手段　　D. 质量

3. 效率就是指投入与产出之间的比例，力求以最少的投入获得最大的产出，其关心的是________问题。

A. 投入　　B. 结果

C. 手段　　D. 质量

4. 战略绩效管理的核心是在战略目标和________之间建立因果链条。

A. 绩效指标　　B. 绩效目标

C. 绩效标准　　D. 绩效结果

二、多项选择题（每题有两个或两个以上正确答案）

1. “绩效”的英文 performance，从单纯语义学的角度看，表示________。

A. 成绩　　B. 效率

C. 成效　　D. 效果

2. 行政组织绩效的外延包括________。

A. 政治绩效　　B. 社会绩效

C. 经济绩效　　D. 文化绩效

3. 一个有效的绩效管理系统必须具备以下构成要件：________。

A. 计划绩效　　B. 监控绩效

C. 评价绩效　　D. 反馈绩效

4. 绩效指标包括的要素有________。

A. 考评要素　　B. 考评标志

C. 考评对象　　D. 考评标度

5. 在选择绩效评估指标时应遵循的原则有________。

A. 目标一致　　B. 可测

C. 独立　　D. 差异性

三、名词解释

1. 绩效管理　2. 标杆管理　3. 战略绩效管理　4. 绩效评估

四、简答题

1. 行政组织绩效的内涵是什么？
2. 绩效管理有哪些主要活动？
3. 简述行政组织绩效管理的性质。
4. 绩效评估的一般性指标有哪些？
5. 行政组织绩效评估的障碍有哪些？

五、论述题

1. 试述行政组织绩效评估的意义。
2. 结合实际，试述我国行政组织绩效的有关情况及如何改进。

第十四章　组织变革与发展

教学目的与要求

了解和掌握组织变革与组织发展的性质与特征；
了解和掌握组织发展的技术与方法；
重点理解和掌握组织变革的影响因素、组织变革的成因与组织变革的基本模式；
重点分析和理解组织变革的途径及变革策略。

组织变革与发展就是组织为了适应内外环境的发展与变化，对组织系统的结构与功能进行调整，改变旧的管理模式，建立新的组织管理形态，以维系组织生存与发展的过程或行为。组织变革是组织管理主体主动地、自觉地使组织系统适应组织环境的过程，是一种有意识、有目的的活动。组织变革与发展已经成为改善和提高组织效率的重要途径。

第一节　组织变革导论

一、组织变革的含义与特征

（一）组织变革的含义

稳定与变革是组织管理中的一对矛盾。从一般哲学意义上而言，所谓稳定是指事物存在的方式或运动状态相对地保持不变。所谓组织的稳定，是指组织的目标、结构、功能，组织管理的模式，组织管理的计划、政策在一定的时空领域处于相对静止的一种状态。组织稳定是组织存在和发展的基本前提。只有处于稳定状态的组织才能够抵抗、缓解、排除外界环境的某些干扰，并在偏离原来的运动状态后，通过某种方式的自我调节，重新恢复原来的运动状态。这样，组织才能使自己的各部分协调一致地发挥作用，并且有步骤地实现组织目标。因此，稳定性和持续性是有机体或组织基本功能的重要属性。

但是，任何组织都不能使其变得僵死、停顿、过于保守或者忘却了适应变化着的条件的必要性。因此，组织又要不断地，有目的、有计划地实施变革。变革，从一般意义上而言，是指有目的、有计划地改变事物存在的方式或运动的状态。所谓组织变革，是指组织系统为了适应内外环境的发展与变化，对组织系统的结构与功能进行调整，改变旧的管理模式，建立新的组织管理形态，以维系组织的生存和发展，并借此提高组织效能的一个过程或行为。

（二）组织变革的特征

从此定义出发，我们不难看出，组织变革具有如下几个方面的基本特征：

第一，组织变革是有意识的变革。组织变革是组织管理主体主动地、自觉地使组织系统适应组织环境的过程，是管理者有意识、有目的的活动，而不是盲目被动的变革。

第二，组织变革是一个持续循环与发展的过程。组织变革均有一定的目标，均针对组织存在的问题。为实现目标，组织变革要经过一系列的变革程序。旧的目标达成了，又会出现新的问题，又需确立新的目标，变革是一个依次不断循环的过程。

第三，组织变革是一个有计划的变革过程。组织变革不是盲目地服从于某种势力或力量的支配，而是有计划地进行。所谓有计划，是指组织变革必须遵循科学的程序和方法，必须有步骤、分阶段地进行，这样变革才能协调有序地进行，不致引起混乱和动荡。

第四，组织变革是一个克服阻力的过程。所谓变革，必然要除旧布新，必然会遇到很多阻力。阻力是来自多方面的，它可以来自僵化的体制，可以来自外在的环境，也可来自人为的阻力。所以，变革的中心任务便是克服传统的阻力，实现变革的目标。

二、组织变革的动因

组织变革并非凭空产生，它是有原因的。这些原因正是组织变革的诱发因素，并构成组织变革的动力。组织变革的动因是多种多样的，我们可以把组织变革的动因分为外部环境因素和内部环境因素两大类。

（一）外部环境因素

现代组织是一个开放系统，它不断受到外部环境因素的影响与干扰。随着外部环境的变化，组织也不断发生变化。

一个社会组织外部环境的构成是十分复杂的。从广义上说，环境就是组织界线以外的事物。在外部环境当中，存在着影响某一特定社会中一切组织的一般社会环境，也存在着直接影响个别组织的特定的具体环境。

对组织管理和变革发生影响的外部环境包括一般环境因素和特殊工作环境。

影响组织管理和变革的一般环境因素主要有：（1）文化特征。它包括历史传统、习惯、意识形态、价值观、社会准则、领导方式、人与人之间关系、对科学和技术的看法等。（2）科学技术特征。它包括科学与技术的发展水平，科学技术界能够发展并应用新知识的程度。（3）教育特征。它包括公民的普遍文化水平，教育制度的完善程度与专业化的程度，受过高等教育及专门训练的人所占的比例。（4）政治特征。它包括政治体制、政治气氛、政权关系、权力集中的程度、政党制度等。（5）法制特征。它包括对宪法的重视，法律的性质，各政府部门的司法权，关于组织的组成、税收及控制的特殊法律。（6）自然资源特征。它包括自然资源的数量和可用性，以及气候与其他条件。（7）人口的特征。它是指可向社会提供的人力资源的性质，人口的数量、分布、年龄与性别，人口集中或城市化程度。（8）社会结构。它包括阶级结构及其变动性，社会组织的性质及社会制度的发展。（9）经济特征。它包括经济政策、经济结构、经济计划的集中或分散、银行体制、财政政策、投资的水平及消费特征等。

特殊工作环境的变化也会对组织管理和变革产生影响。特殊工作环境主要是指那些与组织具有特定关系，对组织中的成员、结构和运行直接发生影响的外界环境。如果以一个典型的工业公司为例，构成其特殊工作环境的主要因素包括：（1）消费者，即产品或劳务的实际使用者。（2）供应者，即新材料的供应者、设备的供应者、产品部件的供应者、劳动力的供应者。（3）竞争者，即在供应者与消费者方面的竞争者。（4）社会政治与政策，即政府对行业的限制性控制，社会对本行业及其特殊产品的政治态度与组织内具有控制力量的工会的关系。（5）新技术与工艺的变化，包括适应本行业或有关本行业的在生产产品或劳务方面新的技术要求，在行业中采用新的先进技术以改进或研制新产品。

总之，无论是一般环境，还是特定工作环境都在不同程度地发生变化，这些不同方面的外部环境的变化都有可能对组织产生强烈的冲击，从而促使组织的正常发展进程和工作秩序发生改变，由此产生变革的压力，引发组织变革。

（二）内部环境因素

除了外部环境之外，内部环境也是引起组织变革的另一重要原因。所谓组织内部环境，是指组织成员的工作态度、士气、期望、价值观念及素质的变化，组织结构、组织目标、组织冲突等方面的变化。

在现实组织管理当中，员工的期望与组织的实际情况之间总是存在着差异。据沃尔顿研究：员工希望从事有利于个人成长的挑战性工作，但组织倾向于工作简单化和专业化；员工倾向于相互影响的管理形态，希望平等相待，但组织的特点是等级森严、地位差别、命令指挥、监督控制；员工希望在组织中获得情感上的满足，但组织强调的是理性，并不重视个人的情感；激发员工工作积极性的根本在于工作本身的价值，对组织的责任感和对人的尊重，但实际上，组织强调的是物质报酬、人身安全，而忽视了人的高级需要。

由此可见，现实的组织结构、设计和管理形态与职工期望之间存在很大的差异。差异的扩大，将压抑组织成员的积极性。为了改变这种状况，组织必须变革。

美国学者西斯克认为，如果一个组织内部出现了下列情况中的一种，那就是组织变革的征兆：（1）决策的形成过于缓慢，以致无法把握良好的机会，或者时常造成错误的决策。这种情况，可能是由于情报系统不佳或是由官僚机构所造成的。（2）沟通不良。往往因沟通障碍而造成许多严重后果，如协调不良、人事纠纷等。（3）组织的机能不能得到正常发挥，效率低下。如计划不能按时完成，成本过大，产品质量下降，资金困难，财力不足，人员素质难以胜任工作，组织成员的工作绩效降低，等等。（4）缺乏创新精神，开发不出新产品，无法开拓新市场，组织发展处于停滞状态。当组织出现上述情况之一时，就要对组织加以诊断，以判定是否有必要加以变革或修正。

第二节　组织变革的理论模式与程序

一、组织变革的理论模式

对于作为一种管理行为和过程的组织变革，西方许多学者提出了不少理论模式。其中，具有代表性的模式主要有以下几种：

（一）李皮特等人的“有计划的变革模式”

“有计划的变革模式”是李皮特、瓦特森、威斯特于 1958 年提出的一种组织变革的模式。此模式将组织变革的过程划分为七个阶段：（1）变革需要的产生。当一个组织开始意识到自己所面临的困难时，便希望克服这些困难，从而产生对组织进行变革的需要。这时，组织感到向外界咨询可能会帮助组织变革，因此，请顾问和专家来帮助变革。（2）关系的确立。向咨询者提出要求和希望，并将组织变革委托给这些专家（称作变革代理人）。如果变革代理人同意参与组织变革，则双方就建立了关系。（3）问题诊断。变革代理人对组织的问题进行调查和分析，委托人应给变革代理人提供足够的信息，以便确定改革目标。（4）目标和计划的建立。变革目标确定以后，必须制定达到目标而采取的特别步骤。双方必须同意采取一致的行动，并彼此配合。（5）行动。指变革执行过程。（6）变革的普及与稳进。为了使变革在整个组织得到普及，管理部门必须促使新的行为模式的形成，并制定新的组织步骤以适应变革的要求。在此阶段要求对变革的结果进行评估，并使变革达到一种稳定状态。（7）终结关系。当变革普及并且达到稳定状态之后，这个变革计划就算告一段落。变革代理人可以终结与委托人之间的合作关系，而转入另外的计划。

（二）利维特的系统变革模式

美国斯坦福大学管理心理学教授利维特于 1964 年提出，组织是一个系统，包括技术、结构、人员和任务四个因素。这四个因素相互作用、相互影响，从而使组织成为一个动态的系统。其中一种因素的变化，便会牵动整个组织而引起其他因素的变化。它们之间的相互关系如图 14－1 所示：

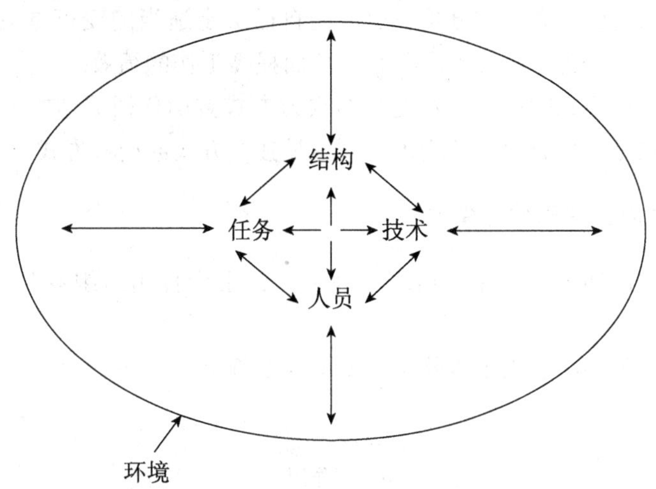

图 14－1　组织系统四个因素的相互关系

如果改变组织结构，会影响组织成员的态度和人际关系，同时也会造成技术系统的改变，因为某些新技术只适用于分权式的组织，另外某些只适用于集权组织。

如果改变技术因素，就会影响工作绩效，同时对组织结构和人员也有很大影响。

如果改变人的因素，如鼓励参与管理，实行工作扩大化和工作丰富化，必然引起组织结构和技术的改变。

（三）格雷纳的组织变革模式

哈佛大学教授格雷纳于 1967 年在《组织变革模式》一书中，提出了一种按权力来划分的组织变革模式。他认为，一般组织的权力分配情况可分成三种：独权、分权和授权。这三种权力分配可以有七种不同的变革方式。

1. 独权

在传统组织管理中，独权的领导方式往往是独裁式的，将权力集于一身。因此，组织变革也往往是由掌握最高权力者来决定，由下级人员来执行。在这种管理方式之下，组织变革有三种方式：（1）命令式。最高权力者宣布变革决定，由下级人员执行。（2）取代式。更换组织中不称职的重要职位者，以他人代之。（3）结构变革。改变组织的设计与技术等结构的关系，以影响组织成员的行为。

2. 分权

分权，就是实行权力分享，让下级人员参与变革的决策。在这种情形下，有两种变革方式：（1）团体决策变革方式。上司拟定几种解决问题的方案，由组织成员共同参与决定选取一种变革方案。（2）团体解决问题方式。变革方案由团体讨论并提出解决问题的方法。

3. 授权

授权是将权力和责任转交给下属，由他们自己去决定变革什么和如何变革。这种变革也有两种方式：（1）个案讨论的变革方式。上司只对讨论作指导，而不把自己的意见强加给团体。鼓励成员提出自己的看法和分析，由他们自己决定适当的变革方案。（2）敏感性训练的变革方式。这主要是为了改变人际关系，从而提高工作的绩效。

格雷纳的组织变革模式的侧重点在变革的权力方式方面。根据他本人的研究，他认为，组织变革的成功方式是采用分权式的变革，而不是独权方式或授权方式。

（四）薛恩的适应性变革循环模式

美国心理学家埃德加·薛恩在《组织心理学》一书中提出组织变革的适应性变革循环模式。

他认为，组织变革要经过六个步骤，如图 14－2 所示：

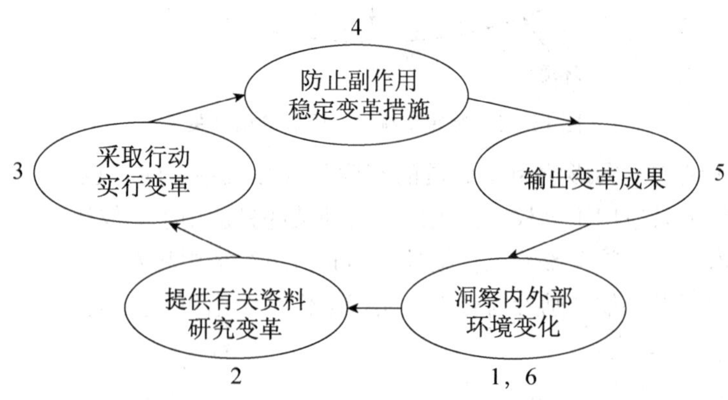

图 14－2　组织变革的六个步骤

薛恩认为，组织的适应性变革循环是以组织内部或外部环境的某些方面开始的，同时又是以一个更为适应变化的、动态的、处理变化的一系列的过程或活动结束的。为了分析这个循环，可以从概念上把它分为几个阶段：（1）洞察内部环境及外部环境中产生的变化。（2）向有关单位提供有关变革的确切的资料情报，并领悟其含义。（3）根据所获信息，改变组织内部的生产或转换过程。（4）减少或控制因变革而产生的副作用，稳定变革措施。（5）输出新的、与原先所了解的环境变化更为一致的产品、服务等。（6）经过反馈，更进一步观察外部环境状态与内部环境的一致程度，评定变革的结果。

薛恩认为，组织变革存在的主要问题在于：不能觉察到环境的变化，组织有关单位无法掌握确切的情报，无法使组织系统作出必要的改变，无法将变革固定下来，无法得知变革是否成功地反馈。

（五）斯特克兹的情境变革模式

情境变革模式是罗宾·斯特克兹于 1972 年提出的。他认为，组织变革的方式取决于组织成员的技术能力和人际关系能力的组合，这种组合如图 14－3 所示：

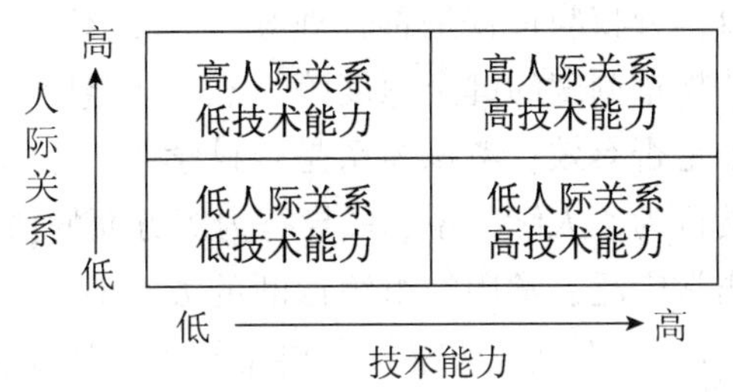

图 14－3　组织成员的技术能力和人际关系能力的组合

根据这种不同组合，他提出了四种不同的变革形态：（1）自然性变革。当组织成员是低技术能力和低人际关系的组合时，采用自然性变革方式最有成效。（2）指导性变革。当组织成员是高技术能力和低人际关系的组合时，采用指导性变革方式最有成效。其他方式的变革，不是花太多的时间，就是管理者要具备多方面的技术，因此不太有效。（3）合作性变革，当组织成员是高人际关系和低技术能力的组合时，采用合作性变革最有成效。（4）计划性变革。当组织成员是高技术能力和高人际关系的组合时，采用计划性变革方式最有成效。

上面介绍的几种组织变革的模式，它们是根据不同的理论，从不同的角度来探讨组织变革的。有的模式将侧重点放在变革的步骤与过程上，有的通过权力分配情况来讨论变革方式，有的根据情境权变理论讨论变革。它们从不同侧面揭示了组织变革的特性，以引发人们的思考。

二、组织变革的一般程序

为了使组织变革取得预期的成效，关键的一个环节便是遵循科学的、合理的步骤或程序。对于组织变革的程序，西方学者同样提出了许多种看法。如罗希认为，组织变革要经过创设需要变革的知觉、分析诊断环境、沟通变革人员、监视变革并调整修正四个阶段。凯利认为变革要经过诊断、执行、评估三大步骤。艾诺芬认为变革有十个主题等。他们所提出的变革程序有许多相似之处，归纳起来，作为一个完整的组织变革过程，不外乎要经历以下主要步骤：

（一）组织诊断

组织诊断就是依据和运用科学方法，对组织现状、存在问题进行分析和界定的过程。

当组织变得没有活力、效率低下时，组织管理者就应该研究和分析造成这种状况的原因，找出问题产生的根源并确定问题的症结所在。这如同病人服药一样，想要对症下药，就必须先了解毛病在哪里，否则良药虽好也无济于事。这便是组织诊断的功能与作用。

组织诊断是组织变革的重要步骤和必要环节。组织诊断一般着眼于以下四个层面的问题：（1）组织结构层面。组织结构与组织功能是否协调；组织分工是否明确；部门权限是否清晰；权责安排是否一致；分权与授权是否合理等。（2）组织程序层面。工作程序的科学性；工作流程的合理性；规章制度的健全程度等。（3）信息与控制层面。情报沟通网络是否畅通与健全；控制体系是否有效；考核体系是否科学等。（4）组织行为层面。组织成员的心态、组织气候、人员行为、人际关系、领导行为等方面的情形。

组织诊断涉及的内容非常广泛，常用的组织诊断的方法有：（1）组织问卷。主要了解各类人员的职位及其功能。（2）职位说明书。主要了解每一职位的名称、功能、职责、权力、职位之间的关系等。（3）组织图。它是以图表形式表示的某一时间内组织结构及主要职能，以及各部门、层级之间的关系。（4）组织手册。通常是职位说明书与组织图的综合，用以表示直线单位的职责与权限，每一职位的功能、职权、责任，主要职位之间的相互关系，有时也包括组织目标、政策、规章制度等方面的说明。（5）调查研究法。例如，通过士气调查、工作态度调查、领导行为评价等，了解许多通过上述组织分析工具不能了解的问题。

（二）变革方案的制订

组织诊断是组织变革的第一步。组织诊断的结果导致变革需要的产生，引发变革动机。变革方案的制订就是在组织诊断的基础上制订组织变革的行动方案。变革方案确定了组织变革的框架、目标、步骤、途径，是实施组织变革的重要依据。变革方案是否科学、是否可行也将直接影响组织变革的成效。一般而言，组织变革方案的制订，其内容主要涉及以下几个方面：（1）变革目标的选择；（2）变革重点的确定；（3）变革的战略与方法；（4）变革过程中的潜在问题及防范措施；（5）变革资源的分配和利用等。

组织变革方案制订的关键在于方案的可行性，包括政治上的可行性、经济上的可行性和技术上的可行性。

（三）组织变革的实施

组织变革的实施就是将组织变革的方案或计划付诸行动。实施是将理想变为现实的桥梁，有效的实施行为是确保组织变革目标实现的关键。组织变革实施的关键点在于：（1）选择适当的变革时机。即确定在某一个时期或阶段来进行组织变革。（2）选择适当的变革途径。即针对组织存在的问题，确定问题解决的途径和方法。（3）选择适当的变革规模。小规模试行变革计划，不断修正、补充变革计划，取得经验后再逐渐推行。（4）营造良好的变革气氛。即通过宣传教育，提高组织成员对变革的认同和支持，消弭变革的阻力，使全体成员能够参与到变革中。

（四）组织变革的评估

组织变革的评估就是对组织变革的绩效和影响进行分析与论证，总结成效与经验，以作为延续或终止变革的依据。

组织变革的成败取决于最终变革的绩效。在变革过程中，要十分重视变革效果的反馈，并对反馈结果进行分析，不断了解变革中存在的问题，实施不断的追踪决策，修正变革目标、计划。变革结束以后，根据标准对变革成果进行检验，以期证明是否达到理想的目的，在多大程度上达到目的，从而找出存在的偏差和问题，为下一轮变革做好准备工作。同时，要总结变革的经验教训，使以后的组织管理更富于成效。

第三节　组织变革的途径与方法

由于组织所面临的问题不同，变革的任务不尽相同，变革的内容和范围也各相异，因此，组织变革可以从多方面进行，通过不同途径和方法实现变革的目标。一般来讲，组织变革可以从以下几个方面入手进行：（1）从组织结构入手，进行组织结构的调整或重组。（2）从技术入手，进行挖潜改造和革新。（3）从人的因素入手，提高组织成员的积极性和创造性，改变组织成员的行为。（4）从控制和调节外部环境入手进行变革。（5）系统变革。这几个方面的侧重点是不同的，但相互之间又具有联系。

一、以组织结构为中心的组织变革

作为一个开放系统的组织，其结构要随着环境的变化而调整。所谓组织结构的变革简单来说就是组织结构的分化与整合。它包括划分和合并新的部门，协调各部门工作，调整管理幅度与管理层次，权力下放，等等。通过改革组织结构来实现组织变革的方法比较直接，见效快，常常可以使组织发生根本性的改变。当组织的外部环境发生变化，组织结构内部环境影响组织效率时，就应考虑以组织结构为中心的变革。

以组织结构为中心的变革其主要内容可归纳为以下几个方面：（1）组织职能的调整；（2）建立适应职能的组织结构；（3）调整控制幅度与管理层次；（4）调整权力结构，明确各机构的职、责、权范围；（5）调整决策结构，处理好集权与分权的关系；（6）调整与改变工作流程，使工作程序合理化；（7）改进管理制度，变革报酬制度与奖励方式。

二、以技术为中心的组织变革

技术是人们最广泛、最普遍地用来说明社会及其机构的变革、人的变化、新组织的建立、老组织的衰亡的原因。技术虽然不是改革的唯一根源，但正如托夫勒所言，“技术是引发改革的巨大而轰鸣的引擎”。技术的改变对现代社会组织的生存和发展产生巨大的影响，尤其是当今社会，科学技术发展日新月异，组织竞争日益激烈，在此情况下，采用先进的技术和工艺，已成为组织变革的一大杠杆。

以技术为中心的组织变革的核心就是通过开发、引进先进设备，采用新技术、新工艺、新方法，提高组织的技术含量，从而达到提高组织效率的目的。进行技术革新和技术改造，挖掘潜力，是一种投资少、见效快的方法。

三、以组织成员为中心的组织变革

组织中的核心要素是人，管理的核心是以人为中心的管理。同样，实现以人为中心的变革，是组织变革的关键所在。

技术和结构的改变，从某种程度来讲仅仅创造了一种适宜人工作的环境，未能从根本上改变人的行动、调动人的积极性、发挥人的潜能。而以人为中心的变革，正是通过改变人的知识和技能，特别是改变人的态度、行为、人际关系，从而达到激发人的动机、提高组织效率之目的。

如何实施以人为中心的变革呢？心理学家勒温从人的心理机制的变革角度给予了精辟的分析。他认为人的心理和行为的变革要经历“解冻”“改变”“再冻结”三个阶段。

解冻阶段，要激励要求变革的动机，打破人们传统的心理平衡和固有的行为模式。首先，要使个体认识到走老路是没有出路的，所以就要否定旧的态度和行为，使大家认识到改革的紧迫性和重要性。其次，要创造一种心理上的安全感，消除改革的心理障碍，使大家对变革抱有信念和信心。

在变革阶段，形成新的观念、态度和行为模式，向组织成员指明变革的方向和办法。可以通过强制命令、角色模式的认同、内化作用等方法，促进人的行为的改变。

再冻结是指利用必要的强化方法，使已经习得的新态度、新行为模式趋于持久、稳定。

四、通过调节和控制外部环境实现组织变革

一个组织不仅要适应外部环境的发展变化，而且也要主动地采取措施，调节和控制外部环境，改变环境条件，为组织的生存和发展创造条件，使之在最大程度上有利于组织目标的实现。因此，组织变革除了改革组织结构、人员、技术以外，还应重视创造新的环境，例如，开辟新的市场，加强与外界的信息联系，与外部建立良好的关系，等等。

五、以系统为中心的组织变革

以系统为中心的组织变革就是从组织与环境适应和整体系统的立场，对组织的结构系统、技术系统、价值系统、社会心理系统、管理系统进行变革，以提高组织的整体效能。

现实管理中，几乎所有的组织都处于不断变动的环境之中，任何组织都是由若干个相互制约、相互依存的子系统有机结合而成的。就变革而言，某一部分、某一方面的变革必然引

起其他部分或其他方面的变化。因此，必须从系统观点出发，来考虑整个组织的变革。也就是在变革某一因素时，必须注意到它与其他因素之间的联系以及对其他因素的影响，并考虑实施相应的变革。以系统为中心的变革要求既考虑到各局部、各环节，又从组织整体出发协调各部门、各环节之间的关系。同时，系统变革也意味着组织变革的措施要成龙配套、系统完整。只有这样，才能实施较为完全、彻底的变革，才能提高组织的整体效能，促进组织的发展。

第四节　组织变革的阻力及其消除

变革，大到一场社会革命，小到一项改良，总是存在着程度大小不同的阻力。变革的阻力是多方面的，它来自政治、经济、文化、思想、心理等许多方面。认识变革阻力的来由，掌握消除阻力的方法，对促进变革、加速变革取得成效具有十分重要的意义。

一、组织变革阻力产生的原因

人们为什么反对变革？根据现代心理学和行为科学的研究，抵制或反对变革的原因，主要在于心理、经济、思想、社会的因素。

（一）心理上的抵制

从一定程度来讲，变革的根本任务在于改变人的态度及行为。人在形成某一特定的态度与行为习惯之后让人们放弃它并建立新的行为模式是十分不易的。在心理上，人们总是存在一些抵制变革的因素，主要表现在：（1）不安全感。通常人们对自己长期从事的工作总是熟悉的，许多人又总喜欢生活、工作的安稳，没有风险系数。熟悉、稳定的工作和生活会给人们带来一种心理上的安全感。而一遇到变革，人们往往会感到茫然无措，心理恐慌，心理上的安全感便会丧失，从而抵制变革。（2）心理平衡的破坏。人们的心理具有追求平衡的倾向。变革打破了人的旧观念和已经习惯了的行为模式，使人一下子难以适应，从而失去心理平衡。人们总是习惯于通过认同旧的行为模式来恢复心理上的平衡。为了维持这种平衡，人们便会自觉不自觉地抵制变革。（3）权力或地位的丧失感。许多人（包括组织的领导人）总是害怕自己的地位、权力、影响力在变革过程中受到损害和影响，因而抵制变革。（4）人际关系紧张。组织变革必然要触及人与人之间的关系，可能改变原有的人际关系，造成一定程度的人际关系的不协调或紧张。因此，为了维持原有的关系，人们可能从感情上产生一种对变革的抵制。

（二）经济原因引起的抵制

经济原因所造成的抵制主要是人们对经济来源和经济收入的担心。如组织成员担心技术改革后可能存在被解雇的危险，职务改变或工作改变可能降低工资收入等，这些对经济利益得失问题的担心和顾虑，往往是抵制变革的主要原因。

（三）组织本身的阻力

组织从其本身来说是保守的。由于种种原因，组织也不同程度地抵制变革。一般来说，组织中抵制变革的原因主要有：（1）结构惯性。组织有其固有的机制保持其稳定性。当组织面临变革时，结构惯性就充当起维持稳定的反作用力。（2）群体惯性。一般来讲，组织中的群体存在一种维持群体处于平衡的心理倾向，因此，变革一旦涉及群体，使原来的平衡遭到破坏，便会受到群体的反对。（3）对专业知识的威胁。组织中的变革可能会影响到专业群体的专业技术知识，会遭到专业部门的抵制。（4）对已有的权力关系的威胁。任何变革都会威胁到组织长期以来形成的权力关系，改革意味着权力的重新分配或调整，对基层管理者和中层管理者而言，往往视变革为一种威胁，从心理上抵制变革。（5）对已有资源分配的威胁。组织中控制较多资源的群体，也视变革为一种威胁，担心和忧虑变革会影响其在资源分配中的优势地位，从而抵制变革。

（四）社会的原因

一个组织不可能与社会环境隔绝，社会力量的干预、社会舆论、社会风气、传统文化，以及落后的行为模式、思维方式、政治气候都可能干扰和阻碍组织变革。

二、克服组织变革阻力的途径和方法

如何克服变革的阻力，增强变革的动力，推动组织变革的实现，对于组织变革至关重要。西方学者沃尔顿认为，组织如果做好下列12个方面的工作，则可减少抗拒：（1）让有关人员参与变革的计划，使其认为变革是他们自己的事情。（2）如果变革方案能得到高层管理者的全力支持，则抗拒将减少。（3）如能使参与者认为这种变革将减少而非增加他们的负担，则抗拒将减少。（4）如果变革计划所根据的价值与理想为参与者所熟悉，将减少抗拒。（5）如果变革计划所提供的经验为参与者感兴趣，则抗拒将减少。（6）如果变革计划能使参与者感觉到他们的自主权与安全没有受到威胁，则抗拒会减少。（7）如果参与者能参加共同的诊断，使他们同意变革的基本问题，并感觉其重要性，则抗拒将减少。（8）如果变革的计划能被参与者一致决定采纳，则抗拒将减少。（9）如果使变革的赞同者和反对者辩论，并了解反对者的理由，设法减轻其不必要的恐惧，则抗拒将减少。（10）如果参与者能认识到创新可能被误解，同时做好反馈，则抗拒将减少。（11）如果能使参与者自信并彼此相互接受、信任，则抗拒将减少。（12）如果变革计划能够公开讨论，参与者凭经验推断这种变革可以成功，则抗拒将减少。

沃尔顿所提出的建议对于消弭组织变革的阻力有很大的启发作用。综合许多学者研究的成果，要想克服对变革的抵制，主要有如下几个方法：

第一，采取参与变革的策略。现代行为科学实验研究表明，人们对某项事情参与的程度越深，他承担责任的可能性越大。因此，在组织变革过程中要吸引、鼓励组织成员参与变革计划的制订与实施，使他们产生自主权和安全不会受到威胁的感觉，从而避免抵制心理的产生。

第二，加强对变革的认同。通过宣传、教育和沟通，使人们对变革的必要性和意义有足够的认识，明确变革的利害关系，使组织成员对组织变革产生认同感，支持变革并愿意变革。

第三，利用群体的动力。这是一种利用群体力量来改变个体或群体本身的方法。主要包括：（1）建立归属感。培养组织成员强烈的归属感，使群体成员把群体看成自己的群体。（2）提高群体凝聚力。提高组织成员对群体目标的认同，能够合作互助，患难与共。（3）借助个人威信。借助威信高、能力强的领导者，运用其影响力来强化群体的认同感。（4）加强沟通。加强变革过程中的组织沟通，使组织成员及时了解变革的动向，从而产生共同的知觉。（5）建立与变革相一致的群体规范。（6）明确变革目标，加强对组织成员的激励。

第四，力场分析。对于一项变革，一般存在着两种力量：一种是推动力，另一种是抑制力。在变革中，如遇到阻力，可以用力场分析法去分析推动力和抑制力的所有因素，分析其强弱，然后采取措施，通过增强支持因素和削弱反对因素的办法，推行变革。

成功地推行组织变革是一件困难的事情，它需要获得准确的信息，需要灵活性与创造性，需要责任心，需要改革的气氛，也需要稳健与求实。只有这样，组织变革才可能最终取得成效。

第五节　组织发展的特征与信念

一、组织发展的含义

组织发展起源于20世纪50年代初的调查反馈方法和实验室培训运动。它的先驱是法国心理学家勒温。1933年勒温移居美国，1945年建立群体动力学研究中心，开展对职工态度的调查，并在调查研究中创造了调查信息反馈的方法。1947年他去世以后，他所开创的研究规划仍继续进行。

1947年，群体动力学研究中心和美国教育协会在缅因州合作成立“国家实验训练室”，该实验室根据群体动力学观点进行“T群体”训练。从20世纪50年代开始，该实验室开始面向社会探索如何把心理学研究成果用于解决组织存在的具体问题。

1957年麦格雷戈应邀到联合碳化公司与公司人事部门联合成立顾问小组，将实验室训练的技术系统地在公司使用。这个小组后被称为“组织发展小组”。

20世纪60年代以后，随着社会发展，各社会组织面临巨大的挑战，为了求得生存与发展，许多企业组织谋求调整与改革，这样组织发展便十分兴盛。1964年美国组织发展网络成立，1970年拥有200个会员，到1979年会员已达1 300人。1968年美国训练与发展学会成立组织发展部，会员超过千人。许多大学都讲授组织发展的课程。组织发展除了在企业进行之外，美国各地的学校、社区、地方及州政府、联邦政府也展开组织发展活动。

20世纪70年代以后，组织发展活动在各国逐渐普及，如加拿大、瑞典、挪威、德国、南斯拉夫、日本、澳大利亚、荷兰等都开展了组织发展活动。

组织发展（organization development）是近几十年来组织管理研究的一个新领域。对于什么是组织发展，学者们有着各自不同的说法。

组织发展理论家贝克哈德认为：组织发展是运用行为科学知识，进行有计划的、全局性的和自上而下发动的介入组织各种过程的行动，目的在于增进组织的效能和健康发展。

另一位组织管理学家比尔认为，组织发展是从收集资料、分析问题、作出行动计划到采取干预措施、评价整个系统的活动过程。其目的在于：使组织内部的组织结构、活动过程、战略、人员、作风、制度更好地相互配合，提出新的和具有创造性的解决问题的方案，开发组织自我更新的能力。

综上所述，所谓组织发展是指运用行为科学的理论和技术，根据组织内外环境的变化，合理地设计组织的结构与体系，妥善地运用、调整组织的人力、物力、技术等资源，对组织管理的模式和人的行为实施变革，从而增进组织的有效性和活力，实现组织效能的一种过程。

二、组织发展的特点

第一，组织发展是一个连续不断的过程；组织发展均有其一定的目的；组织发展不会经一朝一夕的努力便可成功；组织发展不是为解决组织中暂时出现的问题而采取的权宜之计，而是通过长期相互作用及一系列变革程序，持续、渐进地接近目标的过程。

第二，组织发展注重行为科学理论的应用。行为科学的理论和方法是组织发展的基础。组织发展从行为科学的动机理论、人格理论、学习理论、群体动力学理论、领导行为理论、组织设计理论等获取营养，并吸收一般系统理论的知识加以充实。可以说，组织发展是对行为科学和管理科学的一种发展。

第三，组织发展是通过有计划的再教育手段来实现组织变革的策略。组织发展理论假设规范是人行为的基础，如果经过有计划的教育和训练，就可以使人抛弃不适应组织发展的旧规范，建立新的规范，从而改变组织成员的行为，达到组织发展的目的。在组织中，规范的基础是组织成员的态度和价值观体系，因此，组织发展包含对态度、价值观、技能、人际关系和组织气候等心理因素多方面的调整和改变，这种调整和改变的手段就是有计划的再教育。一旦完成了再教育，组织成员将成为组织变革的动力。

第四，组织发展是一个动态的系统，系统分析和系统管理是组织发展的重要基石。系统分析运用于组织发展，特别强调组织各部分的相互联系、相互制约和相互依赖。系统的观点强调在组织发展中，组织中的各种事件不能被看成孤立的，而是相互关联的。管理者不仅要了解这些事件，而且要了解这些事件之间的联系。组织某一部分的变革，必然要涉及其他部分，个人的改变会影响群体，群体的改变会影响组织，变革是一个多变量的因果关系。所以，组织发展必须从动态系统的观点出发，既要考虑到局部，又要协调全局，同时又要调节组织与外部环境的关系。

第五，组织发展的目标性与计划性。组织发展的各种活动，实际上都是设置目标、制定达成目标的规划并采取种种措施去实现这些目标的过程。明确的目标和切实可行的计划能够有效地激发活动动机，提高工作效率。

第六，组织发展必须以事实为根据。组织发展必须从本组织的具体情况出发，根据本组织发展的状态和存在的问题，根据本组织的性质和需要来确定组织发展的战略，用特定的分析和解决问题的方法来解决组织存在的问题，不能无视本组织的实际情况，盲目引进其他组织变革的模式。

三、组织发展的基本信念

如前所述，组织发展从一些传统的学科，如心理学、社会学及人类学等吸收了不少素材，并从行为科学方面得到充实。因此，组织发展的信念是建立在有关个人、群体和组织方面具体管理基础之上的。这些信念指导着组织发展的程序与做法。它主要包括关于个人的信念、关于群体成员的信念、关于组织的信念。

第一，关于个人的信念。(1) 个人有成长与发展的需求。这些需求大多数可在一个富于鼓励性和挑战性的环境中得到满足。(2) 多数的组织成员都要求发挥其潜力，也都有可能担负起比目前更大的责任以及为组织目标贡献更大的力量。然而许多组织中的工作设计、管理的假设或其他因素，往往不能充分激励个人。

第二，关于群体成员的信念。(1) 群体对个人而言极为重要，绝大多数人在群体中满足他们的各种需求。工作群体包括同事及上司，工作群体对个人具有很大的影响力。(2) 工作群体依其性质，对组织而言，可以是有益的，也可以是有害的。组织发展的目标之一就是要清除组织群体的消极影响，发挥其积极影响。(3) 工作群体若能合作并同时满足个体的需求及组织的目标，则可增加群体的效能。群体成员若能相互协助，组织就能实现更多的效能。

第三，关于组织的信念。(1) 由于组织是一个系统，任何一个子系统（社会、技术或管理）的改变都会影响其他子系统。(2) 多数人的感情和态度会影响他们的行为，但是组织的气氛似乎都在抑制这些感情和态度的表达。当感情受压抑时，问题的解决、工作的满足感和个人的成长都会受到不利的影响。（3）在大多数组织中，人们彼此的相互支援、相互信任以及彼此合作的程度都远不理想。（4）要求组织成员或部门彼此竞争的策略有时虽然合用，但多数情况下，对组织成员及其组织都会发生不良的作用。（5）个人之间或群体之间的人格冲突往往是组织设计造成的，而非个人因素所致。（6）重视感情因素将有利于领导作风、沟通、目标确定、组织之间的相互合作和工作满足的改善。（7）将命令式或安抚式的解决冲突的方法改为开诚布公的讨论，可以同时达成个人发展需求和工作满足的改善。（8）组织的结构或工作的设计可以重新修正，使其更有效地配合个人、群体与组织的需求。

第六节　组织发展的主要措施和方法

一、以资料为基础的组织发展技术

组织发展工作必须依据组织诊断的结果进行。而诊断便要收集资料。所谓以资料为基础的组织发展技术就是指在组织发展过程中，特别强调向组织成员收集有关组织现状和问题的具体资料，然后以这些资料为基础分析问题，研讨解决问题与改进的办法。以资料为基础的组织发展技术包括：

（一）调查反馈法

调查反馈法主要是利用问卷向一个组织收集有关组织与成员的资料，组织成员以这些具体资料为基础共同诊断组织存在的问题并拟订解决问题的具体计划。调查反馈方法的基本程序为：（1）调查问卷的编制。针对组织的性质和所要调查的内容编制问卷。在美国，普遍采用的问卷是美国密歇根大学研制的“组织调查问卷”。当然，现成的问卷虽然在信度、效度及覆盖面方面相当完备，但由于每一个调查单位的性质不同，故在调查测试时，应对问卷进行修正和补充。（2）实施调查。向被调查者发放问卷，要求填答。在规模较大的单位，可采用抽样调查。（3）资料整理和统计。将问卷收回后，进行资料整理和分析，按预先设计的计分方法进行统计处理，得出各种数据，然后对数据进行比较和分析，找出各种变量之间的相互关系，发现存在的问题。（4）资料回馈。将调查结果反馈给被调查者，使他们了解调查的结果，明确存在的问题。（5）提出改革计划。在调查、访问的基础上对组织现状进行综合分析，提出诊断报告，分析问题及其产生的原因或根据，然后提出变革的建议。（6）实施改革。咨询人员和组织管理人员共同讨论研究问题，提出改革计划，将计划再反馈给组织成员，让大家发表意见，然后对计划进行修改，制订正式改革方案，并着手实施改革计划。在实施过程中，仍要不断听取反馈意见，以便更好地完成改革目标。

（二）职位期望技术

职位期望技术（job expectation technique，简称 JET）的主要作用是澄清管理人员在组织中的角色及应负的责任。

在组织中，人们总是扮演一定的角色，上级领导、部属、同事、顾客等对当事人都有一定的期望，希望他能够采取某些行为方式。这些期望组合起来就成为这个人的“角色”或“角色集合”。

职位期望技术在实施过程中，大致经历的步骤有：（1）判定此技术的适用性。如果一个组织或单位有角色不明或角色冲突现象，这便说明 JET 技术是可采用的办法。（2）建立目标。使有关人员了解实施 JET 的目的在于澄清并界定组织中成员的职位角色。（3）选择会议场所。场所应选择在办公地点以外，以免受例行工作的干扰。（4）确定职位期望。会议开始后，每一个人将他自己所认为的任务与职责列在一张大纸上。接着，全体与会者就这些当事人所认为的角色加以增减和讨论，并提出同意或反对理由。（5）完成职位期望分析。当与会者对某一职位之角色及工作内容有了一致看法时，当事人即需将他此时认为的“他的职位是什么”逐项写出，然后，将此印发给所有与会者，以确定大家对此人的职位角色已有了一个明确而一致的看法。（6）完成全体人员的职位期望分析。按以上程序对每一个人的职位逐一进行分析和界定。

二、以行为为中心的组织发展技术

组织中的工作和绩效，都要通过人的行为来完成。以行为为中心的组织发展技术包含的内容很多，同时也是早期组织发展的重心。以行为为中心的组织发展技术主要有以下几种：

（一）敏感性训练

敏感性训练，又称敏感度训练或“T 组训练”（T group training），是一种在实验室进行的训练方式。所谓的敏感性训练就是通过群体间相互作用的体验，提高受训者的社会敏感性和行为的灵活性，帮助提高受训者对自己、他人、群体和组织的认知能力和理解力，并掌握如何处理这些社会关系的技能。敏感性训练的目的在于：（1）使受训者能更了解自身的行为，以及这些行为对别人的影响。（2）使受训者更能了解和感受到别人行为的含义。（3）使受训者更能了解群体内与群体之间的种种程序。这些过程或程序常常对群体的运作产生或正或负的效果。（4）培养受训者对群体内及群体之间种种问题的诊断能力。（5）提高受训者学习转移的能力，使他们能够将所学的行为技巧移转到真实的工作情境上去。（6）使受训者更有能力来分析本身的人际行为，并可以借这种能力来改善自身与同事之间的人际关系，使之达到更令人满意的水平。

需要说明的是，并非每一次敏感性训练都要同时达到以上各种目标。每次训练所欲达到的目标或努力的重点应该视组织当前所面临的问题性质而定。另外，敏感性训练不同于一般的教育训练，它具有三个明显的特点：（1）强调此时此地，以成员在 T 训练小组中的表现行为作为讨论对象；（2）强调过程，它注重“怎么样”，而不注重“是什么”；（3）强调真实的人际关系。

关于训练进行的步骤，人们有许多不同的看法。麻省理工学院教授薛恩把敏感性训练分为三个阶段：（1）旧态度解冻阶段。在训练一开始，就使人们的旧的领导观念和权力形态受到破坏而逐渐消失。（2）加强敏感性阶段。通过受训者的相互作用，开始改变旧的态度，逐步建立新的团体的相互关系。（3）新态度和行为方式的巩固。

一般来讲，敏感性训练大致可分为如下阶段：（1）非正式的讨论议程，由参加者自由讨论，相互启发，增进彼此之间的了解。（2）训练者不加掩饰地、坦率地谈出自己的看法。（3）着重增进人际关系，相互学习，促进新的合作行为。（4）根据实际工作中的情境和问题，巩固学习效果。

许多研究表明，敏感性训练在改变人们行为方面确实有价值。最主要的改变重点通常在于个人开放坦诚的程度、对他人意见的接受能力、对行为层面各种现象的感受能力、沟通的能力与意愿、倾听别人意见的技巧。

敏感性训练最为人诟病的问题是行为改变的持久性与应用性。在训练中，个人行为确实发生了明显的改变，但一回到工作单位，其做法立刻回复原状。导致这一问题的原因是工作单位中的其他人可能未经过这样的训练，对他的行为不理解，所以他们对个体施加压力，使其回到原来的行为模式。据此，敏感性训练如能配合其他方法，如团队建设则效果更好。

（二）团队建设

一个组织是由为完成不同任务的若干个群体组成的，群体效率直接影响着组织效率。如何改进组织内各群体的效率，便成为组织发展的重要内容。

所谓的团队建设（team building）就是依靠群体成员自己来提高群体效率的计划性活动，其目的在于运用行为科学的方法，分析和处理群体内存在的问题，协调和改进群体内部的关系，发挥群体效率，提高组织效率。

开展团队建设一般需经过下列三个过程：（1）解冻。让群体成员发觉问题，意识到改革的需要并发扬开诚布公、互相信任的合作精神。（2）采取行动。使用调查反馈方法收集资料，集体分析情况，共同找出问题并制订出行动计划。（3）再冻结。计划贯彻实施之后，集体总结评价，将改革成果加以稳定与巩固。

由于团队建设的内容和要求不同，故可以通过不同的方式来实现。比较常用的团队建设的方式或模式有：（1）目标建立模式。即通过群体成员共同参与目标建立的过程，增强群体的效率。这一方式特别强调群体目标的认同，并借之影响群体中个人和群体的行为。方式是让成员充分参与群体目标之拟订，因而对组织产生更高的承诺感。做法是由成员集体讨论群体目标：目前的目标是什么？究竟应该有哪些目标？应该对哪些目标做增减？各目标彼此之间的优先顺序如何？与此同时，在发展一套新的群体目标之后，还尚需拟订一套实施计划以确保目标的执行与完成。（2）问题分析模式。即通过讨论分析的方法，发现和揭露群体中存在的问题，提出解决的办法，改进和提高群体效率。做法是群体成员以大会、分组会议等形式公开讨论，揭露工作中存在的问题。当所有看法都充分表达、交换并确定之后，顾问便辅导大家将各种问题依据它们的性质加以分类。接着，大家开始针对每一问题，拟订具体的行动计划。这种方式的优点是可以使大家了解本单位的长处、缺点和存在的问题，明确行动的方向。(3) 角色分析模式。即采用角色分析的方法提高群体效率。做法是以会议的方式，让大家面对面澄清彼此工作的角色，讨论决定“到底谁该做些什么”，目的在于明确各人承担的责任和角色。(4) 人际模式。通过人际交往和互动，改善人际关系，提高群体效率。方法是营造一种良好的组织气氛，使大家自然地面对彼此的冲突，并无拘无束地交换意见。目的是提高群体成员彼此的信任感，相互支持，促进不带有价值判断的有效沟通。

团队建设的成功与失败取决于很多因素，包括人的因素（领导和上级的支持、群体成员的热心参与）、时机、团体成员在改革决策上所享受的自由度、对问题认知的程度等。组织管理者的职责便在于创造一个有利于团队建设的良好环境。

(三) 过程咨询

过程咨询（process consultation，简称 PC），所谓的过程咨询，就是用一系列的顾问活动，来帮助变革人员认识、了解和处理周围环境所发生的事件。其基本假设为，管理咨询人员能够有效地帮助诊断和解决组织管理面临的问题。过程咨询实施的范围包括沟通、群体成员角色、群体决策、群体领导、群体之间的合作和竞争等。

组织心理学家薛恩认为，组织发展的过程咨询方式有以下几个步骤：(1) 最初接触。委托人与顾问交换意见，介绍正常程序不能解决的问题。(2) 确定关系。(3) 选择背景和方法。(4) 收集资料，进行诊断。(5) 进行咨询干预。包括制定程序、反馈、指导以及调整组织结构等方式。(6) 结束咨询。

实践表明，过程咨询可以解决组织面临的一些问题，但过程咨询一般时间比较长，费用较大。

(四) 职工事业发展计划辅导

组织成员个人事业发展计划过去被认为纯属员工自己的事情，现在越来越多的组织意识到，这直接影响着组织成员的工作表现和工作情绪。事业固然是个人生活的基础，可是它同时也会影响组织目标。有效地辅导员工个人事业的发展，将成为促进组织和个人目标一致的重要手段，进而成为组织发展的重要途径之一。

国外企业组织对员工事业发展计划的辅导有许多方法，归纳起来，主要包括：(1) 采用手册、小组会或“面对面”辅导等方式，帮助员工提高自我评价能力。(2) 安排经理人员、咨询顾问、人事或教育训练专业人员承担职业辅导工作。(3) 举办新职业所需的知识和技能，或提高现有工作能力的训练班。(4) 组织工作轮换，安排员工调换工作，帮助员工向外寻找工作，编制、更换职业指南，为员工创造调换工作的机会。(5) 组织小组研讨会，相互帮助，制订事业发展目标与行动计划。

上述做法的目的在于帮助制订计划者更好地了解自己的特点，制订出相应的奋斗目标和计划。各组织在实际应用中可采用上列方法的一种或几种。例如，通用电气公司制定四套手册供全公司使用，内容包括：如何探索在生活经历中影响事业决策的关键问题；职工事业规划指南；经理人员辅导职工事业谈话注意事项；事业发展讨论会的设计与执行。实践证明，职工事业发展辅导，对职工个人的发展和组织的发展都起到了积极作用。

三、以整体系统为对象的组织发展技术

在一个组织中，影响组织绩效的因素绝对不只是少数一两个。传统的组织发展将组织改革的重点放在行为层面而忽略了其他方面的影响，这往往使改革的效果大打折扣。随着组织不断发展，人们已经认识到了这一事实，于是大大扩大组织发展的内涵，将具体的组织制度、组织结构、经营策略等纳入考虑的范围之内，使组织发展的技术日益全面。

（一）工作再设计

工作再设计就是通过对工作进行重新调整和再设计，使工作更有趣并具有挑战性，以此增强员工的工作满意度，激发员工的工作热情，提高组织工作的效率。工作再设计的途径和方案为：（1）工作轮换。当员工觉得一种工作已不再具有挑战性时，就将员工轮换到同一水平、技术要求相近的另一个岗位上工作。工作轮换的好处是：它可以丰富员工工作活动的内容，减少员工的枯燥感和对工作的厌倦情绪，有助于提高员工对工作的满意程度，进而提高其工作的积极性。同时，工作轮换有助于扩大员工的技能范围，增加工作经验，增强适应能力。（2）工作扩大化。就是横向扩展工作，即扩大工作范围，增加工作数量，使工作本身更具有多样性。工作扩大化的好处是：能够克服工作的单调感和枯燥感，有助于提高员工的工作兴趣。工作扩大化的不足是在给员工活动注入挑战性和意义方面没有多大的作用。（3）工作丰富化，也就是工作内容的纵向扩展。如新的任务组合，给予员工更多的自主权；开通反馈渠道使员工及时了解自己的工作绩效等，以增强员工的责任感、成就感和工作的积极性。

（二）格道式发展

格道式发展（grid development）是布莱克和默顿倡导的一套极有系统的组织发展方案。其目的在于使组织达到一种最佳状态。布莱克和默顿认为，只要遵循这一发展模式，组织管理能力、达成目标的能力都能得到加强。整个方案相当系统化，并采用各种问卷及个案，以使个人及群体估计自己的优缺点何在。方案由个人逐渐扩大至群体之间，一直到整个组织。全面实施格道式发展一般需要三至五年的时间。

格道式发展方案的实施前后分为六个阶段，它们是：

第一阶段，实验研讨训练。本阶段着重组织经理人员分组进行为期一周的研讨会。研讨会的主要任务是：以管理格道图为手段，系统分析组织原有的制度、习惯和行为；训练各部

门协同工作的意识和技能；对正确和错误的事件制定出评价标准；培养开诚相见的气氛，使参加者敢于接触重大问题，敢于发表创见。

第二阶段，小组建设和开发。本阶段工作的内容是：完善小组规范；改进成员的工作表现；设置努力目标和拟订解决问题的方案。具体要求做到：制定出小组集体合作的最佳模式，制定出成员个人提高效率的明确目标，使成员建立与组织休戚相关的意识。

第三阶段，小组间关系的建设和开发。这一阶段活动的要求是明确和分析小组与小组之间存在的矛盾，加强合作关系。要求做到：（1）每个管理人员懂得管理行为的理论，动员所属人员为实现组织的共同目标而努力。（2）每个管理人员研究和加强监督能力，以提高经营效果。（3）分析和评价每一小组的集体意识和合作情况，排除影响组织效能发挥的障碍。（4）小组之间的合作与协调关系得到分析、评价和加强。

第四阶段，制定理想的战略模式。这项工作属于最高管理层，可吸收有关人员协助收集资料，提供咨询和技术分析。主持本阶段决策的人员必须突破旧框框，按照前几个阶段获得的知识，客观分析本组织存在的问题，提出创造性意见。战略模式的制定应该通过组织上下结合的讨论，让下级管理人员有提供意见的机会。一个中型组织的理想战略模式的完善过程，需要半年到一年时间。

第五阶段，模式的贯彻。理想战略模式的实施意味着组织从现状转变到理想境界。由于组织内部的专业分工，战略模式的实施将从各个分支系统入手。这便需要一位向高层领导负责的协调人员，其职责是围绕总目标与各部门相配合，制订具体的改革计划。

第六阶段，系统评价。对格道式发展全过程的活动进行评价，巩固发展成果，制定未来发展的新目标。

（三）斯坎隆制度

斯坎隆制度（Scanlon plan）是以它的创始人斯坎隆命名的一种管理制度。斯坎隆原是拉帕因梯钢铁厂的工会负责人（后任麻省理工学院教授），1938 年该厂濒于破产。在斯坎隆的创议下，该厂制定出劳资合作的管理办法，推行民主化的组织变革。他所提出的管理制度被许多工厂效仿，成为西方一种“民主化”的管理制度。

斯坎隆制度的核心内容是职工参与，集体奖励，这一制度建立过程包括以下几个方面：（1）分析问题。对企业中劳资关系、财务、生产、销售和行政等方面的问题，系统地加以收集和分析，抓住关键性问题，依靠大多数职工，采取相应的对策。（2）重新研究管理思想。检查管理方法是否让职工参与管理，主张在管理中实行分权制，反对集权制，主张民主管理，反对专制管理。（3）计算奖金比例。利用奖励来刺激职工的积极性。具体做法是通过按月测算销售总值与生产成本的比例，得出衡量每月实际经营比例的标准，然后用此标准同每月的实际经营情况进行比较，找出当月除去成本、费用以外节约下来的劳动收益，再按劳资双方事先定好的协议当月进行分配。（4）教育与邀请。指通过一定的方式对职工开展教育、训练，以便为他们参与管理创造条件。（5）建立委员会。建立有职工参加的各部门生产委员会和高一级的筛选委员会。生产委员会由基层班组长和职工代表组成，其职能是接受建议，进行可行性分析并解决基层生产的问题。筛选委员全由各生产委员会的代表和高层管理部门联合组成。其职能是分析上月经营成果，明确节约的数字是由于客观原因还是成员努力所致，使成员充分了解影响成果的有利和不利因素；处理涉及公司范围的大问题和建议，制定公司政策。

理论家们认为，此制度的好处在于对职工增加激励，增加职工安全感，使组织目标与个人目标相一致，增加了组织竞争力。

小　结

现代社会一个十分明显的特征便是变革。社会生活的各个方面都处于不断的变化和发展之中。作为社会组织，必须随着社会环境的变迁而作某种程度的改变和适应，从而使其自身适应变化了的内外环境，以维系其自身的生存与发展。组织变革与发展是组织管理的永恒主题，是组织维持其生存与发展的重要途径，是组织效能与组织生命力的源泉所在。

思考与练习

一、单项选择题（每题只有一个正确答案）

1. 哈佛大学教授格雷纳于1967年在《组织变革模式》一书中提出________。

A. 按机构来划分的组织变革模式　　B. 按权力来划分的组织变革模式

C. 按职能来划分的组织变革模式　　D. 按人员来划分的组织变革模式

2. 组织发展起源于20世纪50年代初的调查反馈方法和实验室培训运动。它的先驱是法国心理学家________。

A. 哈特　　B. 孔茨

C. 西蒙　　D. 勒温

3. 1957年麦格雷戈应邀到联合碳化公司与公司人事部门联合成立顾问小组，把实验室训练的技术系统地在公司使用。这个小组后被称为________。

A. 群体动力小组　　B. 拓展训练小组

C. 组织发展小组　　D. T训练小组

4. 作为一套极有系统的组织发展方案，格道式发展模式的目的在于使组织达到一种最佳状态。此模式创立者为________。

A. 布莱克和默顿　　B. 欧文和卡斯特

C. 斯坎隆和孔茨　　D. 薛恩和布莱尔

5. 系统变革模式认为，组织是一个系统，是由技术、结构、人员和任务四个因素构成的，任何一个因素的变化都会牵动和引起系统的变化。系统变革模式的创始人为________。

A. 凯顿　　B. 布莱克

C. 斯坎隆　　D. 利维特

6. 美国心理学家埃德加·薛恩在其《组织心理学》一书中提出了________。

A. 组织变革模式　　B. 有计划的变革模式

C. 适应性变革循环模式　　D. 系统变革模式

7. 罗宾·斯特克兹认为，组织变革的方式取决于组织成员的技术能力和人际关系能力的组合，提出了________。

A. 系统变革模式　　B. 情境变革模式

C. 适应循环的变革模式　　D. 渐进式变革模式

二、多项选择题（每题有两个或两个以上正确答案）

1. 组织变革并非凭空产生，它是有原因的。组织变革的动因是多种多样的，我们可以把组织变革的动因分为两大类：________。

A. 外部环境因素　　B. 经济诱因

C. 利益诱因　　D. 内部环境因素

2. 对组织管理和变革发生影响的外部环境包括：________。

A. 内部环境因素　　B. 一般环境因素

C. 系统环境因素　　D. 特殊工作环境

3. 美国斯坦福大学管理心理学教授利维特认为，组织是一个系统，是由相互影响、相互作用的因素构成的动态系统，这些因素有：________。

A. 技术　　B. 结构

C. 人员　　D. 任务

4. 哈佛大学教授格雷纳于1967年在《组织变革模式》一书中，提出了一种按权力来划分的组织变革模式。他认为，一般组织的权力分配情况可分成三种：________。

A. 独权　　B. 分权

C. 集权　　D. 授权

5. 罗宾·斯特克兹于1972年提出情境变革模式。他认为，组织变革的方式取决于组织成员的技术能力和人际关系能力的组合。根据这种不同组合，他提出了以下几种不同的变革形态：________。

A. 自然性变革　　B. 指导性变革

C. 合作性变革　　D. 计划性变革

6. 组织变革要取得预期的成效，必须遵循科学的、合理的变革步骤或程序。美国学者凯利认为，组织变革需经过以下步骤或程序：________。

A. 反馈　　B. 诊断

C. 执行　　D. 评估

7. 心理学家勒温从人的心理机制的变革角度，认为人的心理和行为的变革大致要经历以下几个阶段：________。

A. 解冻　　B. 改变

C. 再冻结　　D. 适应

8. 根据现代心理学和行为科学的研究，组织变革阻力产生的原因为：________。

A. 心理上的抵制　　B. 经济原因引起的抵制

C. 组织本身的阻力　　D. 社会的原因

9. 以资料为基础的组织发展技术包括：________。

A. 统计法　　B. 调查反馈法

C. 工作分析法　　D. 职位期望技术

10. 组织中的工作和绩效，都要通过人的行为来完成。以行为为中心的组织发展技术主要有以下几种：________。

A. 职工事业发展计划辅导　　B. 敏感性训练

C. 团队建设　　D. 过程咨询

11. 工作再设计就是通过对工作进行重新调整和再设计，使工作更有趣并具有挑战性，以此增强员工的工作满意度，激发员工的工作热情，提高组织工作的效率。工作再设计的途径和方案为：________。

A. 工作弹性化　　B. 工作轮换

C. 工作扩大化　　D. 工作丰富化

12. 由于团队建设的内容和要求不同，故可以通过不同的方式来实现。比较常用的团队建设的方式或模式有：________。

A. 目标建立模式　　B. 问题分析模式

C. 角色分析模式　　D. 人际模式

13. 团队建设就是依靠群体成员自己来提高群体效能的计划性活动。开展团队建设一般需经过下列三个过程：________。

A. 解冻　　B. 采取行动

C. 再冻结　　D. 反馈

14. 组织诊断是组织变革的重要步骤和必要环节。组织诊断一般着眼于以下几个层面的问题：________。

A. 组织结构　　B. 组织程序

C. 信息与控制　　D. 组织行为

三、名词解释

1. 组织变革　　2. 组织发展　　3. 以技术为中心的组织变革

4. 以系统为中心的组织变革　　5. 以资料为基础的组织发展技术

6. 工作再设计　　7. 工作扩大化　　8. 工作丰富化

9. 斯坎隆制　　10. 格道式发展　　11. 过程咨询

12. 团队建设　　13. 敏感性训练　　14. 调查反馈法

四、简答题

1. 简述组织变革及其基本特征。
2. 简析组织的内部变革的动力与征兆。
3. 简述李皮特的“有计划的变革模式”。
4. 简述薛恩的适应性变革循环模式。
5. 简述格雷纳的组织变革模式。
6. 简述组织发展的特点。
7. 简述组织发展的基本信念。
8. 简述组织诊断的步骤与方法。
9. 简述工作再设计的途径和行动方案。
10. 何谓斯坎隆制度？斯坎隆制度的基本内容和主张是什么？
11. 简述敏感性训练的目的。
12. 简述敏感性训练的步骤和过程。

五、论述题

1. 试论组织环境对组织变革的影响。
2. 试论有效组织变革的程序和步骤。
3. 试论组织变革的途径和策略。
4. 试论组织变革的阻力及其消除。

第十五章　行政组织管理的未来

教学目的与要求

认识和了解行政组织管理所面临的问题与挑战；
分析、了解和掌握行政组织管理未来的发展趋势。

现代社会是一个高度组织化的社会，知识经济的兴起，信息与网络技术的发展与普及，全球化进程的加快，使得行政组织管理面临前所未有的压力与挑战，认识和了解影响行政组织管理的因素与力量，预测并把握行政组织管理未来的发展趋势，是行政组织战略管理的需要，也是提升行政组织适应能力和应对能力的必然要求。

第一节　行政组织管理未来的挑战

历史的发展证明，我们的社会已经成为一个高度组织化的社会，一个愈来愈依赖于各种各样的组织（简单的或复杂的）来实现各种目标的社会。我们不能脱离社会的整体来看待组织和行政组织，它们是社会整体结构的一个不可分割的有机部分。从开放系统的观点来看，组织和行政组织是更为广泛的超环境系统中的一个开放系统，社会对组织产生影响，反过来也如此，行政组织的性质（包括其目标、价值观念、结构、行为、管理方式等）也对社会的性质产生重大的影响。

在一切社会生活领域，未来可能是什么样子，总是人们最感兴趣的话题。假如未来可以被完全地预测，那么组织管理者和研究者便可以理性地规划已知结果的未来，但是未来是由许多复杂的社会、政治、经济和技术的因素及其相互作用来决定的，这意味着准确地预测行政组织管理的未来是一个不可能的任务，因为这个领域不是一个纯科学的、可以经由理性的理论应用来研究的。预测未来是一件冒险的事情，但对未来可能性的分析和预测又是必需的，它可以使我们理解未来可能发生什么事情，以及假如特定的情境出现，我们如何才能避免坏的结果。

从历史上来看，每一个时代都有每一个时代的管理模式。同样，行政组织及其管理也有明显的时代特征。在我们研究行政组织管理的未来时，最重要的是认识对组织管理可以产生影响或者正在产生影响的力量，特别是目前的问题和未来的挑战，这恰恰是组织创新的动因所在。在未来，以下几种相互联系和影响的力量和变化，正在影响着行政组织管理的未来。

一、知识经济

早在 20 世纪 80 年代，加州大学伯克利分校的经济学家保罗·罗莫教授就曾提出经济增长的“四要求”理论，其核心思想就是知识是经济增长更重要的要求，是推动经济增长的主要动力。90 年代初，管理学大师德鲁克在其著作《后资本主义社会》一书中指出：“世界上没有贫穷的国家，只有无知的国家。”“知识生产力将日益成为一个国家、一个行业、一家公司竞争力的决定因素。”

的确，在今天，知识经济已经成为我们这个时代不争的事实。据估计，在经济合作与发展组织（Organization for Economic Co-operation and Development，简称 OECD）的成员国中，知识经济在国内生产总值（Gross Domestic Product，简称 GDP）中已占据 50% 以上。知识经济与传统的经济相比，具有以下明显的特点：

第一，知识是组织根本的生产要素。在知识经济中，知识的地位并非与劳动力、资本、土地并列为组织生产的要素之一，而是成为组织唯一有价值的资源，成为一切组织在竞争环境中生存的关键。

第二，符号商品增加。由于数字科技的发展，愈来愈多的图像、音乐、文字、信息是以 0 与 1 所组成的电子符号为传输单元，社会也进入以位元（bit）为组成单元的信息世界，越来越多的实际存在转为符号时，经济活动交换的商品不再局限于实际物质，符号商品也成为经济活动交换的对象之一。

第三，生产的去密集化与协作。先进的数字技术，使得企业能够结合分布全球的劳动力、资金及原料，减少企业对劳动密集、原材料密集、资金密集的需求，有别于以往必须将所有生产要素集中在一个地点才能生产产品和服务的做法。

第四，虚拟工作场所。组织的操作层次可以分为实际工作场所和虚拟工作场所。实际工作场所意指组织实际生产、销售与员工实际工作的地方；虚拟工作场所则为交易和交换的虚拟存在。通过信息科技，不仅仅交易的标的、交易的地点可以虚拟化，服务可以虚拟化，知识也可以在虚拟的场所进行学习、创造与分享。

第五，个性化的产品和服务。知识经济促进组织生产能符合个别顾客独特需要的产品和服务。相比较过去，顾客在生产过程中扮演了更积极的角色，顾客的知识和想法成为生产过程中的一部分，使得生产与消费的关系变得更为密切，甚至合而为一。

第六，即时性与变革的加速。由于信息传播、知识创新、科技扩散，产品从研发、上市到淘汰的生命周期缩短，随时有新产品及新服务推出，也随时有旧的产品或服务被新的产品或服务取代的情形。组织唯有不变地坚持创新与变革，适时地推出新产品与服务，才能掌握商机，获取利润。

第七，知识工作者的兴起。在许多发达国家，知识工作者已占据工作职场的2/5，这个比例还会持续上升。知识工作者与组织的关系是共生共存的关系；与主管的关系更多的是伙伴关系而非上下级之间的关系。决定知识工作者生产力的主要要素在于其自主性、持续不断地创新、持续不断地学习。

显然，知识经济时代在许多方面不同于农业经济和工业经济时代，其竞争优势、核心资源、管理方式、组织形态、工作伦理等可能会发生很大的变化。如何适应知识经济时代的到来，调整组织的战略目标、职能重点、结构形式和管理方式，特别是如何强化行政组织的知识管理，都是行政组织面临的新的挑战。

二、信息技术的发展与网络社会

现代信息技术和其他科学技术的发展是对我们这个时代产生巨大冲击和影响的力量。近40年来，信息技术的发展相当迅速，在20世纪60～70年代，是以单体计算机为主体的时代，当时其角色主要在于计算，故其能力也仅限于计算，发展计算的理由是提供技术支援，目的在于提高效率。但是到了80年代，主要的技术为个人电脑，角色是作业支援，能力则是以交易过程为主轴，建立系统的理由是节约成本，目的在于改善品质。从90年代开始，由于国际互联网的出现，角色就成为建立整合性的信息系统，能力则以网络为主体，建立的理由是基于决策的需要，目的在于创新服务。在今天，国际互联网已在商业领域得到广泛应用。举凡采购、销售、行销、供应链管理、信息交换等，皆可以通过国际互联网的电子商务模式完成。除了商业上的交易之外，通过网络提供多元化的服务也逐步实现。

现代信息与通信技术的发展，直接影响着个人与个人、个人与组织、组织与组织之间的互动方式，三者之间的关系逐渐朝着网络化的方向发展。建构于信息科技之上的新型社会形态也正在浮现。许多学者提出“网络社会”的概念，以说明当代社会经济、职位变化、文化以及时间和空间的实际景况。

第一，经济方面。信息技术与经济活动的结合，一方面提供市场关系中生产者和顾客之间沟通联系的渠道，使二者的关系朝着网络化发展；另一方面信息成为商品生产的原料，促使经济形态面临新一波的转变，传统的制造业经济正逐渐转变为以计算机、网络为主的新经济形态，其特征为信息取代天然物质成为主要的生产原料；经济活动通过信息技术的联结，以全球为活动范围；信息科技成为企业获利和国家竞争力的关键。

第二，职位变化。经济活动的运作模式决定了就业市场中的职位需求和变化。工业革命后的就业市场以制造业的员工为主，自后工业时代起，服务业员工在就业市场的比例逐渐增加，到了信息技术成为新的生产要素的当代，就业市场产生了新的变化，其特点是：知识工作者剧增；全球人力资源的相互依赖关系增强；弹性工作者增加。

第三，虚拟文化的发展。随着沟通媒体由单面媒体转变为电子媒体和互联网的互动式媒体，人们的信息和知识愈来愈依靠电子媒体提供的资讯。文化受到科技的影响，创造出真实之虚拟文化，多数的社会行为、组织均由实际存在转变为虚拟的存在。

第四，零时差的时间。信息科技的发展，改变了传统意义上的时间观念，即时性和无时间性成为网络社会的时间特征。一方面，即时报道的全球信息使全球事件皆能即时呈现，并且提供了人们之间即时对话的空间；另一方面，不同时区的媒体 24 小时不间断地为民众提供自由沟通的渠道，使时间得以水平呈现，没有开始，没有结束，时间以零时差的方式呈现。

第五，流动的空间。信息技术的发展打破了人类行为受限于地理空间的限制，不同地域之间的互动性大大增强，以速度距离取代了过去的时间及空间的距离，形成了网络化的活动空间。

显然，在网络社会中，个体与个体之间的互动因彼此资源交换的关系而更加紧密，逐渐朝网络化的互动方式前进；信息科技改变了文化、时间和空间的意义；组织面临全新的环境；信息技术与经济活动的高度结合，成为组织和国家竞争力的关键。组织为求生存和发展，需要有效而快速地回应顾客的需求，而这需要掌握信息与创新的能力。

信息技术的发展和网络社会的到来，对行政组织而言，既是发展的机会，也是挑战。信息技术的应用，可以提高政府组织的效率，创新政府组织服务的方式，增加开放和透明，促进民主参与。与此同时，信息技术的发展也对行政组织及其管理提出了许多新的课题和挑战，如网络安全问题、个人隐私问题、法律规范问题、数字差距（digital gap，又译数字鸿沟）问题以及如何有效地促进信息技术的发展和应用问题等。

三、民主的发展

民主政治的发展是人类历史上政治文明发展所取得的最伟大的成就。依据亨廷顿的观点，民主化的发展经历了三次浪潮，第一波民主化出现在 1828 年到 1926 年，它起源于美国革命和法国革命；第二波民主化出现在第二次世界大战之后直到 20 世纪 60 年代；第三波民主化出现在 20 世纪 70 年代以后。从总体来看，民主化运动已成为一项全球化的运动。

经过长期的历史发展直到现在，人们对于什么是民主、什么是民主政治仍存在着广泛的争论，民主的内涵和外延也在民主政治发展的过程中不断变化、丰富和扩展，民主政治的发展也没有适用于一切国家的统一模式。尽管如此，民主的价值得到了越来越多的国家和人们的承认，其原因正如政治学家罗伯特·达尔所讲的那样：（1）民主有助于避免独裁者暴虐、邪恶的统治；（2）民主保证公民享有许多基本的权利，这是非民主制度不会去做也不可能做到的；（3）民主较其他可行的选择，可以保证公民拥有更广泛的自由；（4）民主有助于人们维护自身的根本利益；（5）只有民主政府才能够为个人提供最大的机会，使他们能够运用自我决定的自由，也就是在自己选定的规则下生活；（6）只有民主的政府才为履行道德责任提供了最大的机会；（7）民主较之其他可能的选择，能够使人性获得更充分的发展机会；（8）只有民主政治才能造就相对较高程度的政治平等；（9）现代代议制民主国家彼此没有战争；（10）民主的国家，一般会比非民主的国家更为繁荣。

在今天，民主的观念和价值已经超越了政治领域，而渗透和延伸到社会生活的各个领域，如经济领域、社会领域。参与民主，正在把民主从政治领域扩大到日常生活领域。凡生活受到某项决策影响的人，就应该参与该决策的制定过程，这一原则已被越来越多的人接受并付诸实施。这可以从消费者权益运动和环境保护运动、雇员持股和参与运动、社区自治运动等方面表现出来。

民主政治和民主观念的发展和深入人心，对现存的行政组织的权力结构、管理方式提出了新的挑战，即如何发展和设计一套适应民主要求的体制、机制以及运行机制，以确保民主管理的实现。

四、全球化的发展

全球化（globalization）是影响我们这个时代的另一个不容回避的问题。尽管人们对何谓全球化争论不一，使得全球化甚至有可能沦为我们这个时代另一个陈词滥调。但是，全球化还是反映了这个时代发展的一个基本趋势，即在经济力量和技术力量的推动下，世界正被塑造成为一个相互联系、共同分享的社会空间；在这个社会空间中，产生了跨大陆或者区域之间的流动和交往，社会关系和交往的空间发生了根本性的变化。

全球化意味着社会政治、经济活动跨越了边界，因此世界上一个地区的事件、决定和活动能够对距离遥远的地方的个人和团体产生影响。学者赫尔德等人曾经用四种时空维度对全球化的历史形态加以描述，它们是全球网络的广度、全球联系的强度、全球流动的速度、全球相互联系的影响。从这四个维度来看，全球化在今天已经超过了历史上自工业革命和世界贸易诞生以来的任何一个时期。具有空间广度和密度的全球的和跨国的相互联系，正在把国家、国际组织、非政府组织以及跨国公司之间的关系编制成为一个复杂的网络，这些交织在一起的网络形成了一个变化的结构。社会生活的所有领域，从政治领域到经济领域、法律领域、文化领域、军事领域、环境领域都无法摆脱全球化进程的影响。由于跨越了传统的民族国家的边界，经济、社会和政治都超过了民族国家的范围。在组织方面，通过新的控制和沟通机制，世界范围的社会、政治和权力关系实现了组织化和制度化，多边管制和治理成为新的组织形态。与此同时，随着国家、公民和社会运动努力抵制或者控制全球化的影响，全球化也引起了新的对抗。

在全球化的时代，现有的以民族国家为中心的治理方式面临着许多挑战与问题，如传染病、恐怖主义、跨境犯罪等，使单个的民族国家无法依靠自己的力量解决问题，必须寻求合作。全球化也对传统的国家主权和自治的观念提出了挑战，政治权力被重新分配和界定。全球化在一定程度上也引发了许多的问题，如贫困问题、环境问题、对民主的威胁问题、民族认同问题等。

第二节　行政组织管理的未来趋势

行政组织在社会的变革过程中，一直扮演着积极的角色。面对快速变化的组织管理的环境，适应、调整和变革就成为组织管理的重大议题。当行政组织及其管理者采取创新和负责任的行动的时候，目前的问题和未来的挑战就可能成为创新的动力。

关于未来的组织与管理，许多学者进行了有价值的研究。组织理论学家卡斯特和罗森茨韦克认为，未来的组织将更趋向于动态和灵活，有朝着一种更为有机式的系统发展的趋势。而管理已成为具备大量管理科学和行为科学的知识和能力的、更智能化的活动。未来的管理者必须解决两个问题——经济技术问题和社会心理问题，并将它们结合起来，以同时实现两个目标：经济效益和人的满足感。

尽管要全面、准确地了解和把握公共组织及其未来是十分困难的事情，但是，从现阶段来看，公共组织未来发展的一些基本趋势还是比较明显的。

一、行政组织的环境将更为动荡和复杂

如前面我们所分析的那样，知识经济、网络社会、全球化、民主政治的发展等正在改变着整个社会的秩序。因此，行政组织及其管理的环境变得更为动荡和复杂。这种动荡和复杂，首先来自于变化本身。正如未来学家托夫勒所言的那样，在我们的时代，加速变化本身就是一种基本的力量，这一加速的推进具有个人的、心理的和社会的后果。由于社会诸方面加速变化，所以组织管理的环境变得不稳定和不可预测：组织管理的参与者和影响者从熟知的到新的或者未知的；公认的规则可能发生变化；组织的边界可能变得更加模糊；组织的生存可能更加依赖于外部的资源，而依赖组织本身现有的能力可能无法解决问题；传统的依照确定的程序和方法，避免矛盾的决策可能不能适应变化的环境，如何提高决策速度、奖励建设性的矛盾和思考可能变得更为重要。总之，如何解决巨大的不确定和复杂性将是组织管理的核心议题，而应对不确定性的能力和解决复杂问题的能力则成为组织管理者的核心能力。

二、知识管理的兴起与发展

在知识经济时代，知识具有前所未有的高价值，而知识管理则是组织促进其核心竞争力与永续发展的核心要素。知识管理并非单指建立新部门、聘任新的人力资源，而是使组织内部的成员充分体认知识产生、分享与应用的重要性，使生产和服务过程中的知识得到有效管理。著名的安德森管理顾问公司认为，知识管理的内涵可以用下列公式表示，即：

$$K=(P+I)S$$

其中“K”指知识（knowledge），“P”指人力（people），“+”是指科学技术（technology），“I”是信息（information），“S”指分享（sharing）。这一公式说明知识的积累，必须通过科技，将人与信息充分结合起来，并在分享的组织文化下，达到加乘的效果。

知识管理的主要活动包括：（1）知识的有效流通，组织中的知识存在于个人、团体和组织三个层次，这三类知识必须有效流通，使之发挥更大的功效。有效的知识流通可以由建立组织内部的交流网络来进行（如报告会、教育和培训计划、标准化的计划等），也可以通过员工之间的非知识网络交流来进行。（2）知识的转换。组织内部的知识，通过交流与互动，由客观流动的知识内化为员工、团体乃至整个组织共同的知识。（3）知识的创新。组织内部的工作人员通过知识分享的过程，获取有用的知识，实现组织目标，同时获取经验与教训，在此过程中激发新的想法和观点。（4）知识的整合。组织必须有效整合散布于组织内部不同领域的知识，才有可能发挥知识创新的功效。整合可以通过不同的策略进行，如建构有效资讯的交流渠道，发挥信息整合的功能；可以经由组织学习弥补个人学习的不足；建立知识整合的机制，如奖励机制等。

显然，组织知识管理的重点在于系统地管理和组织各种有形无形的知识资源，经由分享、互动学习、转换机制，使组织成员能够有效地获取与应用知识，以增加组织的竞争力。

三、战略性管理的重要

人无远虑，必有近忧。这句古老的格言说明了长远思考和战略管理的意义。尽管未来是不可预测和控制的，但是未来的发展取决于今天人们的选择。面对更加动荡的环境，发展战略性管理则成为组织管理的另外一个趋向。战略性管理，不仅是一种“更好的”战略性计划，而且是在组织中将战略性变革扩大到变成与管理本身同义的方法。战略性管理的特征在于：（1）未来导向。它不是未来学研究，但是重视外在环境变化对未来可能产生的影响。（2）实践导向。战略管理并不是未来决策和选择，而是依据未来趋势制定“当前选择和决策”。（3）参与导向。它强调通过更多的外部参与，而非控制来实现变革。（4）问题导向。战略管理的核心是问题管理，因为，问题是发生在组织及其不断变化的环境之中的重要情况。（5）网络导向。战略性管理通过在政策水平上的政策联盟，把组织与其他组织融为一体，促进变革。

显然，战略性管理可以为组织提供战略性的发展方向；指导资源按优先顺序有效使用；为组织长远发展设立卓越的目标；可以解决跨部门和跨地区的问题；可以对抗环境的不确定性与变化等，其价值不可低估。当然，战略性管理也不是包医百病的灵丹妙药，需要许多条件的配合，如组织文化、结构变革等。

四、利用信息科技，创新服务形态与治理形态

随着现代信息通信技术的发展，将信息科技运用于行政组织的管理，利用科技改革政

府，建立“电子化政府”已经成为各国的一个普遍趋势。科技应用，正在促进公共服务形态的转移和治理形态的变化。

首先是“电子化政府”的出现，电子化政府是指政府行政组织利用信息科技，处理政府事务，创新公共服务。经由网络和顾客关系管理等软件的整合、应用，政府行政组织可以提供许多创新性的服务：跨机关的整合服务，通过通用电子平台，民众在单一的政府入口网可以轻松获得跨部门和跨机关的“一条龙”服务；自助式服务，随着民众信息能力的提高，政府只要在网络上提供完整的信息、明确的流程，民众就可以以自助的方式完成各种服务；个性化的服务，政府可以通过网络提供多元化、差异化、个人化服务，为民众提供更多的选择机会；参与式服务，政府与民众的关系，不再是单向的、固定的、被动的，而是双向的和互动的关系。

其次是电子治理的出现。电子治理是指政府信息和服务网络化之后，公共治理形态的另一个可能的变化。在网络社会，由于信息的开放、知识的传播和分享的加强，不同政策主张、不同利益群体的组织沟通更为容易，公共事务的治理将不再由单一机关、单一部门、单一层级的政府承担和控制，而是依据不同的公共政策或议题或公共服务，由政府组织、公民、非政府组织、企业等不同角色共同组成“治理网络”，共同参与公共事务的管理。这种新的治理模式，可以将市场机制、公民社会、政府的力量发挥到最大。

最后是电子民主的出现。提供电子化的服务只是电子化最基本的效益，信息与通信技术对民主社会最大的冲击，在于传统民主政治的发展，使传统的代议制民主走向参与式民主。电子化的发展，赋予人民更多的知情权；科技网络的力量提高了人民的动员能力和组织的能力；网络化的技术使公民更容易介入公共服务的治理之中，更有机会和可能参与到政策制定与决策之中。因此，从电子治理走向电子民主也是一大趋势。

五、更为弹性、有机式的组织结构

若干世纪以来，金字塔形的层级控制的组织结构是整个社会用来组织和管理自己的结构形式。这种金字塔形的组织结构固有其不可替代的优点，但这种结构形式的弊端也日趋明显。当代世界和社会的许多问题，是按照等级原则建立的组织结构所无法解决的。传统的组织形式正在腐化，在许多领域人们在创造不同的能够替代这种机械式组织的新形式，人们也赋予其不同的名称，如有机式组织、虚拟组织、网络组织、无缝隙组织、学习型组织等，虽然名称不同，但这种组织与传统的组织相比，更为开放，更富有弹性，更为灵活。

概括而言，新的组织结构展现了如下的特点：（1）对环境保持更大的开放性，能够接受环境的影响和对付不稳定性；（2）权力结构更加分散化，而非集中化和等级化；（3）权力的来源更依赖于知识，而不仅仅是专门的职位；（4）更加重视横向之间的联系；（5）更加强调信息和知识的共享，而非控制；（6）更加强调知识决策的自主性，政策制定是分权的而且分散于整个组织；（7）虽然重视规则，但更加重视创新与变化，关注规则的适应性；

（8）对个人需要和渴望的关注；（9）对内在的激励因素的重视，如信息、参与、承诺的重视等；（10）强调持续的变革和创新。

小　结

现代信息技术的发展和“网络社会”的到来，使得组织管理的不确定性和风险性增大，面对复杂、多变、动荡的组织管理环境，预测、分析和掌握行政组织管理所面临的问题及其未来的发展趋向，对于我们从战略管理的高度去建构行政组织、提高行政组织的适应能力具有重要的意义。

思考与练习

一、简答题

1. 与传统的经济相比，知识经济具有哪些明显的特点？
2. 简述信息技术的发展对当代经济社会所产生的影响与变化。
3. 简述民主的基本价值。
4. 什么是知识管理？知识管理包括哪些方面的重要内容？
5. 简述新型组织结构的特点。

二、论述题

1. 试论当代行政组织管理面临的问题与挑战。
2. 试论行政组织管理未来的发展趋势。

参考文献

[1] 卡斯特，罗森茨韦克．组织与管理：系统方法与权变方法：第4版．傅严，李柱流，等，译．陈旭明，李柱流，校．北京：中国社会科学出版社，2000.

[2] 达夫特．组织理论与设计精要．李维安，等，译．北京：机械工业出版社，1999.

[3] 霍尔．组织、结构、过程及结果：第8版．张友星，刘五一，沈勇，译．上海：上海财经大学出版社，2003.

[4] 赫尔雷格尔，斯洛克姆．组织行为学．余凯成，黄新华，陈儒玉，等，译．杨锡山，黄新华，校．北京：中国社会科学出版社，1989.

[5] 泰森，杰克逊．组织行为学．高筱苏，译．北京：中信出版社，1997.

[6] 雷恩．管理思想的演变：第4版．赵睿，肖聿，陆钦琰，等，译．北京：中国社会科学出版社，2000.

[7] 吉瑞赛特．公共组织管理：理论和实践的演进．李丹，译．上海：上海译文出版社，2003.

[8] 孔茨，韦里克．管理学：第9版．郝国华，金慰祖，葛昌权，等，译．北京：经济科学出版社，1993.

[9] 张成福，党秀云．公共管理学．修订版．北京：中国人民大学出版社，2007.

[10] 谢庆奎．当代中国政府与政治．北京：高等教育出版社，2003.

[11] 陈维政，余凯成，黄培伦．组织行为学高级教程．北京：高等教育出版社，2004.

行政组织学课程组名单

组　　长　周联兵

主　　编　张成福

编 写 者　张成福　张　璋　党秀云

　　　　　赵菊强　王慧军

主持教师　周联兵

行政组织学

形成性考核册

文法教学部　编

考核册为附赠资源，适用于本课程采用纸质形考的学生。

若采用**网上形考**或有其他疑问请咨询课程教师。

学校名称：________________

学生姓名：________________

学生学号：________________

班　　级：________________

形成性考核是学习测量和评价的重要组成部分。在教学过程中，对学生的学习行为和成果进行考核是教与学测评改革的重要举措。

《形成性考核册》是根据课程教学大纲和考核说明的要求，结合学生的学习进度而设计的测评任务与要求的汇集。

为了便于学生使用，现将《形成性考核册》作为主教材的附赠资源提供给学生，采用纸质形考的学生可将各次作业按需撕下，完成后自行装订交给老师。若采用**网上形考**或有其他疑问请咨询课程教师。

行政组织学作业 1

姓　　名：________
学　　号：________
得　　分：________
教师签名：________

我国改革开放以来共进行了 7 次政府机构改革，请你查阅资料，把 7 次政府机构改革的情况进行简单归纳，字数不少于 1800 字。

第 1 次政府机构改革情况：（10 分）

← 每次作业做完后，由此剪下，请自行装订。

第 2 次政府机构改革情况：（10 分）

第 3 次政府机构改革情况：（10 分）

第 4 次政府机构改革情况：（10 分）

第 5 次政府机构改革情况：（20 分）

第 6 次政府机构改革情况：（20 分）

第 7 次政府机构改革情况：（20 分）

行政组织学作业 2

姓　　名：＿＿＿＿＿＿
学　　号：＿＿＿＿＿＿
得　　分：＿＿＿＿＿＿
教师签名：＿＿＿＿＿＿

（第一章～第八章）

一、名词解释（每小题 5 分，共 20 分）

1. 组织

2. 组织环境

3. 行政组织结构

4. 群体

二、单项选择题（每小题 1 分，共 10 分）

1. 行政组织是追求（　　）。

A. 公共利益的组织　　B. 利润最大化的组织
C. 公共价值的组织　　D. 行政权力的组织

2. 社会系统组织理论的创始者为美国著名的社会学家（　　）。

A. 罗森茨韦克　　B. 卡斯特
C. 孔茨　　D. 帕森斯

←每次作业做完后，由此剪下，请自行装订。

3. 学者（　　）将影响一切组织的一般环境特征划分为文化特征、技术特征、教育特征、政治特征、法制特征，自然资源特征、人口特征、社会特征、经济特征等几个方面。

A. 卡斯特和罗森茨韦克　　B. 罗森布鲁姆和法约尔

C. 帕森斯和里格斯　　D. 斯蒂格利茨和巴纳德

4. 上世纪六十年代，钱德勒出版了一本专著，提出了组织结构的设计要跟随战略变化的观点，此本书名为（　　）。

A.《战略与组织结构》　　B.《组织管理战略》

C.《战略管理》　　D.《组织与战略》

5. 民族自治地方分为自治区、（　　）和自治县三级。

A. 自治乡　　B. 自治州

C. 自治市　　D. 自治地方

6. 个体心理主要包括个性倾向性和（　　）两方面的内容。

A. 人的能力　　B. 气质

C. 性格　　D. 个性心理特征

7. 领导影响力的一个重要基础是领导者个人的品德修养和（　　）。

A. 人格魅力　　B. 个人形象

C. 个人履历　　D. 个性特征

8.（　　）是决策过程中最为关键的一步。

A. 选择方案　　B. 科学预测

C. 调查研究　　D. 收集情报

9. 群体凝聚力是一个（　　）的概念。

A. 褒义　　B. 贬义

C. 中性　　D. 创造性

10. 在霍桑试验的基础上，梅奥于1933年出版了（　　）一书，系统地阐述了与古典管理理论截然不同的一些观点。

A.《管理心理学》　　B.《人类动机的理论》

C.《工业文明中的人的问题》　　D.《组织与管理》

三、多项选择题（每小题2分，共10分）

1. 美国著名社会学家、交换学派的代表布劳及史考特，根据组织目标和受益者的关系，把组织划分为（　　）。

A. 互利组织　　B. 服务组织

C. 企业组织　　D. 公益组织

2. 行政组织环境的基本特点为（　　）。

A. 环境构成的复杂性和多样性　　B. 环境的变化和环境的变动性

C. 行政组织环境的差异性　　D. 行政组织环境的相互作用性

3. 县级政府包括（　　）政府。

A. 自治县　　B. 市辖区

C. 旗　　D. 自治旗

4. 群体意识主要包括（　　）。

A. 群体归属意识　　B. 群体认同意识

C. 群体促进意识　　D. 群体抵触意识

5. 美国学者西蒙认为构成权力的基础有（　　）。

A. 信仰的权威　　B. 认同的权威

C. 制裁的权威　　D. 合法的权威

四、简答题（每小题 10 分，共 20 分）

1. 特别行政区长官行使的主要职权有哪些？

2. 简述双因素理论对我们的启示。

五、论述题（每小题 20 分，共 40 分）

1. 试论集权式组织结构的优缺点。

2. 试分析如何实现组织决策的法制化？

行政组织学作业3

姓　　名：________

学　　号：________

得　　分：________

教师签名：________

以组织结构方式为标准对信息沟通进行分类，可以分为下行沟通、上行沟通与平行沟通三种方式。

一、请你分别详细分析这三种组织沟通方式的优缺点。(40分)

二、针对上述分析，结合你的工作实际，举实例具体分析这三种组织沟通方式是如何运行的？在具体的组织沟通中，这三种组织沟通方式是如何互为补充并发挥优势的？（可以举实例进行分析，也可以拟题写成一篇小论文。字数不少于500字。60分）

行政组织学作业 4

姓　　名：＿＿＿＿
学　　号：＿＿＿＿
得　　分：＿＿＿＿
教师签名：＿＿＿＿

（第九章～第十五章）

一、名词解释（每小题 5 分，共 20 分）

1. 行政组织学习

2. 行政组织文化

3. 标竿管理

4. 工作再设计

二、单项选择题（每小题 1 分，共 10 分）

1. （　　）是管理冲突的基础。

A. 提出解决原则　　B. 找出解决策略

C. 形成解决方法　　D. 冲突分析

2. 通过组织明文规定的原则、渠道所进行的信息传递和交流，此种形式的信息沟通为（　　）。

A. 非正式沟通　　B. 单向沟通

C. 组织沟通　　D. 正式沟通

← 每次作业做完后，由此剪下，请自行装订。

3. 行政组织学习是一种（　　）。

A. 集中学习　　B. 集体学习

C. 全员学习　　D. 业务学习

4. 行政组织文化主要包括行政制度文化和（　　），但是受行政物质文化的客观影响。

A. 行政精神文化　　B. 行政人员文化

C. 行政领导文化　　D. 行政规范文化

5. 行政组织文化相比于正式的组织规章制度的控制作用，它具有（　　）的特性。

A. 稳定性　　B. 实践性

C. 强制性　　D. 软约束性

6. 效率就是指投入与产出之间的比例，力求以最少的投入获得最大的产出，其关心的是（　　）问题。

A. 投入　　B. 结果

C. 手段　　D. 质量

7. 1957 年麦格雷戈应邀到联合碳化公司与公司人事部门联合成立顾问小组，把训练实验室的技术系统地在公司使用。这个小组后被称之为（　　）。

A. “团体动力小组”　　B. “拓展训练小组”

C. “组织发展小组”　　D. “T 训练小组”

8. 美国心理学家埃德加·薛恩在其《组织心理学》一书中提出了（　　）。

A. 组织变革模式　　B. 有计划的变革模式

C. 适应循环的变革模式　　D. 系统变革模式

9. 缓解策略比回避策略更（　　）。

A. 退一步　　B. 进一步

C. 不退不进　　D. 没有可比性

10. 组织发展起源于上个世纪五十年代初的调查反馈方法和实验室培训运动。它的先驱是法国犹太籍心理学家（　　）。

A. 哈特　　B. 孔茨

C. 西蒙　　D. 烈文

三、多项选择题（每小题 2 分，共 10 分）

1. 行政组织学习途径之一的试验，可分为（　　）。

A. 持续性试验　　B. 稳定性试验

C. 设计性试验　　D. 示范性试验

2. 以资料为基础的组织发展技术包括（　　）。

A. 统计法　　B. 调查反馈法

C. 工作分析法　　D. 职位期望技术

3. 从组织沟通的一般模式和组成要素来看，组织沟通具有（　　）等特点。

A. 动态性　　B. 互动性

C. 不可逆性　　D. 环境制约性

4. 目前，在理论界对行政组织文化的理解主要有（　　）等观点。

A. 大行政组织文化概念
B. 小行政组织文化概念
C. 辨证综合的行政组织文化概念
D. 多元行政组织文化概念

5. 绩效指标包括的要素有（　　）。

A. 考评要素
B. 考评标志
C. 考评对象
D. 考评标度

四、简答题（每小题 10 分，共 20 分）

1. 简述格雷纳组织变革模式。

2. 简述民主的基本价值。

五、论述题（每小题 20 分，共 40 分）

1. 结合实际阐述如何减少冲突。

2. 试述行政组织绩效评估的意义。